MY K-6
IN US AND CHINA
By Ruojia Sun

我在美国上小学

孙若珈 著

黑龙江教育出版社

图书在版编目（CIP）数据

我在美国上小学／孙若珈著. —哈尔滨：黑龙江
教育出版社，2011.2

ISBN 978-7-5316-5717-0

Ⅰ.①我　Ⅱ.①孙　Ⅲ.①小学生－学生生活－美
国　Ⅳ.①G625.5

中国版本图书馆 CIP 数据核字（2011）第 029060 号

我在美国上小学

WO ZAI MEIGUO SHANGXIAOXUE

作　　者	孙若珈
选题策划	宋舒白
责任编辑	宋舒白
装帧设计	布克广告
责任校对	石　英
出版发行	黑龙江教育出版社（哈尔滨市南岗区花园街 158 号）
印　　刷	北京市文林印务有限公司
开　　本	700×1000　1/16
印　　张	15
字　　数	214 千
版　　次	2011 年 4 月第 1 版
印　　次	2011 年 4 月第 1 次印刷
书　　号	ISBN 978-7-5316-5717-0
定　　价	29.80 元

目　录

序

　　我和孙若珈小朋友认识是从 2003 年开始的。当时我在中国驻美国大使馆工作，若珈随同被派往驻美国大使馆工作的父母一起来到华盛顿。到了美国后，若珈就到当地学校上学前班，课余时间在我参与创办的"驻美使馆中文班"里学习中文。

　　说起"驻美使馆中文班"（后改为"阳光学校"），它是我国驻外使馆创办的第一所中文学校。2002 年底，在外交部和驻美使馆领导的关心以及教育部、国家汉办的大力支持下，驻美使馆为解决驻外人员子女的中文教育问题，建立了这所学校。学校根据国内九年制义务教育大纲的要求，结合中国驻外人员子女的特点，设置校外中文教学课程，使这些在美国的"小留学生"们（一至九年级）得到与国内同步的中文教育，确保他们回国后与国内的教育衔接，避免因父母工作的关系而影响他们回国后的发展。

　　作为驻美使馆中文学校的创办人之一，我是看着若珈一步步成长起来的。她是中文学校的早期学员，在那里学完了一至五年级的全部语文课程，打下了良好的中文基础。许多和若珈一样从驻美使馆中文学校走出来的孩子在回国后都顺利进入国内的中、小学就读，并很快跟上了学校的教学进度。特别是若珈在国内没上一天小学的情况下，2008 年随同父母回国并进入团结湖小学后，居然还当上了班里的语文课代表。这些都说明，随父母常驻国外的孩子接受系统的中文教育，对他们回国后同国内教育顺利衔接是多么的重要，也说明驻美使馆中文学校的办学方向是正确的、效果是好的。

　　2010 年暑期，我再次看到若珈时，是她二度随父母去美国上学后回国休假。她给我看了根据她在美国学前班至六年级学习生活经历写成的这本《我在美国上小学》的初稿，并请我写序。作为看着她长大的长辈，作为在她早期中文教育过程中发挥过一定作用的我，欣然接受了她的要求。

我是一口气读完这部书稿的。若珈用她那略显稚嫩但流畅、活跃而明快的语言，详细介绍了美国学前班至六年级小学生的学习生活、美国小学校园环境和儿童俚语及各种传统节日等，也包括了 2008 年她在北京参加奥运宣传活动的一些精彩片段。她那颗纯朴诚挚的童心和积极的阳光般心境跃然纸上，深深吸引了我。

更令我感动的是，一个 12 岁的孩子写出 18 万字的书稿，她为此付出的心血、克服的困难是可想而知的，更何况是一个长期在国外学习生活的"小留学生"。更加难能可贵的是，这些故事，有的是若珈平时在使馆中文学校和在北京小学写的作文，有的是日记、周记，更多的是她专门为本书精心准备、刻苦撰写的文章，通过点滴积累最终汇集成了这本书。书中展现出一个在驻外使馆中文学校学习的孩子所掌握的祖国文字水平，令我感到由衷的高兴。这是她长期刻苦钻研、顽强学习中文的结果，也是我驻美国使馆中文学校为若珈打下坚实中文基础的展示，真是可喜可贺！

《我在美国上小学》这本书以留美中国小学生的独特视角，描写了美国小学生学习生活中的点点滴滴，这在国内尚属首例，对我们了解美国的风土人情和历史文化大有裨益。我真诚地向大家推荐此书，相信它一定会赢得广大学生、家长和老师们的喜爱和欣赏。

乐爱妹

2010 年 8 月 6 日

前　言

　　我叫孙若珈。2003 年五岁时,爸爸妈妈到中国驻美国大使馆工作,我也一起来到华盛顿,在使馆附近的默奇小学上学前班。四年级时,爸爸妈妈在美国的工作结束了,我也同他们一起回到北京,直接进入北京团结湖小学上四年级。一年后,爸爸去联合国工作,妈妈带着我又来到纽约,在离家不远的纽约市第 20 小学读五年级的最后两个月,随后进入纽约市第 194 初中上六年级(按纽约的学制,初中从六年级至八年级)。现在六年级结束了,按中国的学制,也就是小学毕业了。

　　我五岁刚到美国后不久,就在中国大使馆举办的中文班学习中文。这个中文班后来发展成了大使馆的"阳光中文学校"。使馆叔叔、阿姨的孩子们都在那里学习中文。

　　我喜欢中文。它是我的祖国的语言,它的历史比世界上现在使用的任何一种其他语言的历史要长。除了每星期一、三、五下午在阳光中文学校学习两个小时中文外,我还在设在阳光中文学校的阳光图书馆借阅了许多中文书(我是这个小图书馆成立后借书的第一位读者)。从三年级开始,我在阳光中文学校老师的指导下学习用中文写作文。

　　四年级回到北京后,因为我在美国上了四年半学,班主任老师就让我担任了班级的英语课代表。英语老师还允许我不做英语作业(参加考试就行了)。那时候,我的中文字没有班上其他同学写得那么快,中文成语也没有他们用得熟练,但我决心赶上去。我不仅把其他同学用来做英语作业的时间全部用来学习中文,还报名参加了学校的作文课外班。我的努力没有白费,我的中文很快就有了明显的提高。回到北京后的第二个学期,我的语文考试成绩升到了全班第二名。而我的作文,不仅在班上是选作范文最多的,在学校作文课外班里得到的"优"和"优加"也是最多的。我还成了班上的语文课代表（兼英语课代表），从美国回来的小学生竟然当上了语文课代表。耶！

2009年离开北京来到纽约上学后，在爸爸妈妈的鼓励下，我开始有意识地用中文写作，将这几年的学习、生活记录下来。

在美国和中国，五岁到十二岁的小学生的学习和生活，有许多共同的地方，也有许多不同的地方。我想通过这本书，与同学们分享我这七年先后在华盛顿、北京和纽约的学习和生活经历。

在书中，我写了美国小学各年级怎样上英语、数学、科学、社会、体育、舞蹈等课程，写了各年级教师的不同风格，写了学校如何保证小学生们的安全，如何管理学生们的交通、饮食和衣着，写了小学生们听什么音乐、玩什么游戏、说什么俚语和怎样过美国的各种节日（包括情人节）。总之，写了美国小学生学习、生活的方方面面。

我也特别想和大家分享2008年一年我在北京上学的经历，不过，我想对于中国的小学，大家知道得比我更多。我在书中就只记叙了参加北京奥运会有关活动等情况。

希望大家喜欢我的书。

2010 年 7 月 10 日于纽约

我们六年级的教室门外。

一、英语课

　　说到我在美国上小学的情况，我想，中国小朋友最想知道的可能是美国的英语课究竟是怎么上的。

　　五岁零四个月，我到了美国首都华盛顿，爸爸给我在华盛顿市最好的公立小学默奇小学报上名之后，学校就要求我去参加专为外国学生准备的"英语作为第二语言"的测试。过了几天，爸爸就带我去华盛顿市教育局的测试点。测试点设在另一所小学里。

　　测试的时候，家长不能进来。一位老师用一本类似看图说话的书，指着书上的图，让我用英语说出它的名称或意思。我在北京上幼儿园时参加过一段时间的英语班，知道几个英语单词。在老师指的图画中，我说出了其中的一个，那就是"apple"（苹果）。她又用英语问了我一些问题。我都没有听懂，自然没有答出来。老师出来后告诉我爸爸，我的英语只得了6分（满分是100分）。

　　第一天上学之前，爸

五岁零四个月，我到了美国首都华盛顿。

爸教了我两个英语单词："restroom"（卫生间）和"water"（水），用来解决我生活中最急需的问题。然后，我就正式开始上学了。

走进校门，校园里有两个楼。一座是二层的砖楼，另一座是预制模板拼成的小平房。学前班的教室在那座小平房里。

进教室后，有两位老师迎了上来，一男一女。男老师用英文说："我是班主任老师威尔士先生。这是我的助手马库斯女士。"然后，马库斯女士却用中文问我："你好！你是从中国来的吗？你叫什么名字？"我又惊讶又高兴，这位女老师还会说中文呀！

我点点头："是的，我从中国来的。我叫若珈。"

"很高兴认识你。"

接着，我好奇地问："您怎么会说中文呢？"

马库斯女士笑着说："我在中国南京上过一年大学，学了一点中文。讲得不好，你以后可以教我一些。"

见马库斯女士会讲中文，我心里就踏实多了。后来知道，马库斯女士的先生是美国史密森国家博物馆研究中国艺术品的专家。

我跟着大家一起上课。有时，我虽然不知道老师在说什么、读什么、唱什么，但是没有关系，我也跟着其他同学一起说、一起读、一起唱。

有一天，我回到家里，特别高兴，嘴里唱着一首这几天刚学会的歌曲："Sunday, Monday, Tuesday, Wednesday, Thursday, Friday, Saturday……"我一遍又一遍地唱着。爸爸听见了就问我："你知道这首歌的意思吗？"

"不知道……"

爸爸就笑着说："歌词的意思就是：'星期日，星期一，星期二，星期三，星期四，星期五，星期六。'"这样，我就学会了这七个英语单词。

打那以后，老师或同学们每说一个单词或者一个句子，我就想方设法把他们说的意思搞清楚。主要是把他们说的单词或句子和行动联系起来。比如，他们说："Let's sing a song"，接着就唱歌，我就明白这句英语的意思是"让我们来唱歌"。慢慢地，我的词汇量越来越多。过了三四个

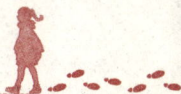

学前班老师助手马库斯女士和我在学前班前的校园广场。

月,他们说的话我基本上都能听懂了。而在整个过程中,我因为不懂英语而问爸爸妈妈的情况总共不超过十次。

听懂不等于会说。说的过程要慢一些,不过,过了半年左右,英语的日常用语我基本上都会说了。

有一段时间,我迷上了英语单词的拼法。比如说:我想让人停下来时,我不说"stop"(停),而是大声叫:"S-T-O-P,Stop!"叫我爸爸,也不叫"dad"(爹)而是叫"D-A-D,Dad!"这时,老师也在课堂上开始鼓励我们多写英语的句子,多看简单的英语书。如果我们写的单词拼法不对,老师也不纠正。比如说,我的同学希妮写了这么一句话:"Mi mom kist me."("妈妈吻了我"。正确的拼法应该是:"My Mom kissed me.")。我的同学克莱尔给我写过一句话:"She likes to dro picturs."("她喜欢画画"。正确拼法是:"She likes to draw pictures.")。我也经常写句子,其中我最喜欢写的是:"I lik skool."("我喜欢上学"。正确拼法是:"I like school.")后来,我们在书中看见这些句子的正确拼法后,就慢慢地改过来了。

回到中国后,我发现同学们学英语花费时间最多的是背英语单词和短语。在美国时,同学们从来不背单词,也从来不抄单词、短语。我想原因是,在美国英语是母语,在会写之前,已经会说了。儿童们根据自己理解的字母的发音拼写单词。

到了一年级,我们开始学发音规则(Phonics)。我们先学辅音发音法。知道了不光"K"可以读"[k]",而且"C"也可以读"[k]"。这样我们就知道"猫"是"Cat"而不是"Kat"。接着,我们学元音。元音稍微复杂一点,每一个元音都有几种不同的发音,有时甚至不发音。比如,每一个元音都有长音、短音。"A"在"Make"中发长音;在"Man"中发短音。"E"在"Name"中不发音。学会发音规则后,绝大部分的英语单词只要会说就会拼写了。

你可能认为老师不带孩子拼单词,甚至不纠正孩子们的拼写错误,是不负责任。但实际上,老师们这样做是有道理的,关键就是要多读书。小的时候我们都是读图画书,书上的很多单词我们都不认识。但是跟图画联系起来,再按发音规则来拼读它们,我们就知道它们是什么意思了。如果以前我们拼写一个单词的方法是错误的,读书时遇到这个单词的正确拼法,几次之后,我们就自然而然地知道这个单词的正确拼法了。如果老师让我们死背单词,那肯定没有我们自己学会的印象深刻。

到了高年级也是如此。我们写错了单词,老师也不管。等我们在课外阅读时,读到那一个写错的单词时,我们就会自己改正的。

当然中国的情况是不一样的。不能让中国的英语老师不教同学们单词了,让他们自己随便写去,因为两边语言环境不一样。不过,我建议中国的学生们去买一些英语读物。课外阅读很重要。它可以增加你们的词汇量以及教你们一些英语日常用语。现在还有中、英文对照的书,这种书对中国的孩子们应该更有帮助。

我发现,英语词汇量特别大,很多生活中的小东西没有一个专门中文词可以用来描述,但是英文就有专门的单词。比如说,英语专门有一个词来称呼鞋带顶头的小塑料套:"Aglet"。

我又发现描写同样内容的英文词和中文词,写出来的也很相似。比如说,中文"替罪羊"的英文是"Scapegoat"。

我现在会拼的最长的英语单词是 hippopotomonstrosesquippe- daliophobia 和 supercalifragilisticexpialidocious。第一个词的意思是"对长的单词的恐惧感"(好像有点讽刺的意思。呵呵!)第二个词的意思是"挺棒的"。

　　我们学会字母的发音规则之后，读书就更容易了。我以前读的都是图、文对照的书，后来，就慢慢地开始读稍微难一点的，图画少一些的书了。当时，我喜欢读短篇小说，特别是"魔幻的树上小屋"（Magic Tree House）系列和"乔妮·B. 琼斯"（Joanie B. Jones）系列。"魔幻的树上小屋"系列是讲两个小孩发现了一个魔幻的树上小屋。这个树上小屋可以把他们带到地球上任何地方，也可以把他们带到任何时代。"乔妮·B. 琼斯"主要是讲一个名叫乔妮·B. 琼斯的女孩的故事。她很淘气，她的故事也有趣。这些书和同学们的日常生活结合得特别紧，读起来特别亲切。比如，"乔妮·B. 琼斯"系列书有好几十本，其中前面十几本讲的是乔妮·B. 琼斯上学前班的故事。中间有一本的题目就叫《乔妮·B. 琼斯：一年级了》，从那以后，每一本书讲的都是主人公如何适应一年级生活的故事。而这套书的难度也基本适合学前班及一年级新生阅读。

　　但是到了二年级，这些书对我来说没有什么意思了，我又开始读一些中篇小说，比如"A 至 Z 疑案"系列和"货车车厢里的孩子"系列。这些书都是侦探小说，它们是专门为孩子写的。我觉得侦探小说挺好的，因为可以培养孩子们的思维。你读它的时候，会跟着主人公一起思考案子，一起破案。有的时候，主人公还没有想出案底，我就已经研究出来了。

　　三年级时，我开始读长篇小说了。而且读的书越来越多。2007 年 1 月，学校留了一个作业："你的新年计划是什么？"我想了想，下定决心要在一年内读 150 本书。我拿出一个小本在上面记书名，每读完一本书，就在小本上写下这本书的名字。结果到了年底，我一共读了 183 本书，其中 9 本是中文书，其余全部是英文书。我超额完成了计划！

　　2009 年我又开始记书单。这一年，我读了 292 本书，其中 26 本是中文书，其余是英文书。

　　为了方便同学们阅读，班上有一个小图书馆，里面有各种难度的书。我们一般都按阅读难易水平选书来读。阅读水平分 A—Z 级（我在下面会解释的）。每一个阅读水平图书馆里都有单独的一栏书。你是什么阅读水平,那栏里的书就是最适合你阅读的。你能够读懂,又不会太简单,能够认识一些新的单词。上阅读课时,老师就让同学们挑书来读。读50分钟的书听起来可能很无聊,但是读书其实很有趣。

阅读水平在美国很重要。因为书太多了,你怎么知道这本书是否适合你? 这就是阅读水平要解决的问题。小学的阅读水平一共按 A—Z 分为 26 级,A 级最低,Z 级最高。每一个同学的阅读水平都是可以测验出来的。每一个水平都有一个相应的测验。五年级时,我通过了 X 级的测验。知道自己阅读水平之后,就应该去读比当时水平高一级的书(对于我来说是就应该去读 Y 级的书了。因为 X 级的测验我已经通过了,我就该挑战下一级了)。等自己认为有把握通过下一级测验时,就跟老师说,老师会安排测验,看看是否达到了下一级阅读水平。这听上去很麻烦,但是很有用的。第一,你可以知道自己的阅读水平,并且找到最适合你的书。第二,每一个年级都有规定的水平。通过了你那个年级的阅读水平测验,你的阅读才算及格(上六年级时达到 S 级就算及格,所以我五年级时的阅读水平就已经远远超过六年级的要求了)。

一直到现在,我都十分爱读书,除了学校图书馆外,我每个星期还要去两次社区图书馆。我读的书也越来越难,经常读长达三四百页的书。我读过最长的书叫 *Narnia*,有七百多页呢!

读了书,自然就要有写作。我们上一年级的时候,老师给我们每一个人一个大本子。每一页的上面有一个空白处,可以画画,每一页的下面有几行横线用来写作。每天早上开始上课之前,我们都要花 10 分钟写作。有时,我们自己定题目,但大部分的时候,都是老师给我们布置题目。比如:"你们的周末是怎么过的?""如果你可以当任何一个动物,你会选择当什么?""你怎么知道春天来了?""你有什么兴趣爱好?"等。当然,那时候我们还比较小,老师对我们的写作质量也没有什么要求,只要我们每天早上写 10 分钟就可以了。不需要写得很长,但一定要写得认真。老师也不检查我们写的内容,就是让我们自由发挥。

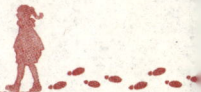

后来，我们读书多了，老师就教我们怎么写读书报告。先写书名和作者，接着写书的主人公和书中发生的事情。一般书中的事情都是分"开始、中间、结尾"三部分写，也就是我们中国所说的"起因、经过、结果"。最后写对这本书的看法。写读书报告和写读后感不是一回事，写读后感的重点是"感"，而不是介绍这本书的内容。但是写读书报告主要是讲解书中的故事。我们的读书报告也不需要写得很详细，但是要把故事交代清楚。读书报告也有"感"的部分，不过"感"往往只有一两句，比如："这是一本有趣的书。我愿意向别人推荐它。"

我们每周都要写一篇读书报告。有的时候老师也会给我们留一点其他的写作作业，比如说，"你喜欢读书吗？为什么？你认为读书有什么好处？""介绍介绍你的家庭成员。"或者是，"你在家里帮爸爸妈妈干活吗？做的是哪些事？"

一、二年级都是这样的，但是除了留一点写作作业以及写读书报告之外，老师在课堂上没有真正地教我们写作。英语课的主要内容还是阅读。

到了三年级就不一样了，英语课被分成了"阅读"和"写作"两门课。老师很重视写作，我们每天都要上大概50分钟的写作课。老师给每一个人都发了一个黑白笔记本，这是我们的"写作本"。

老师先让每一个人回家把本子装饰一下，说：这样的话，这个本子就会给我们带来灵感。我在自己的本子上贴了许多照片、贴画，还在上面贴了一幅以前自己画的画：我和好朋友佳良。

我们每天的构思、写作、列表、做读书笔记，甚至画画都在这个本子里做。每天上写作课的时候，老师先让我们在本子里构思，找到一个想写的题目，就开始写。甭管你是长篇大论，还是就写一句话；甭管是写得很具体，还是写得很粗略，只要你不停地写，就是好样的。我所有的想法都聚集在我的这本"写作本"中。

我每天都特别盼望写作课，因为我可以自由发挥，想写什么就写什么。当然，我们上写作课也不光是玩，老师也会给我们布置写作项目。有时,老师给我们布置的是散文,有时是议论文,有时就让我们写一个生活中的故事。除了写故事、写议论文、写散文之外,老师还教了我们怎么写诗。

上一年级的时候,老师就开始教我们怎么写诗。老师先教我们诗的格式,教我们什么是押韵,并且哪组字是押韵的。刚开始学的时候,老师告诉我们诗每行结尾的单词一般都是押韵的。比如说,"bake"(烤)、"cake"(蛋糕)和"mistake"(错误),这组词是押韵的。我们就把这些字放在诗的每一个句子的结尾。比如,我写了一首题目叫"Jake's Cake"的诗:

Jake baked a cake,

But he made a mistake.

So he called over Drake,

And they fixed the cake mistake.

译成中文的意思是:

杰克的蛋糕

杰克烤了个蛋糕。

但他犯了个错误。

于是他叫来了德雷克,

他们改正了烤蛋糕的错误。

虽然这首诗很押韵,可是诗句并没有意义。

到了二年级的时候,我们知道了不是每一句诗都需要押韵。老师教了我们一种简单的五行诗。诗的要求是:第一行写一个名词。第二行写两个描写第一行的名词的形容词(两个形容词之间用逗号分开)。第三行写三个描写第一行的名词的动词(三个动词之间也用逗号分开)。第

四行写一句描写第一行的名词的句子。最后一行写一个词概括第一行的名词。

这是我在二年级时候写的五行诗：

Flower

Colorful，pretty

Opening，growing，living

I think flowers are beautiful.

Plant

译成中文的意思是：

花

五颜六色，漂亮

绽放，生长，生活着

我认为花很美丽。

植物

到了三年级时，我们就正式开始学写诗歌。我们先读了许多著名诗人写的诗歌。之后，老师教了我们许多不同格式的诗，如四行诗、五行诗、五行打油诗、藏头诗等。我什么诗都很爱写，而每种诗都有自己的优点。

四行诗是最典型的英文诗了（我一年级写的"杰克的蛋糕"就是四行诗）。四行诗的押韵有两种形式：ABAB 和 AABB。ABAB 就是第二行和第四行押韵（第一行和第三行可押可不押），AABB 是第一行和第二行押一个韵，第三行和第四行押另一个韵。对于我来说，AABB 方式稍微难一点，因为它的选择会少一些。

藏头诗很有趣。你可以随意想象，因为这种诗限制很少，也不要求押韵。你只要找出任意一个英语单词,然后把这个单词中的每一个字母都变成一句诗的第一个字母就可以了。也就是说,把这个单词竖着往下写。在每一个字母后都写一句话。比如说,我用"thanks"(谢谢)这个词写了下面这首藏头诗:

Thank you, Mom, for

Helping me

And always being by my side. You

Never let me down. You are

Kind and really

Sweet!

译成中文的意思是:

谢谢你,妈妈,给

我提供帮助

你永远支持我。你

从不会令我对你失望。你

善良又很

温柔!

如果你往下读这首藏头诗,你就会发现把每行的第一个字母组合起来正好拼成了"thanks"这个词。

9岁半时,爸爸妈妈结束在美国大使馆的工作,我们快要离开美国的时候,我突发灵感,写了我第一首有意义、有真正情感的四行体诗"Leaving America"(离开美国)。

Oh, we're leaving America,

I am both happy and sad.

I feel very good,

But at the same time, bad.

America is a great country,

Full of many nice places.

Like Mount Rushmore,

With four presidents' faces.

Another wonderful place,

Is Washington, D. C.

And last but not least,

The Statue of Liberty.

America is delightful,

With good places and such.

I will miss America horribly,

But China, I also love very much.

译成中文的意思是：

噢，我们要离开美国了，

我既高兴，又伤心。

我心里感觉很好，

但是同时又不好受。

美国是一个很棒的国家，

它有许多吸引人的地方。

例如,拉什莫尔山,

上面刻有四个总统的头。

还有一个很美妙的地方,

是华盛顿。

最后,但并不次要的,

是自由女神像。

美国很令人愉快,

它有美好的地方,

我会想念美国的,

但是中国,我也很喜欢。

　　2007 年 12 月 27 日是我们离开美国的前一天,妈妈把这首诗打印出来贴在中国大使馆的一楼电梯口,大使馆的叔叔、阿姨看了都说好。有的还说,虽然他们是大学英语专业毕业的(有的还给中国国家领导人当过翻译),但未必能写的出这么地道的英语诗。

　　在这几年的英语写作中,最有趣的三次分别是,一篇名人传记、一本书和一本漫画书。

　　三年级时,老师给我们布置了一篇名人传记的写作项目。描写的人物由自己选,只不过必须是一个真实的人物,而且他(她)的生活背景必须

离开美国的前一晚,我给大家朗诵我写的这首《离开美国》。

是美国首都华盛顿。

　　回来后，我和爸爸商量，最后决定写奥康纳女士。因为她是美国最高法院第一位女大法官，有许多关于她的故事。另外我爸爸认识她，他们还在一起吃过饭，可以为我提供一些第一手的素材。

　　我先去图书馆借一些有关奥康纳大法官的书籍。其中最有用的一本是她的孙女写的，用简单的语言介绍了奥康纳的成长过程。我把这些书都仔细地读了之后，就按老师的要求列了书的提纲，写了草稿。然后根据老师对草稿的意见对全文做了仔细的修改。大约三个多星期后全书完成了。全书共七页，用的纸有摊开的杂志那么大。

　　书的第一页是目录，最后一页是她的生平简介，中间分五章。第一章写了奥康纳从出生到大学毕业的经历，其中提到她小时候生活在农场，特别爱骑马。第二章讲她成了美国最高法院第一位女大法官。我觉得作为一位女大法官，必须要很勇敢，因为要在很多人面前做演讲，要和总统谈话，还要参加许多重要的会议。第三章讲了她当大法官之前做律师的经历。一开始没有一个律师事务所愿意雇用一位女律师，后来她先申请到一个律师事务所做秘书，经过努力成为了一名律师。第四章讲了她的工作精神。她特别努力，从不放弃，工作时全力以赴。这样，她就成了一名出色的大法官。最后一章讲了她的退休生活。她现在回到了自己家的农场。她喜欢户外活动，并为好友准备晚饭，她还和她的丈夫去各地旅行。

　　在各章中我还用小方框穿插了她的一些生活细节。例如，她58岁时得了癌症，但是很幸运，癌症切除后没有复发。又如，她当大法官时，住在离我家不远、紧邻美国国家动物园的公寓楼里，我爸爸早晨锻炼时有时还能碰到她。

　　我还为每一章配了插图。在第一章中，我画了一幅奥康纳正在她家的农场中骑马的图画，旁边还画了她家的家谱。我为第二章画了两幅插图，在大的插图中，她正在观众面前做演讲，角落上小插图画的是奥康纳穿着法官的黑袍……

　　五年级毕业前的最后一个写作项目是写一本书。老师给每一个学生都订购了一本 28 页的空白的本子。老师让我们每一个人都选一个主题。我选择的主题是一本小说，讲的是一位想过一个完美圣诞节的女孩。

　　我先在我的"写作本"中写好这个故事的草稿。我把整个故事分成了 6 章。草稿写完后，老师让我们每一个人都做一本"仿真书"，这样可以掌握好书的篇幅。我们把 15 张纸（包括封面）对折一下，做成和"正式书"差不多大小的"仿真书"。我开始写的故事显然太长，因为我用的页数超过了 28 页。但是时间很紧，我来不及删改了，就直接在脑子里把一些句子删除，把其余的内容写在"仿真书"中，还在"仿真书"中画了一些插图。我的字写得很小，唯恐挤不下，到了最后，"仿真书"反而又多出来了几页。我交给了老师，过了几天后，老师把我的"仿真书"又发回给我。书的背面写着"优 ＋ ＋ ＋"。我很兴奋，这么高的成绩我还真没有得过，而这才是"仿真书"，等我的"正式书"写完了，那成绩不就更高了。老师还写上了评语："这是一本写得很棒的书！孙若珈是一名出色的作家！这本书从头到尾每一个情节我都很喜欢。"

　　这时，我就可以开始做我的"正式书"了。因为"仿真书"做得不是很成功，最后还剩了几页，我就决定在"正式书"中把字体写大一点。到了最后，正好书写完了。但遗憾的是，没有地方画插图了。

　　书的名字是"完美的圣诞节"。这本书是献给我的爸爸妈妈的，我在书的扉页上写道："谢谢你们为我做的一切！"

华盛顿家中我的写作墙。

　　我的小说是讲一位像我这么大的女孩，很想过一次完美的圣诞节。她想给家里的每一个成员都买一份非常特别的圣诞礼物。但是她没有足够的钱，于是她就去挣钱，去给别人扫雪，为别人唱圣诞节颂歌（这是美国的一个圣诞节传统）。在挣钱的过程中，她家里的其他成员正在做圣诞节的准备，又是烤饼干，又是装饰圣诞树。这些有趣的事情她都错过了。到了最后，她明白了，能跟全家人一起过圣诞节，包括为圣诞节做准备，这才是最完美的圣诞节，即使没能送给全家每人一份圣诞礼物。书的结尾有一个"作者简介"，我在书的最后还用草体签了名。

　　上学最后一天，老师选了几位同学在班上给大家分享他们的书。有些同学写的是有关科学知识的书，比如说，有关鲨鱼、有关海豚；有些同学跟我一样，写的是小说；有些同学写的是冒险书……最有趣的还是寇弟的作品，他的书是介绍班上的每一位同学。班上有 28 个同学，而书正好有28 页，构思真巧！更奇怪的是：介绍我的那篇在第一页。当时我很惊讶，因为我从北京到这个班上来只有两个月时间，而我竟然排在第一。这说明我在同学中还是挺受欢迎的。

　　我觉得我的书还是挺成功的。当然，写这么长的小说毕竟是我的第一次，所以篇幅掌握得不太好。但是，故事写得很精彩。我爸爸看了以后说："这篇小说的风格特别像美国著名作家欧·亨利的作品。"

　　六年级结束前，我们的最后一个项目就是自己做一本漫画书。老师要求我们写一个超级英雄的故事，而这个漫画书必须根据"英雄的旅途"过程来写。"英雄的旅途"是一个写作框架，很多电影和书都是按照它来编辑的。最基本的"英雄的旅途"有七个阶段，"The Known"（已知世界）、"The Call"（召唤）、"The Threshold"（门槛）、"The Challenges"（挑战）、"The Abyss"（高潮）、"The Decision"（决定）和"The Resolution"（结局）。

　　"已知世界"是"英雄的旅途"的第一个阶段。在这里，你的主人公在自己熟悉的"世界"里，这个"世界"可以是好的或者是坏的。一般在这一阶段，你的主人公就发现了自己的异常能力。

到了"召唤"阶段,英雄所在的"世界"里发生了什么问题。这时,英雄想去帮忙,但是自己也做不了什么。一般都在这里介绍故事中的坏人。

在"门槛"阶段,主人公会离开自己的"世界",走进另外一个他们没有去过或者不太熟悉的"世界"。有时,他会真的跨过一道门槛。

在"挑战"阶段,主人公就会面临各种障碍。一般他都会遇到两三个障碍,一个比一个难,但是这些都不是最大的挑战。最困难的应该是"高潮"阶段。

在"高潮"阶段中,主人公一般会直接面对坏人。这是书的最高点,要很生动。通常,在"高潮"阶段,主人公会面临着被谋杀的威胁。有时,他真的会"死",或者是别人会认为他死了,但是最终都会复活的。比如说在"白雪公主"中,白雪公主就死了,后来又复活了。主人公逃出了危险,"高潮"就结束了。

接着是"决定"阶段。这时,主人公必须要做两个选择:第一,他们究竟要怎么处理坏人。是把他杀了,还是把他送到监狱里,再给他一个机会。第二,他们是要待在他们当时所在的"世界"中,还是回到自己原先的"世界"。

最后一个阶段是"结局"。讲的是他们做出选择后,生活又是什么样子。

在我们的漫画书里,"英雄的旅途"的每一个阶段都必须画在两面纸上。虽然,老师已经把篇幅给你定好了,但是有些部分(比如说"挑战")的内容很多,不容易把整个阶段挤在两面纸上。其他的阶段(比如说"门槛")可能短一点,两面纸又好像多了一点。所以你必须提前计划好每一面纸上的画和故事都是什么。

老师给我们定了一个时间表,平均每三四天需要画完"英雄的旅途"的一个阶段。我们正式画最终版之前,必须要:(一)把"剧本"写出来。这个"剧本"里必须要说明,什么时候哪个人物在哪幅图画里说什么话等细节;(二)在纸上先画一个草稿。画草稿,可以帮助你掌握需要画多少

幅图画以及每一幅图画的大小。如果你不提前画草稿,直接画最终的版本,可能最后纸上的位置不够了,或者是有了太多的空地。

　　我知道写书是很累,但是在做那部漫画书之前,我从来没有体验过这么辛苦的项目。写每一阶段的“剧本”可能就花了我半个小时,画一幅草稿又是半个小时。在最终版本上,为了让我的图画看上去好看一点,我会放学后一回到家就开

华盛顿家中我的艺术角。

始画(一般我都是下午 3 点到家),一直画到吃晚饭。晚饭后接着画,直到晚上 10 点。画两面纸上的内容,需要花六七个小时的辛劳呀!

　　因为我一直都想当一名服装设计师,很讲究服饰,所以,有时就是在挑选到底给书中的人物们画什么衣服上就花了 N 多个小时。首先我会画出大概三四个衣服的选项,然后让我的朋友们投票选择自己喜欢哪一件。

　　最气愤的是,每一次我进行这种投票,我的同学都会挑出不同的他们喜欢的服装。第一次,我设计出了四件主人公变成超级英雄后的伪装服的选项,分别是 A、B、C 和 D,结果坐在附近的杰米选择了 B,艾丽选了 A 或 D,爱娃选了 C。后来,我又设计了三件封面服装,杰米选了 B,艾丽选了 A,爱娃选了 C。唉!早知道还不如不让他们投票了呢。这不仅没有解决我的问题,而且,我如果按自己的想法选一套衣服的话,总会使没有被选上的两个人不满意。

　　我的漫画书是关于一个叫珍玛的女孩。有一天,她的姑姑送给她一个含有超级能力的戒指。她必须用这种超级能力来保护村民们。除了故事,我的这本漫画书里还有封面、目录、主要人物介绍、作者简介和名词解释。

二、社会课

我用来做这部漫画书的最终版本的时间大概有整整两天。虽然我觉得某些图可以画得更好。但是总的来说,这本书做得还是很成功。

这些作业很有意义,可以让我们发挥想象力。虽然辛苦了一点,但是当你看到自己完成的作品,会觉得很骄傲。

社会课在美国叫 Social Studies。我在华盛顿上一年级到四年级时,社会课上学的是一些美国社会的知识。在纽约上五年级时,我们学的是一些别的国家的地理知识。不过从一到五年级,老师们并不太重视社会课。

到了六年级就不一样了。社会课变成了我们的一门主科。我们开始学古代的文明。我们学了古代埃及、美索不达米亚(巴比伦、苏美尔)、印度、中国、希腊和罗马的历史和文化。

从星期一到星期四,我们每天下午都上社会课,星期五是上午第二节课上。社会课教室在 114 教室。114 教室就是社会课法扎卡斯老师的基地。是我们同学们去找他,而不是他来我们的教室。我们每次来到教室时,社会课老师法扎卡斯先生都已经站在教室的门口等我们了。

在我看来,那时班上同学们最盼望的课,除了选修课之外,就是社会课了。我们在社会课上学习的内容没有什么特别的,可是我们学习的方法很有乐趣。

法扎卡斯先生一般都不怎么讲课,他就喜欢让我们做文章概述。而在许多情况下,同学们听说又要做文章概述就很烦,因为我们才不想动笔呢! 但是在社会课上,我们也不烦了,拿起笔就写。那是因为概述做完后,我们就可以玩各种游戏了。社会课变成了我们最喜欢的一门课,就因为法扎卡斯先生经常让我们玩与学习有关的游戏。

他向我们介绍的第一个游戏叫"生存者"。"生存者"的游戏规则是

这样的：参加游戏的同学都站到教室的后排。老师会问一个关于我们当天学到内容的问题。知道答案的人不需要举手，老师会任意点一个同学的名字。假如那位同学把这个问题答对了，他就可以进入下一关，走到教室的前方站着。假如他答错了，就会被淘汰，只能回到座位上去了。这个答错的问题会交给下一位同学回答。假如问题很难，谁都答不上来，所有答错这个问题的人都将回到游戏中。等到所有的同学都有过答题的机会，站在教室前方的入了关的同学就会回到教室的后排，再一次进行问答，直到最后只剩下一个"生存者"。这个"生存者"可以选择要一张奖票或者是"C. O. D."（我待会儿再跟你们解释奖票和"C. O. D."的事儿）。有两次玩这个游戏，我都是最后的"生存者"。有一次，只剩我和另外一个同学还没有被淘汰，但是下课铃响了，我们没有完成游戏，老师就给我们两人都发了一张奖票。有一次，我们还玩了"超级生存者"。"超级生存

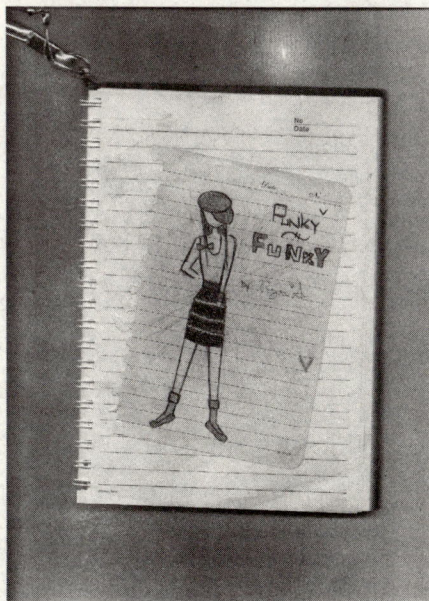

我会画出大概三四个衣服的选项……让我的朋友们投票选择。

者"跟"生存者"的规则是一样的,只不过是老师问我们的问题不是关于我们当天学的内容,而是关于我们整学期学的内容!

我们在社会课上玩的另一个游戏是"文章概述游戏"。玩"文章概述游戏"比"生存者"简单多了,但是越简单就越不容易赢。在"文章概述游戏"中,全班同学分为九个队。老师会首先指定每一队的队长,然后由队长们轮流在全班同学选择他们的队员。我基本上每一次都在第一轮中被选中了,因为同学们都知道我会为他们的队作出很大的贡献(因为我玩这种游戏很在行)。玩"文章概述游戏"时,我们可以用我们上一节课做的文章概述里的信息来回答老师给我们出的问题。每一次上社会课,我们基本上不是玩游戏就是做概述。第一轮的问题一般都是最容易的,值一分。队员们可以讨论他们认为是正确的答案。然后,由其中一个人把答案和他所在队伍的编号写在一张纸条上,交给老师。答对了就会得到一分,错了在一般的情况下是要扣掉题目所值的分数,但是在第一轮中什么也不扣,因为本来你就只有零分。

老师出的题目会越来越难。一般到了第三或第四轮就会出现一个"3分或扔骰子"。假如你答对了"3分或扔骰子"的题目,则有两个选项。第一个选项就是拿3分。第二个选项是让一个队员去扔骰子,出来是什么数字,你的队伍就会取得多少分。在这种情况下,要看别的队选择做什么。如果对方去扔了骰子,得了一个高分,你也只好去冒一下风险,要不然自己的队伍就落后了。当然,就拿那个3分更安全一些,因为如果你扔出了一个1或是2,那就还不如直接接受那个3分。

到了最后一轮,有时老师会让我们"押宝"。就是说,在老师出题之前,队员们可以选择"押"多少分,只不过这个分数不能超出他们拥有的分数。比如,你有9分,最多可以"押"9分。如果答对了,就得9分,答错了就扣掉9分。不过,"押宝"必须要在老师出题之前"押",所以有点冒险,因为你不知道问题的难易。

最后一轮的另外一种计分方式仍是扔骰子,只不过是用扔出来的数

字乘以原先的总分，就是最后的分数。

最后一轮比完后，总分最多的队伍就是胜利者。奖励是每一个队员可以得一张奖票或者是 C. O. D. 。

每隔几个星期，老师就会用他发给我们的奖票抽奖。奖项有下面几种：可以不交一次作业而不受惩罚；在考试成绩上多得到 3 分；一袋儿糖果。多数同学都盼望得到糖果，但是一般我都想要考试成绩多得 3 分。

我在这儿解释一下 C. O. D. 是怎么回事儿。C. O. D. 代表"Catch of the Day"。老师拿一袋糖果，站在教室的左侧，同学站在右侧。老师会向同学那一侧扔一颗糖果，如果他接住了，老师会接着向这位同学扔糖果，直到这位同学没接住，然后这位同学就可以得到所有扔过去的糖果（包括最后那颗没有接住的糖果）。每次一个新的纪录被刷新，老师会把刷新纪录的人名和班级号贴在黑板上。现在的纪录是接到 10 颗，其中我们班上三个同学并列第一。

我最喜欢的游戏还是"风险"。每一次，我们单元考试的前一天，老师都会让我们玩"风险"。玩"风险"最大的好处是获胜的队（其实全班只分成两个队）的每一名队员都可以在第二天的考试上多得两分。即使你输了也没有关系，因为反正在玩游戏的过程中你就复习了需要考试的内容。在"风险"中，我们得到的问题都与我们那个单元学习内容有关。问题一共分五组，一般都是"地方"、"人物"、"词汇"、"鉴定"和我们那个单元学的"国家"，比如说"中国"、"希腊"和"埃及"。每一组都有五个问题，问题的分值分别是 100 分、200 分、300 分、400 分和 500 分。100 分的问题最容易，500 分的最难。假如你答对了 100 分的问题，你就为本队赢得 100 分，答错了，本队就扣 100 分。坐在班上左侧的同学和坐在班上右侧的同学分别成为两个队。每个队的同学各有一个编号。每一轮游戏，老师就任意叫两个编号，然后就由这两个同学 PK。第一轮时，老师用抛硬币的方式决定谁来选题。赢的同学选择题目，然后两个同学手放在背后。老师读完问题，假如你知道答案，就用手拍一下桌子，表示抢答。说出了正确的答案,你就可以赢得这一问题的分数。奇怪的是,在我们班,每一次都是右侧的同学赢(我就坐在右侧)。

每一次玩"风险",轮到我上去时,我都会为我们的队增分。有一次,是我和另外一个同学杰弗里 PK。他选择了一个 500 分的题目。我有点很犯愁。假如说他比我先答,另外那一个队就会一下子比我们队多出 500 分了。老师说出了问题:"什么被称为'中国的摇篮'?"这算什么 500 分的题。我"啪!"地拍了一下桌子,就比杰弗里抢先那么一点。"黄河!"我答道。"正确!"老师叫道。我的队员们大声欢呼。又有一次,我和格蕾丝拼比。格蕾丝是班上学习成绩最好的同学,我刚开始就有点绝望。我挑题时,选择了一个 200 分的题。这样,即使格蕾丝答对了,我们这边的损失也不大。"哪个宗教是由一组人一起创建的?"虽然我知道是印度教,但是我犹豫了一下才拍了桌子。结果,我和格蕾丝同时拍到了桌子。

在这种情况下,老师会让两个同学站起来,做"石头剪子布"决定胜负,三打两胜。赢的同学有权先回答那个问题。结果,我是"石头剪子布"的胜利者。"印度教!"我答对了。

每个同学都上去答题后,就到了"最后的冒险"阶段。它和"文章概述游戏"中的"押宝"是一样的。"最后的冒险"结束后,分数多的队就赢了。

三、数学课

上威尔士先生教的学前班时,我们只学会了怎么数数,还没有真正开始上数学课。到了一年级的时候,就不一样了。

小学一年级时,每天都有一节数学课。刚开始,我们学的是数字的加减法。对于很多美国同学来说,数学是最困难的一科。因为我们上一年级之前,毕竟没有接触到数字的计算,数字和运算的概念我们还不太清楚。课本中这么多的数字和符号令同学们迷惑不解。

　　美国的数学比较简单。作为一个中国孩子,我放学后要去上中文课。但是,我知道回国后,如果我光知道中文,这是不够的,数学也必须和中国小学生一样好。爸爸看了我的数学课本后觉得美国的数学没有中国教得深,爸爸就决定由他来给我补习数学。每个周末他都给我上一节一小时的数学课——按北京的小学课本上。

　　爸爸小的时候是一个很优秀的学生。他最擅长的科目是数学。他有一次跟我讲过,他一生中的数学考试一律都是 100 分,除了一次测验,他得了 99.5。但是没有想到的是,爸爸不仅是一个好的数学学生,他更是一个好的数学老师。

　　一开始,在美国学校教的内容和爸爸教给我的数学是差不多的。我们在学校,在家里,都学的是数字的加减运算。但是,过了大概半年的时间,我就发现我其实比美国的同学学得快。爸爸教得也快。

美国的数学虽然很简单,但是三四年级后,他们学得很快。

　　我对数学的理解性很强。爸爸教我时,一种题只需要过一遍我就会了。但在美国的学校,一道题必须要过好几遍美国同学才能听懂。

　　中国数学教得快,内容也多。在美国,一学年有四学期,但是一年就只有一本教材,而且也不是每一个具体内容都学。在中国,一学年有两个课本,上下两册,内容比美国学的多得多。

　　我上二年级时,已经开始在家里背乘法表了,但是美国同学还在课堂上学代位加减法。到了三年级,美国同学才刚开始学乘除法,我的乘法表已经倒背如流了,除法也会做了。

运算学完了，就该学应用题了。慢慢地，我觉得中国的数学又和美国的数学扯平了。现在，许多题型在美国学校学得比在中国学得快。美国的数学学得浅，但是比较快。在中国，数学学得深，但是很慢。

在美国学校里，我们做的应用题一点都不难，而且根本就不需要思考。它不给你绕弯，很多题都不需要推理，就直接运算或者套式子就可以了。但是，就是这么简单的题，美国同学还不知道怎么做。他们的思维不灵活，不会转弯。

在中国的应用题可不是这么回事。它就要给你绕弯，就要让你思考。计算不是很重要，就看你的思维够不够敏捷。中国的应用题学得很深，基本体之外还有变形体，甚至奥数题（当时在家里，爸爸已经教了我一些奥数题，有的很难）。

美国的数学虽然很简单，但是三四年级后，他们学得很快。中国刚开始学"分数的意义"，在美国已经把分数的意义、比较、加减乘除以及与小数、百分比的关系都已经学完了。中国还没有学负数与正数的加减乘除、平方根、平方和几次方，美国就早已学过了。

那到底哪边的数学教得好呢？这我也不好说。

在中国，虽然学得深，但是同学们经常都在犯计算上错误。老师整天都叨唠来叨唠去："这么简单的算术题你们都错了，基础太差了！"

而这个"基础"美国同学倒扎得很牢。同学们的计算能力一级棒，基本上不会因为计算而错题。主要是针对计算这一部分，老师教得时间长，还教了许多不同的方法来做复杂的运算。老师不认为每一个同学都应该用同一个方法来计算，而是鼓励我们用自己喜欢的方法去做。比如说多位数乘法吧，除了用普通的竖式做乘法计算外，老师还教了我们用分部乘法竖式和格子式算式来做乘法题。

用格子式算式来做乘法题虽然稍微麻烦一些，但是不易出错。假如说你想用格子式算式来计算 25×25，过程是这样的：

画好格子后，将一个乘数写在格子上边，另一个乘数写在格子右边。

一个乘数的每一位和另外一个乘数每一位交错的地方都必须有它自己的方格。在这个式子中 2 和 2、2 和 5、5 和 2、5 和 5 交错,所以一共有四个方格。每一个方格又被斜着分割成两半。这时,方格的左上角代表十位,右下角代表个位。现在,你就可以开始运算了。$2 \times 2 = 4$,在 2 和 2 交错的方格上十位填 0,个位填 4;$2 \times 5 = 10$,在 2 和 5 交错的方格上十位填 1,个位填 0······等每个格子都被填好了,你就沿着斜线,把数字都加起来。在这个例子中,你会把 1、4 和 1 加起来,2、0 和 0 加起来,5 就是 5。把和数都写下来,就得到了最终答案。你可以看到 $25 \times 25 = 625$。

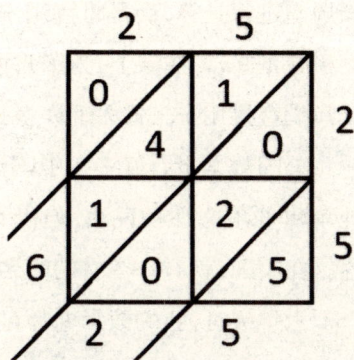

　　另外一个中美教数学的不同处就是中国的数学很讲究解题的方法和过程。每做一道多步骤的题,老师都要求同学们把每一个步骤都写下来。在美国,只要你得到最终的答案就行了。

　　我刚回中国时,有一次,班上有一个数学测验。我做完了后,一遍又一遍地检查,知道没有计算上的错误。我觉得自己做得很棒,一定会全对的。但是结果,我在 30 分中得了 27 分。仔细看了一遍后,发现老师把我的三个简算题都判成错的了。开始,我认为自己做得是对的,因为我的答案是对的。但是那时我不知道老师判简算题时,主要是看我们计算的过程,看我们有没有掌握了简算的方法。而我光写了一个答案,没有写计算的过程,老师就判我错。

　　另外,在美国,小学二年级就教圆周率了。那时,因为没有学小数,所以老师告诉我们圆周率就是 3。如果圆的直径是 6 米,它的周长就是 18 米。回到中国以后,我们五年级才开始学圆周率。之前,我都不知道圆周率其实不是正好是 3,一般用的是 3.14。五年级下学期回到美国后,老师也开始要求我们用 3.14 为圆周率。不过,美国州考时,从来不会让你用圆周率进行计算，而是直接用 π。比如，圆的直径是 6，它的周长就是 6π，面积就是 9π。在课上，为了省事，也为了适应州考上题目的形式，老师也让我们直接用 π。省去了许多计算上的麻烦。

美国数学也有好多在中国没有的概念。比如说，中国有锐角、直角、钝角和平角这几种说法，但没有一个描写在 180° 和 360° 之间的角的名称。在美国，就有一个专门的名称，叫"Reflex Angle"（"Angle"代表角）。

六年级时，我的数学老师是雷特森先生，他也是我们的班主任老师。我们的数学教室在 304 教室，这也是我们的主教室。我们每天都有数学课。有时，一天有两节数学课。一般我们都是在午饭前上数学课。

雷特森先生教数学有一个特点，每次我们一冲进三楼的数学教室，他已经在电子白板上了出了"Do Now"的题。我们教室使用的电子白板（SmartBoard）是一个连接电脑的大屏幕，可以直接在上面写字或者画图，写的字和画的图就直接输入电脑里了。"Do Now"直译过来就是"现在就做"，它其实就是一道在打上课铃之前就要求同学们做完的复习题，有点像国内小学的早自习题。一般这些题比较简单。不过，同学们一进教室就常常说："哎呀呀，这道'Do Now'题可真是太难了！"当然，这是用一种开玩笑的语气来说的。有时，我动作比较慢，过了几分钟才找出答案。班上数学比较好的格蕾丝就会说："不会吧！"当然，她也是用一种开玩笑的语气来说的。开始，每次她这么说，我就会觉得有点烦。但到了后来，我也习惯了。因为格蕾丝就这样的，喜欢用这种口气和别人说话。

上课铃响了，雷特森先生从走廊里走进教室（课间，他在走廊里管纪律）。他等我们几分钟，然后问："答案是什么？"这时，格蕾丝、我、凯南、雷蒙德、苏文还有其他一些学习成绩比较好的同学都高高地举起手。但是，老师偏不叫那些举了手的同学，因为他知道那些同学的答案一定是正确的。他就挑那些不举手的同学。"碧娜，你的答案是什么？"

每次她都会回答："我……我还没做完。"或者是："我得到的答案肯定是错的。"然后，老师又去叫另外一个不举手的同学。

　　有些人很幽默，答不上来时他们会回答："老师，你出的这道题真是太精彩了！我看着迷了，都忘了拿出我的纸笔写答案了！"

　　每一次老师都会数出有多少同学答错了"Do Now"题。等到了六七个同学都答错了，他才叫一位学习成绩好同学来回答。不知道他这样做是因为他想知道到底有多少同学不会做这种题呢，还是他就是喜欢和同学们开玩笑。后来，我们都掌握了规律，不会的人都举手要求回答，这样老师就不会叫他们，而会的同学反而不举手了，老师就可能叫他们来回答。

　　做完"Do Now"题我们就上正课。假如在上一节课中老师布置了作业，他就会抽查同学们的作业。如果没有，就直接讲当天的课。

　　如果老师讲的是新课，他一般情况下用 5 分钟就讲完了，在剩下的时间里，他就会从课本里找出一些这天我们学的内容的题，让我们做。班上格蕾丝和苏文是数学最好的，她们做完了，别的同学还没有做完。我做题也做得很慢。我的数学好，就是我比较懒，不喜欢做平均分或者是求圆、圆柱、球体或圆锥的体积或面积的题，因为这些题需要做太多的计算。我最不喜欢做多位数的乘法题了。真烦！

　　有时，我特别懒，就光做老师留的简单的题。然后，在我们对答案时，格蕾丝、苏文或者是凯南说出那些很麻烦的题的答案时，我就会说："我同意！"嘻嘻……

　　一节课老师大概会给我们留 20 道题左右。但是他也不管我们到底做没做，不会一一检查的。所以，你不做也可以，只要老师不叫你向全班同学说出你的答案就行了。

　　如果老师留课后作业的话，他就会从书上复印的练习题发给每一个人。但是他不要求我们全做完。他会让我们做 30 题中的 10 题。

　　在美国，做数学作业的方法和中国不太一样。在中国，我们是在作业本之外一个本子上做草稿；在美国，老师要求我们"Show all of your work"，就是说我们要把所有的什么草稿、公式、算术都写在同一个本子上。开始，我不太习惯这样做，因为每次我在作业本上直接做计算时，我都先把计算擦了再交。第一次我不知道，只写出答案，老师在我的作业本上写了："下一次需要把所有的计算都写在作业上。"从那以后，我就改了。

四、科学课

在美国，从小学一年级起就有科学课。这些年来，给我印象最深的是二年级的科学课——养金花斑蝴蝶。

那时，秋天正悄悄地向我们走来。有一天，上科学课时，老师提着一个黑笼子，抱着一个纸板盒走进班里。同学们议论纷纷："纸盒里是什么？""笼子是干什么用的？""这些东西跟科学有什么关系？"

老师把笼子和纸盒小心翼翼地摆在桌子上，对同学们说："秋天马上就要到了，这是养蝴蝶的最佳时期。我这个纸盒里装了六七个蝴蝶卵。"老师叫我们按组轮流上去看。可不是嘛！卵是黄绿色的，像一粒小米一样大，很难看见。纸盒底部还铺着绿叶子。老师告诉我们那是乳草。

"这一段时间，我们要在班里养金花斑蝴蝶。等毛毛虫从卵里出来后，就把它们放在大笼子里养。请大家天天都仔细观察金花斑蝴蝶的变化，并把看见的以及体会到的都写下来，也可以把看到的简单地画出来。"

我们天天去纸盒里看蝴蝶卵。一天，两天……卵始终没有动静。一个星期过后，一些毛毛虫终于从卵里爬出来了。老师说，卵里有充分的营养。毛毛虫把卵吃了，就可以从卵里出来了。我笑了："真有趣！"

毛毛虫软软的、长长的。它们是浅黄色的，上面有黑色和浅绿色的小斑点。老师仔细地跟我们讲解："金花斑蝴蝶的毛毛虫只吃一种叶子，那就是乳草。它们的脚很有趣，可以抓紧各种东西。"我仔细地观察。还真是！毛毛虫连笼子顶都能紧紧抓牢，不往下掉。有一次，老师把毛毛虫从笼子里拿出来，放在我们每个人的手中爬。毛毛虫慢慢地爬，一点也不着

急。爬时,感觉手上好痒痒。

　　毛毛虫越长越大。有一天,毛毛虫爬到笼子顶上,用嘴抓住笼子的顶,身体变成了一个"J"的形状。然后,开始绕着自己吐丝。吐了半个多钟头,终于吐完了,把毛毛虫围住了。绿色的茧,中间闪耀着金光闪闪的黄条。

　　最后,金花斑蝴蝶终于出来了。它们是金色的,翅膀上还带着精致的黑白花纹,漂亮极了。它们刚出来时,还不能飞。因为它们的翅膀有些潮湿,飞不起来,必须先把翅膀晾干。老师把一瓶花蜜放入笼子中,因为蝴蝶只吃花蜜。它们的头上都有一个像吸管一样的东西。那只"吸管"是卷着的,但是它们吸花蜜时,就越拉越长,越拉越直。蝴蝶能飞起来的时候,老师就把它们放进我们学校后面的小花园里。大家都管小花园叫"蝴蝶花园"。

　　蝴蝶生长的过程真是奇妙呀!亲自去观察蝴蝶的这次试验,使我懂得了观察事物要仔细,才能学会有关它的知识。

　　上六年级后,科学老师经常在班上开辩论会。老师提出问题后,让我们按自己的想法,分成两组辩论。甲组站在班的后侧,乙组站在班的前面。辩论会开始了!老师先让甲组说出他们的意见。比如,老师提的问题是:"你认为我们在课上学的这些知识有用吗?"甲组的成员 A 就会说:"我觉得我们学到的知识有用,因为说不定在未来,我们在工作上需要这些知识。"下面就该乙组反驳了。乙组的 B 成员可能会说,"我不同意 A 说的。你将来不一定做一个需要科技背景的工作。"又轮到甲组说了:"虽然 B 说的有一定的道理,但是,每一个人都需要一个备用方案。如果你想要

很多科学知识也不光是在科学课上学的。

的工作最后没找到，那有这个科学知识也是有用的，因为可以让你在找工作方面上有更多的选择。"……

到了最后，一个组再没有可说的了，他们就输了，另外一个组也就胜利了。

很多科学知识也不光是在科学课上学的。我还从图书馆借过一些有关科学知识的书，也在书店买了不少这方面的书。其中有一本书叫"学校里教的谎言"（原文是英文）。很多老师都说过关于苹果从一棵苹果树掉下来，正好砸在了牛顿的头上，然后他就发现了万有引力定理。而这本书上说，这个故事是编出来的。还有一个著名的故事，说的是富兰克林在闪电时放风筝，触电了，受到了启发，就发明了避雷针。这本书上说，这个故事也是编出来的。

科学在生活中也随处可见。比如说，有一次妈妈做了方便面，里面卧了一个鸡蛋。我想，为什么鸡蛋在常温下是液体，煮熟了之后变成了固体？按科学课上学到的知识，给液体加热，最终它会变成气体。我问了许多人，他们都不能解答这个问题。我想，只能以后自己慢慢研究。

五、体育课

有些同学特别喜欢体育课，因为可以到处乱跑，不需要动脑筋；有些同学又特别讨厌体育课，因为怕做得不好在同学面前出丑。对于我来说呢，体育课只是生活的一部分。不管你在哪儿上学，它都是一定有的课。

在美国，一周上两次体育课。两次体育课之间至少隔一天。在华盛顿时，我们是周二、周四上体育课；在纽约 194 初中上六年级后，我开始是周一、周三上，后来又改成周二和周五了。虽然我们只上两天体育课，但是我几乎每天都要运动，因为我在六年级的选修课是舞蹈（待会儿再跟你讲选修课的事吧！）。在北京，我们是一周上三次体育课。我那时是每周一、三、四上体育课，但是每天都要做课间操。

　　在美国的体育项目和在中国的不一样。只要我们不是在做测验，一般我们都是玩一些球类的项目，比如说棒球、羽毛球、排球、足球、篮球或者是"Kickball"（直译是"踢球"，但是它的规则其实很接近棒球，只不过，不是用球棒打球，而是用脚踢球）。

　　测试的时候，就是另外一回事儿了。在美国，我们六年级的测试是仰卧起坐（我做了 50 个）、俯卧撑（我做了 22 个）、引体向上（这是我做的最差的一项）、半英里跑（即 800 米，需要在七分以内完成，我跑的是 5 分 1 秒。耶！）、手指碰脚尖

有些同学特别喜欢体育课，因为可以到处乱跑。

（就是考柔韧性）、躯干上起和"Pacer"跑步。

　　"Pacer"跑步我以前从来没有听说过。它的规则是这样的：由老师放广播，广播里说"开始!"时，你就从体育馆地上画的一条线跑到另外一条线上。它是有时间限制的，在广播发出"嘟"一声之前，你必须双脚站在另外一边的线的后面。"嘟"声之后，你就可以再跑回来，到原先的线上。就是这么来回跑。但是两个"嘟"声之间间隔的时间会越来越短。也就是说，你必须要越跑越快。你什么时候想停就停下来，你跑的单程数就是你得的分数。每一次，我看别人跑的时候，都感觉很容易。但是自己去试，就会觉得很难。

　　我们"Pacer"跑步考过两次。第一次是暑假后考。那次我跑了 26 个单程。第二次我们是在寒假后跑的。跑之前，老师就警告我们过："这一次肯定会比上一次难。在暑假时，你们特别活跃，可以在外面玩。冬天就不怎么活动了，身体的状况可能就没有以前好了。所以，你们不要指望这

次比上次做的还好，只要你跟上次跑得一样的单程数，就算很好了。有一个八年级同学在 9 月份跑了 100 多个单程，这次只跑了不到 40！"体育老师说的话可能是对的，但是对于我来说是正相反：在暑假时我根本就没怎么活动（因为我整个暑假都用来写这本书了！）最近我的选修课从戏剧文学换成了舞蹈，所以运动得反而更多了，而且我还减了大概 7 磅体重。结果，这次我跑了 31 个单程，比上次还多 5 次。

中国的体育课项目不太一样。我们每节课都要跑步，很少玩球类游戏。中国有一个项目在美国我们从来都没有专门学过——跳绳。虽然我很爱跳绳，但是我没有专门学过。在中国，跳绳还是一个考试的项目。很多同学都会做双摇、编花等花样跳绳。另外一个我从来没学过的项目是跳大绳。其实，在美国也有跳大绳，但都是我们站在里面，然后才开始摇绳。在中国，绳已经被摇起来后，我们才跳进去。开始我掌握不好跳入的时间。每一次，我一跑进绳里，就绊着了。有一次，我的同学雨桐和梓漪来我家玩，我们去我家边上的小天宇市场买了一根长绳。梓漪和雨桐教我怎么跳大绳，然后她们摇绳，我跳。前几次都不太成功，但是后来我掌握好了时间，就慢慢地跳起来了。

和体育课有关的是每学年的运动会。在华盛顿的默奇小学时，运动会一般放在学年的最后一个星期五，即学校放暑假前的最后一个星期五（6 月 10 日左右）。在这一天，年级中所有的班都要进行比赛，有的班有时还分成两个队进行比赛。在小学中，我们都是进行拔河比赛、接力比赛、夺旗（Capture the flag）和"躲避球"（Dodgeball）的游戏比赛。

夺旗的规则是在足球场的两方的球门柱上各粘着一面旗子，红旗在左边，黄旗在右边。红队站在中场的左边，黄队站在中场的右边。每个队的任务就是拿着对方的旗子，返回到自己的地盘。游戏开始后，只要你在自己队伍的地盘，没人可以抓你，但只要跨到另一方的地盘，他们抓到你，你就被领进了对方的"监狱"。你一进了"监狱"，就只好在那儿耐心地等着，要等到同队的一个队员跑到"监狱"里"放"你出来，然后关在"监狱"

里的人就又可以运动了。哪个队伍先把对方的旗子安全地带回自己的地盘，就胜利了。

"躲避球"（Dodgeball）在美国是一个很受欢迎的游戏。它的规则很简单，分成两个队，一个站在中场的左边，另一个站在中场的右边。中场摆着三个球，一吹哨，两个队伍就试着去抢。抢到了球，每一个队就试图把球投向一个队员。被击的人有两个选项，第一个选项就是躲着球，另外一个选项就是试着接住那个球。如果他接到了球，不仅会让扔球那个人出局，而且可以让一个自己这边一个已经出局的队员再回到游戏中。但是假如你没有接到球，反而被球打中了，自己就出局了。直到一个队伍里所有的队员都出局了，另一个队就赢了。

到了纽约第194初中后，我们运动会的内容变了。我们改成了玩排球、篮球和"踢球"（Kickball）。我们每个班级都有自己的颜色，我们班是蓝队。那天，老师选了艾丽和乔为队长。

我们第一个项目是"踢球"（Kickball）。其实，我不太喜欢玩"踢球"，因为我怕自己踢不好，出局了。所以一般玩"踢球"时，轮到我们队踢了，我总是站在最后面，这样一般都不会轮到我。也不光是我不愿意踢，班上可能有十来个同学都不喜欢"踢球"，就都在队尾等着。每一次几乎都是同一些同学上去踢球。

在第一个"踢球"比赛里，我们蓝队以6比5赢了！赢了的队，在午后就可以进入半决赛。

第二个项目是篮球。对于篮球，我无所谓自己打还是不打，因为我虽然打得不是最好的，但是也不差。我们的对手是631，我的老班。开始，在我们队伍中，总是让那些打得好的同学进去打球。他们确实打得不错。有一次，我还说这个比赛比NBA还精彩，不知道是因为我们的水平很棒，还是因为我对它更感兴趣一些呢，因为毕竟是我们自己的队伍在比赛。到了中局，我们领先了几分，很有希望赢这场篮球比赛。后来听老师说，必须每个队员都轮流上去打。因为631班的同学少，他们每一个队员已经都打过一次了,现在重新开始打的都是那些打得好的队员。而我们队的还没有打过的队员都是稍微差一点的,和那些水平高的队员们打,不公平。但是,队长乔说,不管我们输赢,必须给每个同学一个平等的机会去打球,所以他直接就让那些没有打过的队员入局了。最后,我们输了。结果我们班蓝队就分成两派,吵起来了。一派怪乔放进那些差的队员们,本来我们是可以赢的,但是他让我们输了。另外一派说乔做得对,你不能因为一个人的水平差而不让他参与。我当然赞同乔的做法了。不管比赛结果是什么,重在参与,一定要给每个队员一个机会去打球。

队员们气愤地进入了下一个比赛——排球。但不知道怎么着,玩着玩着,我们的火气都散了。不在赛场上的同学就当拉拉队,为我们的队伍加油。后来我们输了这场排球赛,但是这次好像也没人在乎,反正我们尽了我们最大的努力了。

饭后是该我们的"踢球"半决赛。这次,老师说必须要每一个人都去踢球。我很不乐意,但是,既然这是一个规则,我也只好上去踢了。

那些"踢球"玩得很好的队员还是站在队前,光是杰弗里、凯南、乔丹、和克里斯就为我们队挣了 9 分。轮到我踢的时候,虽然我没有踢好,但是也没有人埋怨我,因为最终我们以 11 比 0 赢了!

因为我们蓝队以 11 分的差别赢了半决赛,所以我们都认为自己会成为"踢球"的冠军。我们的决赛对手是 605 班,粉队。开始时,我们队使了一个小小的花招。我们先让踢的特别好的队员们上去踢。他们都踢得又高又远,结果对方为了接球方便,都挪到外场了。这时,我们就让那些踢球一般般的人上去踢。因为这些队员们踢不了多远,球就是沿着地面滚,对方的队员们都散开了,必须赶回来,接住球,再扔到一垒,就行动比较慢。我们就正好安全地跑到了下一垒。后来,605 班掌握了我们的规律,队员们就都站在内场。结果我们又开始请那些踢得很远的同学上去踢了。

我上去的时候,虽然踢得不远,但是正好有时间跑到一垒。下一个队

员杰弗里踢了一个本垒"踢"，我们就有足够时间都跑回到本垒了。这样，我就为班级赢了一分。

但最终我们对 605 班的比赛却以 5 比 7 输了。虽然我们只获得亚军，但是，我也很高兴，因为：第一，在六年级的 15 个班中，赢得亚军已经很不错了。第二，我为我们队赢得了 1 分！

六、选修课

上了六年级后，虽然我们在课间都要"跑班"（就是换教室），但是班上同学上的课都是相同的，只有选修课除外。选修课的英语名称叫"Elective"，你可以在教师指定的范围内，按自己的兴趣爱好选择你想上的课程，或者由老师指定你的选修课。可选择的科目有美术、乐器、电脑（信息）、戏剧文学和舞蹈。

一开始，老师分配给我的选修课是戏剧文学。我刚知道这一点时，我不太想上，因为这门课的许多内容都需要上台表演或者做演讲，这让我十分不自在。但是，我上了第一次戏剧文学课后，就爱上了它。过了一周，戏剧文学就变成了我最喜欢的一科。主要是因为我很喜欢我们的戏剧文学老师。

我们的戏剧文学老师伯克先生特别幽默，他非常年轻，才 26 岁，很理解我们学生的心理。第一次上课，老师就让我们自己制定戏剧文学课的规则。更奇怪的是，他还允许我们在课上嚼口香糖。学校里其他课的老师都是不让的。

戏剧文学课很有趣。有时，我们做即兴表演；有时，我们玩一些游戏如"Zip，Zap，Zop"（一个考验反应能力的游戏）或者是"有口难言"游戏（"Actionary"，就是一个人用动作演出一个词语，让别人猜出他演的是什么词语）；有时，我们甚至还在教室里玩"捉人"游戏呢（戏剧文学教室很大，有点像一个小型礼堂，前面是舞台，后面有六七排座位，乱跑乱跳都不碍事）；有时，我们什么都不干，就听伯克先生给同学们讲故事或者是看电影。

有一次，老师给我们介绍了一个游戏叫"公园内的长椅"。游戏规则是这样的：伯克先生是一个坐在公园里的"陌生人"，你必须要和他不停地进行对话。这个游戏听起来很容易，但是实际上很难玩。一轮游戏可能是这样进行的：

同学："您好！"

伯克先生："你好。"

同学："今天天气真好呀！"

伯克先生："嗯。"

同学："……您喜欢麦粒？塞勒斯（她是一名歌星）吗？她是我的表姐。我可以给你找一张她的演唱会的门票。"

伯克先生："哦，我不喜欢她。"

同学："是吗？我的同学们都是她的粉丝。"

伯克先生："我已经不是青年了。"

同学："但是你看上去很年轻呀！你想买房子吗？"

伯克先生："我不需要了。"

同学："真的，我知道一栋很好的房子。请问您一家多少人呀？"

伯克先生："我已经有房子了。"

同学："哎，反正再买一个房子也不会害你呀！"

伯克先生："你几岁啊，就在这儿卖房子呀？"

同学："这不重要……哦，对了！你吃麦当劳吗？我有一本麦当劳的优惠券，我自己肯定用不完了。"

伯克先生（开始有点"烦"了）："你的爸爸妈妈没有跟你说过不能和陌生人说话吗？"

同学："不跟陌生人说话我怎么交朋友呀？您还没有回答我的问题呢，您喜欢麦当劳吗？"

伯克先生："不喜欢。"

……

反正,要将对话一直进行下去是很不容易的。

七、课堂纪律和自由活动时间

与中国相比,美国学校的课堂纪律有很大的不同。我在华盛顿上小学低年级时,在课堂上,只要老师不在讲课,我们可以随便地(小声地)说话。老师也不多管,只要我们不干扰他。课中,我们如果要上厕所或者喝水,只要跟老师说一下,拿着"厕所卡"(男女各一个)就可以去了。只是不能同时出去两个女生或两个男生。在一年级时,老师还允许我们在十点多时在阅读课上吃点心。所以,在那段时间,班上的同学都一边吃着自己带来的薯片、饼干、水果等食物,一边读书。在美国,我们上课发言时,从来都不需要站起来,坐着说就行了。

回到中国后,就不一样了。课上绝对禁止说话,除非让你发言。只有课间休息时才可以上厕所和喝水。有一天,我注意到纪律委员拿着一本棕色的小单线本。仔细观察后,我才发现每一天课上乱说话的人和积极发言的人都被记在本上(说话要批评,积极发言的人当然要表扬)。假如你因为说话上了本子3次以上,就要被罚抄课文。

每一次老师请我们发言,我们得起立,站着发言。开始,我不习惯,有时想不起来要站起来。但是,很快我就适应了,老师一叫到我,我就毫不犹豫地像火箭一样"噌!"地站起来。

我回到美国之后,在纽约上小学,又不太适应坐着发言了,因为每一次该我发言,我想都不想就站起来了,后来我才想起现在可以不站立发言了。

后来到了六年级,就不太一样了。不是每个老师都允许我们在课上说话。但是,我们也都找到规律了。在英语课上基本上不能说话,其实我们说话老师不会批评我们，不过，他不喜欢我们说话；在数学课上可以说点话，只要不是在老师讲课的时候；在社会课上可以说话，只要不太吵，老师不会很介意的；在科学课上，只有在老师格外高兴的日子才可以说话（也就是少部分时间的意思，因为我们科学老师一般都很严肃）；在舞蹈课上（我目前的选修课）可以说话，反正在舞蹈教室里总是放着音乐，本来就很吵，再说，不说话我们怎么编舞呀？

中国、美国的课堂纪律不同的另一点是和下课时间有关。在华盛顿的小学，两节课之间没有休息时间。当时的班主任老师除了音乐、美术之外，所有的课都是由她（他）一个人教。所以，我们就从一节课直接进入下一节课，不换老师。在纽约的小学里，每一节课有不同的老师，但是都是由老师来我们的教室，所以课间也不休息。进入六年级后，虽然课间有休息的时间，但是，这段"休息"的时间，我们并不能用来休息。我们每一节课的老师都不同。而且不是由老师来我们的教室，而是由我们赶去老师所在的教室。课间，我们只有三分钟时间，需要从一个教室跑到另外一个教室。往往上课铃响了，我们也刚好赶到我们需要去的教室。学校还有一个规矩，课间即使有多余的时间，也不能去上厕所或者喝水。所以，只能在上课

中午有半小时室外休息时间，可以去操场玩。

时让我们上厕所或者喝水。但是，我觉得这种作法不太好，因为老师上课讲重点内容时，一般不会让同学们去厕所。即使在讲其他内容时去厕所，也会错过一些老师讲的内容。

虽然华盛顿和纽约的小学课间都没有休息的时间，但是中午有半小

时室外休息时间，可以去操场玩。在这个时间内，我们玩"捉人"游戏、捉迷藏、间谍游戏，有人带网球的时候，我们就玩一个美国的游戏"Off the wall"（直译是"离开墙"，类似于手球）。有时候，我们会去体育馆里拿球，玩"踢球"或篮球。

在中国，我们没有室外休息的时间，但是上操铃响之前，可以在操场上玩，我们在操场上到处跑。

八、换班记

2009 年春天回到美国时，我上的是纽约第 20 小学的五年级。过了两个月，五年级结束了，我升入了纽约市第 194 初中上六年级。

在纽约，部分初中是从六年级到八年级（华盛顿有的初中也是如此），有些初中是从七年级到九年级。194 初中很大，六年级有 15 个班。一个班大概有 20 至 30 个同学。在这 15 个班级中，有两个是"SP"班（"SP"代表"Scholar's Program"），也就是优秀生班。剩下的 13 个班都是为普通学生们或者为需要特殊帮助的同学们开设的班。

在上小学五年级的最后一段时间里，我在每一学科得的都是 4 分（4 分是最高分，也就是"优"的意思）。班上的老师对我说，我的成绩很好，她要推荐我去初中的优秀生班。我的妈妈一听到我会去优秀生班，也很高兴。

我进入 194 初中后，上的是 631 班。妈妈一直认为我所在的班就是优秀生班。但是，我第一个星期就从其他的同学那里了解到，我们年级里只有 621 班和 623 班是优秀生班。我所在的 631 班不是优秀生班，而是普通生班。有些同学甚至说我们是"笨"班，说我们是"在英语和数学上需要帮助"的班。我相信，学校没有考虑过让我去优秀生班，只是随意地把我放进了一个班上。

不管怎么样，在我的短短几年上学的过程中，已经换过太多的班了，也转了好几次学。即使我知道换到优秀生班会对我有好处的,我也懒得再去换班。所以,我就一直没有告诉妈妈我所在的班级不是优秀生班。有时,妈妈问我:"你现在是在优秀生班上吗?"我就随意地说:"我不知道。"

直到有一天,我的班主任老师(也是我的科学课老师)德兰赤先生给我妈妈打电话说了我的成绩有多么多么的好,认为我们在课上学的东西对我来说没有挑战性,家长可以和其他科目的老师谈一谈,让他们为我再上一些更难的课后补习。老师在课后安排了一个与家长见面的机会,也邀请我去了。

在家长会上,妈妈终于有机会问老师:"若珈的这个班是优秀生班吗?"

我相信我们班可能是稍微差一点的班,但是德兰赤老师很会说话,把我们的班说得仿佛是一个很好的班级:"这么说吧,我们这个班有好同学也有普通的同学。我们需要有一些优秀的同学来帮助那些较差的同学,为他们做一个榜样。所以这个班有点像一个混合班。"

虽然他这么说,妈妈还是不满意。她非要把我送进优秀生班里去。她和我们的助理校长罗宾斯女士预定了面谈的时间,要和她谈一谈给我换班的事。

罗宾斯老师说,我没有进入优秀生班是因为我没有参加纽约州五年级的州考(我从北京来到纽约时州考已经结束了),州考英语和数学两个科目都得 4 分的同学才能进入优秀生班。

妈妈给罗宾斯老师看了我过去的全部学科的成绩单和一些奖状证书,说虽然我没有参加州考,但是我的成绩一直特别优秀,有什么办法可以进入优秀生班吗?

罗宾斯老师想了一会儿说,第一学期(纽约每学年分四个学期)快要结束了,假如我在第一学期上得到了一个特别好的平均分,她就会考虑送我进入优秀生班。两个优秀生班名额都很满,已经有 30 多个同学了。另

外,优秀生班的同学学的知识更难,即使我在普通生班里做得好,进入优秀生班里也不一定做好,除非我在普通生班里做得特别特别出色。就是说,如果我可以适应优秀生班学的内容,她就会送我到优秀生班去。不过,她当时没有明确答复我们。

有一天,我们正在上科学课,德兰赤博士收到了一个电话,让我去207房间,也就是管校车的办公室。我一到那里,管校车的老师让我把我的车卡给她。她把那张车卡扔了,又给我了一个新的。这两个卡看上去一模一样,只不过……我的班级不再是631班了,而是改成623班。

我一回到科学教室就问德兰赤博士:"为什么她给我了一个新的车卡?我被转到了623班吗?"

德兰赤老师一看,给罗宾斯女士打了一个电话。我果然被转到了623班了!本来罗宾斯老师是想亲自告诉我的,没想到让那负责校车的老师抢先了。他们说,后天,我就要去623班了(因为那天的第二天我们休假)。

我一回家,就告诉了妈妈这个消息,她喜出望外。但我却有点伤感。我真的不想去优秀生班。我都在631班上待了两个月了,交了好多朋友,也适应了这个班上的每一位教师的教课方法。另外,优秀生班作业什么的肯定要更多。我也不会再是班上成绩最好的同学了,因为优秀生班同学们的成绩都很好,肯定有比我更优秀的同学!

妈妈说,即使我开始可能要有一段适应期,但是从长远考虑,去优秀生班对我是有好处的。

由于换班的事妈妈花费了很长时间和很多精力,而且现在已经定下来了,我即使不想去,也只好去了。

换班那天的一大早,爸爸怕我紧张,就没让我坐校车,而是开车送我去学校。我忐忑不安地走进礼堂,坐在了623班级的区域。那时,623班上只有一个同学到了,是杰森。他对我很好,挺友好的。但是后来,同学们来得越来越多,他们也没有注意我。

不过,631 的朋友们都过来,坐在我的旁边和我聊天。我很感动,因为他们离开了自己班级的区域,如果被老师抓到了,会受惩罚的。但是他们也不怕,就是想来看我。

上午过得很漫长,因为新班里基本上没有人和我说话。

总算熬到了第三节课——选修课。一想到可以看见一位熟悉的老师了(戏剧文学课老师伯克先生是我最喜欢的老师),我就兴奋起来了。下课铃一响,我就冲到戏剧文学教室。但是,里面除了伯克先生以外没有别人了。

我好奇地问:"伯克先生,您这节课没有课吗?"

他查了一遍他自己的课程表。"没有啊。"

我又把我的课程表拿出来,"但是我这一节课明明是选修课呀!"

伯克先生伤心地说:"那我也不知道是怎么回事,我希望你还在我的班上。"

我下楼去了罗宾斯女士的办公室。我跟她说了我的问题。然后她对我说:"你的这个班上的选修课只有三个:乐器、美术和舞蹈。没有戏剧文学。你愿意上舞蹈吗?"

虽然舞蹈听上去挺好玩的,但是本来戏剧文学是我最喜欢的一门课。把我原来的同学们、老师们都换掉了,为什么要把我最喜欢的戏剧文学课也拿走呢?我很伤心,但是也没有别的办法。

我在去舞蹈教室的路上碰到了德兰赤博士。"我送你去舞蹈教室吧!"他说道。"上课铃已经响过了,如果你一个人去的话就会算你迟到了,会受惩罚的。"

"好吧……"

走到舞蹈教室,我轻轻地把门推开,蹑手蹑脚地走进去。教室很宽大,教室前方的整面墙上都是镜子,像一个真的舞蹈排练厅。舞蹈老师富代拉女士看见我来了,就迎了上来。

"你是?"

"我叫若珈。我本来上的是戏剧文学课,但是转到 623 班后,它就不是一个选项了,所以罗宾斯老师就让我到这里来了。"

"你是说你在 623 班上吗?"富代拉女士拿出一个表,看了一眼后说,"对,这个班是没有戏剧文学课,那就欢迎你来这个班里吧! 哦,对了! 在这个教室里必须把鞋脱了。"

我把鞋踢掉后,富代拉女士在教室前,把我介绍给班上的同学。"因为我还没有给你固定的位置,你就先随便坐吧。"

教室里二三十个陌生的脸望着我。我用眼睛扫了一遍教室里的同学,总算找到了一位我认识的同学蒂芬妮,就坐在了她身边。我们先做瑜伽准备活动。这一部分还不算难,因为我在家里也自己练过瑜伽。后来其他的同学就都到他们自己的小组去排练自己编的舞蹈。因为我是新来的,蒂芬妮就把我带进她的组。这几组舞蹈要在第二天表演,那些同学都练了大概一个星期了,但是我不会这些舞蹈动作,所以富代拉女士说我可以先看看蒂芬妮的组是怎么跳的。

蒂芬妮组里的舞蹈动作很复杂。看着看着,我就傻了眼。我真羡慕他们。安娜虽然不算是最优美的女生,但是她跳得很有力;卡拉会做很多体操的动作;金伯利很灵活,会做一些需要有高柔韧性的动作,比如说劈叉……跳舞最好的可能是亚丽克西斯,听说以前她是一位拉拉队员。她动作优雅,虽然舞蹈的动作很快,但是她看上去从来都不慌忙。

看见其他同学都跳得那么好,我感觉自己不应该在舞蹈班里,因为在舞蹈方面上,我什么天赋都没有。

后来,我慢慢地适应了舞蹈课。其实我发现跳舞是谁都可以做的事,只要你认真学习。对于我来说,最难的是掌握一些类似杂技和体操的技巧,因为虽然舞蹈课上谁都跳得不错,但是会做各种特技的人还是不多。我学会了很多动作,比如说劈叉(其实不管你的柔韧性是好还是差,劈叉也是可以练出来的)、倒立、几种不同的前翻和后翻,当然,我在华盛顿时自己就学会了怎么做侧翻……现在,在舞蹈课上我属于是跳得好的。多数情况下,挑选组员时,我总是在第一轮或第二轮被选中。

舞蹈是我新班学习生活中的很大的一部分,不过,现在还是来说说别的事情吧。到了新班后,开始感觉很害羞,因为绝大多数同学我都不认识。但是,慢慢地我就交了很多不同的朋友。

当然,班上我最早认识的是格蕾丝,因为我们坐同一趟校车,并且经常在校车上聊天。我们在同一个站上、下车,早上等车时经常在一起聊天。班上的苏文、丽沙和杰米也和我同坐一趟校车,只是不太和他们说话。

在美国,我们在班上的座位都是按姓名的字母顺序排的。因为格蕾丝姓张,她排得比较靠后。而我是新同学,来后就坐在最后一个座位上,所以,总是离格蕾丝很近。和她坐在一起挺好的,因为我们经常可以在数学课做题时或者在其他遇到困难的时候帮助对方。有时,在我们俩之间也会产生矛盾。但不管怎么着,她是我在这个班上交的第一个朋友,所以我们也总是互相照顾。

我和格蕾丝不坐在一起的唯一的课程是社会课。其实,本来我应该坐在她旁边,只不过发扎卡斯先生把我的座位调到了碧娜的后面。碧娜的学习成绩虽然没有格蕾丝好,但是她特别友好,性格良善,也非常幽默。我们很快就变成了好朋友。碧娜很瘦,才70斤,但她特别爱吃。我好像从来没有见过碧娜饱的时候。有时她在家里吃过早饭了,到校后,又去饭堂吃那儿的免费早餐。她也经常去学校边上的小卖铺买方便面吃。到了中午,她可以吞下去几份饭,再去买冰淇淋吃。下午,放学后,她会再去旁边的小卖铺买薯片或者是蛋糕、饼干、巧克力等甜食。有时,我好羡慕她可以随便吃东西,也不长胖。

在社会课上坐在旁边的还有凯南和杰弗里。虽然他们是男生,但是我也经常和他们交往。其实,一般在学校我都是和男生们说话,因为我感觉和他们有更多的共同话题。我总是和男生们一起做事,现在班上的很多男生都像是我的兄弟了。我、凯南和杰弗里都特别爱玩"十三张"(纸

牌游戏），所以有机会就一起玩。和他们玩的好处是：第一，他们从来都不会作弊；第二，他们从来都不会让着你。我最讨厌的就是我和别人玩牌的时候，因为我刚开始玩或者因为我是唯一的女生，就故意让着我。当然，这也说明和凯南、杰弗里玩牌的时候，对我来说更有挑战性。

在社会课上，因为老师管得不是很紧，所以我们总是在一起聊天。他们两个都挺爱说话的，故事也很多。所以，我很无聊的时候就去找他们，因为他们总能令我发笑。

除了凯南和杰弗里，我也经常与杰森和雷蒙德在一起，因为我们的座位离得比较近。和雷蒙德在一起时，我们经常会玩"拇指仗"（即使基本上都是我输）或者是其他的游戏。我们还编了自己的一个游戏叫"猜猜谁"。在这个游戏中，一个人会在纸上写一位双方都认识的人，另外一个人必须要问一些可以用"是"或者"不是"来回答的问题（也就是说你可以问："这个人是男生吗？"但是不能问："这个人是男生还是女生？"），通过这个方式，来猜出纸上写的是谁的名字。

我在前面提过，杰森是在这个班上我第一个认识的男生。我对他的第一印象是，他是那种学习好、不太喜欢和其他人交往的男生，但是，其实根本就不是这么回事。不知道是因为我们第一次见面他有点害羞还是怎么着，实际上杰森特别喜欢说话。当然，班上好像没有一个男生不爱说话（还有人觉得女生爱说话，他们见到我们班这些男生一定就会改变自己的想法）。我和杰森在一起时，不是聊电脑游戏的事，就是聊打牌的事。杰森几乎是一个电脑游戏迷（但是他的学习也是不错的哟！），他给我介绍了很多电脑游戏。"十三张"他打得也很好。听说他已经玩了6年了！杰森和杰弗里、凯南也是很好的朋友，所以我们也经常四个人在一起玩牌。一般都是杰森赢。如果他输了，就是因为那次他是让着我们。说实在的话，我才不相信他呢！我觉得，他大概就是输了，因为有些惭愧（他在我们当中玩得最久），所以才用"让牌"作为一个借口。"十三张"很像争上游。虽然需要水平，但是你就是那几张牌，也没有多少种出的方式。所以他再怎么让着我们,自己的好牌也不能就不见了吧!

　　班上的同学基本上都很会说话,我感觉自己刚到班上时,比较内向,至少上课时从来都不说话。但是到了后来,因为上课时同学们都在说话,老师也不怎么管,我的话也越来越多了。班上只有一个真正内向的同学——伊茹,她上课时从来都不说话。即使老师叫她回答问题,她说话的声音也非常小,别人基本上听不见。早上在操场上和中午吃饭的时候,她也基本上不和别人谈话,就是一个人坐在那里读书或写作业什么的。有一天,因为她原先坐的饭桌太挤了(她一般是坐在格蕾丝的饭桌),就过来在我们人少的这边坐下来了。那时,我发现其实我和伊茹有很多共同点。虽然她很少说话,但是不一定说明她就没有性格了。后来,我们变成了很好的朋友。我教了她怎么玩一些纸牌游戏,以前都没有人和她玩过。其他人都不费什么工夫和她说话。

　　在新班交了新朋友总是好的,但是我们上学主要的目的还是学习。进了优秀生班后,感觉学习竞争大了一些,因为在原先的班里,没有人的学习成绩能接近于我的(我第一学期平均分得了97.78%,是班上最高分,而第二名的才是89%),所以即使我不努力,也总是最好的。而在623班里,很多同学学习成绩都很好,甚至有比我更好的,而且我们学的内容也更深、更复杂,所以我必须在学习上再加把劲儿。

　　我感觉自己没有偏科,几乎在每一门课程上考得都不错,对我来说唯一稍微困难一点的是科学。在美国,科学是一门主科。不是说我不喜欢科学,把全部的精力都搁在什么数学、英语上了。其实我在科学上花的时间是最多的。但是不知道为什么,我复习了再复习,在考试时也总是有一部分答错了。当然,我也不是唯一的在科学上遇到困难的同学。甚至连成绩最好的同学,格蕾丝和凯南,也不能避免在科学课上发生失误。当然,我在科学上也考过两个100分,剩下的五六次考试都是90分以上,除了一次考了89分。听上去还不错吧!对任何一个普通生班的同学来说就算是很棒了,但是,问题是我上的是优秀生班,不能用一个普通同学的

标准来评价自已。如果把科学成绩和我的其他科目的成绩相比,就会知道为什么我给自已定了这么高的要求。

　　不管怎么着,在第二个学期中,我得了98.02%(这个成绩是指数学、英语、社会和科学各课平均分再平均起来的总平均分数)! 这是一个很了不起的成绩。因为第一个学期我在普通生班中得了97.78%。但到了优秀班后,不仅分数没有下降,反而上升了,说明我没有白忙乎。到了第三学期,我的分数又下降到了97.78%,其实也不差。最后一个学期的成绩是最重要的,因为它是你在这一学年的最终成绩,是每学期的平均成绩的总平均成绩,我得了98.02%。开始,我有点伤心,因为它和第二学期的成绩是一样的,但是98.02%已经不容易了。它基本上是一个完美的成绩,因为即使你做得再优秀,很多老师也不会给你一个100%作为那一科的平均分。

九、课后补习班

　　每年四五月份,全纽约的小学高年级、初中和高中学生都要参加全州统考,也称州考。对于我们初中生来说,每年的州考很重要,因为报名上高中时,好的高中可能会要看你在初中的州考成绩,再决定是否录取。另外,学校主要根据州考成绩决定是否在下一年度把一位学生安排进优秀生班。

　　州考通常只考两门课:数学和英语。每隔几年也会有科学课和社会课的州考。

　　英语州考分三个部分。第一个部分是多项选择题。它会给你几篇短文,然后通过阅读理解来回答26个多项选择题(每一道题有A、B、C、D四个选项)。这一部分的时间限制是55分钟。虽然只有26道题,但是,阅读和理解那些短文也需要一定的时间,因此,时间还是挺紧的。

　　第二个部分是听力。听力部分只有一篇短文,老师会朗读短文两遍。

老师读的时候，学生可以记笔记。读完后，就按自己的记忆和笔记回答一道填空题、两道简答题和一道详答题。在简答题中，必须用一个自然段来回答问题；详答题其实就相当于一篇作文。这一部分给了45分钟时间，不包括老师朗读短文的时间。有一次，妈妈问过我，这部分又没有规定老师朗读的速度，能不能读慢一点，让同学们多做一些笔记呢？这样的话，同学们答题时就会容易一些。我说，是的，老师没有一个固定的朗读速度，但是整个考试只有一个小时的时间，老师有15分钟的时间发卷子和读短文。如果老师的朗读多占了时间，同学们答题的时间就少了。

第三个部分是阅读，也是一道填空题、两道简答题和一道详答题。在阅读部分中，你要读两篇短文。在详答题部分，会让你比较两篇短文的内容。这一部分有60分钟时间答题。

对我来说，在英语州考中，多项选择题最容易。短文就在你面前，可以随时回去找答案。而且它把那些选项都给你了，就算你是瞎蒙的，也有四分之一的机会把它猜对。其次简单的是阅读部分。它也给你提供了短文，找答案也不难。但是在阅读部分，最困难的可能就是详答题，要找出两篇短文的联系。听力部分最吃力。其实答题并不难，只是你不能提前见到试题，所以不知道做什么笔记好。

数学州考分两部分：多项选择题和笔算题。多项选择题我就不用说了，笔算题其实就像中国普通数学测试的题，需要列出算式和做题步骤。

我们学校的老师们希望我们考出好成绩，为学校争光。所以，州考临近时，学校开办了一个补习班，免费的，由老师们帮助我们复习和分析州考的内容。这不是每一位同学都必须上的课程。我和爸爸妈妈说了这个情况后，他们建议我去参加补习，认为多学一点知识，在州考上取得更好的成绩总是好事，何况这是我在美国第一次参加州考（一、二、三年级没有州考。从四年级下半学期到五年级下半学期的前半段我是在北京上的，所以我错过了四、五年级的州考）。

星期一至星期四和星期六上课后补习班。星期一至星期四是从下午3:05到4:35。星期六是早上9:00到中午12:00。周一、周三上数学，周二、

周四上英语,周六是英语或数学(数学州考时间比英语州考晚大概两周,在考英语之前,周六用来复习英语,考完了英语,周六就是数学补习班了)。

开始我还挺喜欢上补习班的,因为课上可以少量地和同学们说话,老师也很和气,让我们吃东西(让我想起我在北京时上课后语训班的事,因为在语训班上,我们就经常吃小吃,聊天)。但是后来,我又慢慢开始烦补习班了。数学补习班十分无聊,老师讲的内容比在课上学得还简单,我都熟得不能再熟了。英语补习班就更烦了,正好和数学相反。在数学课上我们什么都不用做,在英语课上就是做卷、做题,老师讲课,我们做笔记。老师允许我们说话,允许我们吃东西,但到了后来我们一点时间都没有。最让人讨厌的就是星期一到星期四要上一个半小时的课,这些时间还不如写作业呢! 星期六就更甭说了。好好的三小时,干什么不好,为什么要去上补习班? 唉……

虽然上补习班很枯燥,不过,在这几个星期里也有一些快乐的事。我们每天下午 2∶30 放学。那时,离补习班开始的时间还有 35 分钟。在这段时间里,老师们允许我们出去玩或者是待在学校图书馆里等着。一般情况下,只要不下雨,上补习课的同学都选择出去玩。因为图书馆里很挤,而且只能读书或者是写作业,没有什么意思。在外面至少可以跑来跑去、大声叫喊吧!

下午放了学,同学们都饿了,而且想着还要再上一个半小时的补习班,就都去小卖部买吃的去了。我们学校旁有两个小卖部,一个叫"咖啡时光",它像一个小咖啡馆,但是,也卖一些杂货和各种小吃,另外一个叫"杂货和烧烤店",卖熟食和小吃。大部分同学都去"咖啡时光",因为那里的东西花样多,也便宜一些。我们班上的同学结着伴儿去"咖啡时光"时,大部分会买饮料(冰茶、汽水什么的)、糖果或者口香糖和薯片。通常,我只买一包薯片,因为我不喜欢喝汽水,也不太喜欢吃糖。

然后,我们就都跑到学校操场里玩。我的朋友们碧娜、伊茹、苏文、雷蒙德、查理、格蕾丝、塞巴斯蒂安(我们都叫他"塞比",因为"塞巴斯蒂安"有点长)和一些其他班的上补习班的朋友都在操场里,很热闹。甚至有一些根本不上补习班的同学也来凑热闹,陪我们在操场里玩耍。比如,凯南和杰弗里不上课后补习班,但是他们也在外面跟我们一起玩。开始,我有些好奇。因为,本来他们是坐校车的,假如他们出来跟我们玩,就赶不上校车了,那他们怎么回家? 后来,他们告诉我,他们两个住得离学校不近也不远,坐校车的话,不算太近,自己走回家的话,也不算太远。

下午,我们在外面荡秋千或者是玩"冻结捉人"。"冻结捉人"的规则跟普通的"捉人"挺像的。在普通"捉人"中,"捉人的人"(英语里叫"It")捉到一个人,那个被捉到的人就变成了"捉人的人",需要再去捉其他人。在"冻结捉人"中,"捉人的人"抓到了你,你没有变成新的"捉人的人",而是把你给"冻结"了。"捉人的人"把你"冻结"后,你就不能动了,必须要等没有被冻结(而不是"捉人的人")的人来"解冻"你,你才能再动。等"捉人的人"把所有的人都冻结了,他就赢了。

玩"冻结捉人"时,当"捉人的人"很难赢,因为参加游戏的人太多了。"捉人的人"把一个人"冻结"了,没有被冻结的人又把那个人给"解冻"了,没有什么意思。所以,我们就决定玩这个游戏时,必须要有两至三个人当"捉人的人"。这样,难度更大一些。每一次,凯南、杰弗里或者是塞比都志愿当"捉人的人"。我感觉这很不公平,因为他们都是班上跑步最快的。假如说,他们追着你跑,不管你们隔着多少距离,他们总会追上你的,把你"冻结"起来。这样,他们比较容易赢。

有一次,我们在小卖部买东西,所有的人都买完后去操场了,我还没有挑好我要买的东西。等我到了操场,他们已经开始玩"冻结捉人"了,但是我不知道。凯南跑过来对我说:"跟我握握手把!"我耸了耸肩,跟他握了手。

"哈! 你被冻结了!"原来他是"捉人的人",讨厌,我被骗了。

"可恶!"我一边笑一边冲他叫道。

有一次,苏文把自己的羽毛球和羽毛球拍带到了学校。下午,我们到了操场后,她就拿出来打。问题是,她只带了两只羽毛球拍,有好多人都想打。开始是她和朋友碧娜一起打。打了几轮,又换安德丽娅打碧娜。然后

是苏文打凯南……后来,有几个同学总是轮不上打,他们就生气了。苏文一发球,杰弗里就跑过去,一跳,抢过羽毛球,跑走了。我们都去追他,想把羽毛球抢回来。他是班上跑得最快的同学之一,我们当然追不上他。于是,我们就采用了一个技巧,我们从各个角度去追他。后来,他被我们逼在一个角落里,就只好把羽毛球扔给另外一个人,然后我们又去追那个人……

　　玩到后来,我觉得,我们根本就不是在玩羽毛球而是在用羽毛球玩橄榄球(如果你从来都没有看过或玩过美式橄榄球,这可能不是一个很形象的描述,但是确实,我们就像玩橄榄球一样)! 有的时候,一个人会扑到另外一个人身上,试图抓过球。一扑,几个人就摔倒了,然后所有的人都堆在他们身上,想把球夺回来(美式橄榄球就是这么玩的,人堆在人上。你们要保证,什么时候一定要看一场美式橄榄球赛。即使你们不懂规则,就看他们瞎打,也是很有乐趣的!)。

　　有一天,我们去"咖啡时光"买小吃。突然,听见了店员的大骂声。当时,我也不太知道情况,只听见那个店员喊了很多脏话。后来,我才从同学们那里知道,那个店员认为一位叫马修的同学在他的店里偷了东西,但是实际上他没有偷(其实这个故事有很多版本,有些人说他真的偷了东西,更多的人说他没有偷)。后来,那个店员就让马修把他书包都腾空,也让他把衣服兜都翻出来,最后还是没有找到什么东西。听说那位工作人员还给警察打了电话。

　　后来,这个故事传遍了学校。我们班上的人都决定以后不去"咖啡时光"了。学校里的其他同学听说了这件事,都自发地不去那个店了,以表示抗议。那个店员也真是,即使马修真的偷了东西,他们也不应该臭骂他们的顾客。反正他们不尊重我们,我们就不去他们那里买东西。以后的日子,我们每天都去的是"杂货和烧烤店"。那里的东西品种不多,也没有很多饮料可供选择,但是不管怎么着,也决不再去"咖啡时光"了!

十、我的老师们

中国小学的班主任老师，一般会从一年级一直带到六年级毕业，班上的同学们也不会有变化。美国小学的带班老师，却总是只待在自己这一年级，并不随着学生升级而升级。所以，我们每一年换一个新带班老师。每个班级的学生每年升级时也会被打散，重新分班。所以，每年升一级，就有一个新的带班老师和一个新的班级。这个新班有一些的老同学，也有一些别的班分来的新同学。

（一）学前班老师威尔士先生

威尔士先生是我到美国后第一个老师。他也是我所在的默奇小学唯一的男班主任老师。他有50来岁，头发是灰白的。

他每天早上上课的第一件事就是教我们唱一首歌。教完歌之后，就给我们讲故事、带我们做游戏，和中国的幼儿园老师做的事情挺像的。

不过，威尔士先生有一个特别的项目，就是在每周五下午放学前，会在班上选出一名同学，担任下一周的"本周之星"。班上的每位同学都要为他（她）画一幅画并在上面题字。

我当"本周之星"时，同学们给我画的画有：我坐着一条龙穿越宇宙、同学们和我看到了一条龙（其实是气球）、我在宇宙中遇到流星、蓝超人和红超人把流星推开、我坐在中国的飞机上等。画上的题词有："我把若珈从烈火中救出来"、"她和一条龙作战"、"若珈喜欢参加聚会，喜欢吃甜点"等。大部分同学的

威尔士先生是我到美国后第一个老师。

题词只有一句歌词或者一句话，有些人不会写，口述后让老师记下来。但是，希妮同学写得很长，而且字也写得很漂亮："我很喜欢若珈，因为她很漂亮，她的衣服也很漂亮。我喜欢上学，我也喜欢若珈。"

老师还记下了同学们对我的好评："若珈是我们的朋友。她来自中国。她很漂亮，有一头黑发。她喜欢与婉珊和萌萌玩（婉珊和萌萌都是我的中国朋友）。她画得很好，画得很漂亮，并在画中描述中国人物。她喜欢吃蛋糕。放学后她还要去中文学校上课。"

"本周之星"还要对自己进行描写。当时我刚来美国不久，不会写英文字母。我就把我的意思告诉老师，老师帮我写出来："在学校，我喜欢画画。我最喜欢的书是'小熊骑车'。我最喜欢做的事情是帮助爸爸妈妈干活。"

每天放学前，威尔士先生还会让一位同学在班上与同学们分享他最心爱的东西，威尔士先生会提前一天通知这位同学，并提醒同学不要带特别贵重的东西到学校来。轮到我的时候，我带了一对毛绒玩具熊。我向同学们介绍说："这是我的小熊。蓝色的是公的，粉色的是母的，你们看：它们的脚上分别写着'女孩儿'和'男孩儿'。它们是我从中国带过来的，身上都穿着一件小毛衣，是我的姥姥织的。"然后，由同学们提问："你几岁得到的？"

"四岁时，我和爸爸去上海出差，爸爸的朋友送给我的。"

"它们叫什么名字。"

"我就叫它们'男孩儿'、'女孩儿'。"

多数分享东西的同学都带来了自己最心爱的东西，有的带来了自己旅游时拍的照片，有的带来了在沙滩上捡的贝壳儿，有些人把他们收藏的邮票、硬币、吸铁石冰箱饰带到学校来和同学们分享。其中有一位同学很有创意。该他在课堂上分享那一天，他什么也没有带来，而是从班上拽出一位同学说："这是塞巴斯蒂安。他是我的好朋友。他特别能干，喜欢画画……"全班同学哄堂大笑。威尔士先生也乐了。

威尔士先生对同学们特别和气。有时同学们打打闹闹，吃了亏的同学就到威尔士先生那里告状："威尔士先生！约翰欺负我……"

"约翰，你向他道歉。"

"对不起……"

"好了，约翰已经道歉了。你们接着一起玩吧。"于是同学们又和好如初。

但是，威尔士先生对一件事情要求特别严格。他在教室里有一张可以前后摇摆的安乐椅。他不允许同学们在上面坐。为此，他还在椅子上贴了一张纸条："这是威尔士先生的椅子！"

（二）一年级老师利普希女士

上完了学前班，我就该上一年级了。开始，我很想念我学前班的老师威尔士先生，但是我一见到利普希女士，就喜欢上她了。

利普希女士看上去很年轻，她有长长的金栗色头发，在她碧蓝的眼睛外面戴着一对小巧的眼镜。

利普希女士每天早上都要带我们去"早晨角落"（也就是教室的一个角落）。同学们坐在地毯上，利普希女士坐在一把座椅上。在早晨角落里有一个日历，每一天她都画掉一日，如果是星期五或者是一个节日，她总会"推磨"，一个模仿推磨的跳舞动作，动作很幽默。后来同学们也跟着她推。我回到家，给爸爸妈妈模仿利普希女士跳舞的样子。爸爸也学了，一高兴，就"推磨"。

她讲课时总是很快乐。我们听着也很有乐趣。课的内容再无聊，她也会把它变得有趣。她教课的时候总会教我们一些窍门，这样我们好记。我们都觉得她很好玩。

利普希女士是一位单身妈妈，她一个人带着两个儿子，她很喜欢孩子，而且也很会教育孩子。她的小儿子叫耶西，大儿子叫诺亚。耶西在学前班时和我在一个班（我们都在威尔士先生班里）。但是，我现在上一年级了，他还在上学前班，因为他留级了。我知道你现在心里想的是什么：是不是利普希女士没有管教好他？不是这么回事。这不是利普希女士的

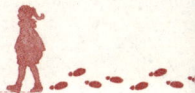

我一见到利普希女士，就喜欢上她了。

错，也不是他自己的错。那他为什么要留级？

从理论上说，他没有留级。利普希女士也许对他的要求太高了一点，上学前班时让他跳了一级。可是，后来他又跟不上了，就又回到他应该上的年级了。所以，算是正常的。

利普希女士的另一个儿子诺亚已经上三年级了。他很能干，参加了我们学校的学生会主席的竞选。有许多同学参加竞选，学校的走廊里都贴满了竞选海报。诺亚的海报说："投诺亚一票吧，他会当一个好的学生会主席。"有一个同学的海报写着："投杰西卡一票吧！她是一个好学生。"另一个同学迈克尔竞选的是学生会财务委员，他的海报写着："选迈克尔当学生会财务委员吧，他很会数钱！"

一个星期之后，候选人就向全体同学发表竞选演说。诺亚对满场的学生演说结束时，说："说一个 N！"

同学们都叫："N！"

"说一个 O！"

我们大声喊："O！"

"说一个 A！"

"A！"

"说一个 H！"

"H！"

"拼起来是什么？"

"Noah（诺亚）！"

"你会选谁当学生会主席？"

"诺亚。"

"谁？我听不清楚。大声说！"

"诺亚！"所有的同学都放声大喊。

"谢谢大家！"

诺亚最后果然当选了。

有一段时间，利普希女士明显瘦了，我妈妈问她是怎么回事，近来怎么瘦得这么厉害？

利普希女士满脸灿烂："我正在减肥。"

"有什么秘诀？效果这么好。"

"我在做阿特金减肥法，只吃蔬菜和肉，不吃粮食。"

"怎么突然想起减肥了？"

"我正在谈恋爱。"

嘻嘻！

（三）二年级老师谢弗女士

二年级开学的第一天，我和其他学生早早地排在自己班的队伍里，我们都已知道自己班级老师的名字，但还没见过老师。大家都在等待老师来领着进班。边等边在心里猜测老师长得什么样：是年纪大的，还是年轻一点的；是和气的，还是严厉的。美国老师大多数都和善可亲。

二年级共有三个班，另外两个班级的老师已经先来了，令人熟悉的笑容挂在她们的脸上，让人看着很舒心。我们班的老师谢弗女士最后一个出现。她个头不高，齐额短发，脸有些宽，大大的眼睛有些深邃，目光逼人。我爸爸见了后说："你们老师看上去有点凶啊！"我妈妈迎上前说："谢弗女士，我是若珈的妈妈。"她说："很高兴认识你。"妈妈好像想多聊几句，但谢弗女士的神情表示"就说到这了"。想想也是，开学第一天，好多事情需要照料，哪有时间多聊。

开学一周后，学校举办一年一度的"返校之夜"活动。在这天晚上，校长要向全体学生家长介绍全体教师，介绍学生上年度学习成绩总评等

情况，然后家长回到各自孩子的教室与老师见面、谈话。我和妈妈来到我们班的教室，一进门我就兴奋地给妈妈指我的座位和桌子上放着的书本。谢弗女士却对我说："你得离开这里，楼下有照看孩子们的地方。"我只好讪讪地走了。去年"返校之夜"，我和妈妈走进教室，利普希女士可没说什么。

过了几天，妈妈看我放学后情绪有些低落，不爱讲话，就问我为什么。我说："到了新班，还没有什么朋友。另外，老师也挺严厉的。"

有天放学时，妈妈遇到我在学前班和一年级时的同班同学希妮的妈妈。我妈妈问："为什么希妮这一学期没有和若珈在一个班了？"

"希妮原来也是和若珈在一个班上的，后来我听说这个班老师谢弗女士比较严厉，怕希妮不适应，就在开学前找校长谈了，将希妮换到另一个班去了。"

不久后的一天，谢弗女士突然对我说："若珈，今天你妈妈找校长了，说你最近不快乐，是不是有什么事令你烦恼？"我说："没有呀，没事令我烦恼。"她又说："你肯定吗？ 如果你有什么烦恼，一定要告诉我！"我说："我肯定。"

到家后，我问了妈妈，她是不是找校长谈话。妈妈说是，并详细说了和校长谈话的情况。

妈妈对校长说："若珈在学前班和一年级时过得非常好、非常快乐。每天放学走出教室，她脸上都充满了笑容，还会主动地、兴奋地给我讲她的老师和同学，讲班上发生的各种事情。她很爱上学，阅读和数学成绩都很好，是班上的尖子学生，一向被老师称作'快乐女孩'。可是，今年她上了二年级谢弗女士的班，每天下午放学出教室时，以前脸上灿烂的笑容不见了，情绪有些低落，神情也有些沮丧。"

校长听到这里，说："以前若珈的两个老师都是非常温和的人，现在这个老师的风格和他们不一样。并且，现在刚刚开学，老师和孩子们之间正处在相互认识、相互了解的阶段，大家心里都没谱，难免会觉得有些压力。另外，有的老师还想在开学初期在班上立下各种规矩，这可能也会使一些学生感到紧张。"

校长接着说:"有的孩子对严厉一点的老师不太敏感。看来若珈就像你说的,比较敏感。这可能会影响她在学校的学习,甚至影响她的整个生活了。我会找谢弗女士谈一谈,让她温和一点,多和学生接触,多关注孩子的感受。给我一周的时间,也给谢弗女士一点时间,看看这周内有没有什么变化,下周这个时候你再来找我,如果若珈还是不快乐,我们就想其他的办法。我保证今年仍将是若珈最好的一年,她会继续成为年级的尖子学生。"

听完妈妈的这番话,我明确地说:"我觉得谢弗女士挺好的。我喜欢她,我也喜欢这个班。我不想换班。"

妈妈说:"可是谢弗女士从来也不笑,她还吼人。你不想去一个笑眯眯的老师班上吗?"

"她吼的都是不听话的孩子,跟我没关系,我不在乎。再说,别的同学都没换班,为什么我要换?"

谢弗女士确实是全校最严厉的老师(不过,如果把她跟中国的老师比,她还算温柔的呢。)。谢弗女士上课时从来不笑,总是比较严肃,而且她总是发脾气。当时我不太适应这种教育同学的方法,因为我以前的老师都总是笑眯眯的,而且从来不骂同学们。以前的老师总是叫我们"宝贝"或者是"甜心"。谢弗女士就从来不这么叫我们。

谢弗女士经常将教室里的空调开得很低。我总是觉得冷。班上的几个同学也说冷。又一次,我对谢弗女士说:"空

我觉得谢弗女士挺好的。我喜欢她,我也喜欢这个班。

调有点冷。您能把温度调高一点吗?"她说:"如果你们觉得冷,就带一个外套。我觉得这样很舒服。"我很惊讶。

不过,谢弗女士也有通情达理的一面。我们开学后最初几天,谢弗女士让我们做试卷。试卷的内容超出了我们已经学过的范围。上面有一道数学题:"63 减 19。"这是一道退位减法的题,同学们还没有学到。但是,由于爸爸每天在家里教我数学,我已经学会退位减法了。我轻轻松松地写上答案:"44。"

后来,谢弗女士教我们退位减法时,她说:"在开学初的卷子上有一道退位减法题,只有一位同学做对了,这就是若珈。我们现在开始学退位减法。如果若珈不想听,可以做自己的事。但是不要打扰其他同学。"我一听,很高兴。就从班上的图书架上找书来读。有时,谢弗女士也会让我给班上同学们讲解数学题。

(四)三年级老师雷比娅女士

雷比娅女士是我的三年级老师。她是一个来自伊拉克的穆斯林,小学时候就来到了美国。当时美国和伊拉克关系不好。班上的同学们也知道,但是他们并不歧视她。反而对她挺好的。觉得一个伊拉克女孩,要适应美国的生活,也并不容易。

刚上三年级时,我还不知道她是一位穆斯林,她和别的老师没有什么不同的地方。虽然是从伊拉克来的,但是她的生活方式已经美国化了,讲的英语也没有口音。不过,她还保留了一些穆斯林的传统。每到斋月时,她就会按传统节食。每天从日出到日落之间,她都不能吃饭,也最好不喝水。她早上很早起来,赶在日出前吃一点东西。晚上回家,太阳下山后,才能再吃东西。但是由于她每天还要坚持给我们上课,所以有的时候坚持不住,就少量地吃一点东西。斋月有整整一个月,所以我想她还是挺辛苦的。在这一个月的期间,她要求同学们表现得更好一些,因为她没有劲来说我们。斋月的最后一天,等太阳下山,穆斯林们会吃一顿大餐,庆祝开斋节。

雷比娅女士虽然是中等个儿，但是，她从小就喜欢打篮球。中学的时候，曾经想进入校队，但是没有被选上。可能是因为个子不占优势吧。

她还是一个橄榄球迷。每逢家乡密歇根州的球队有比赛时，她都会坐在电视机前看。她在班上还做了一个展板。

雷比娅女士是我的三年级老师……当了默奇小学的助理校长。

上面写着密歇根橄榄球队胜负情况。第一天晚上看完比赛，第二天就会在班上宣布成绩，然后在展板上写明。记得她教我们那一年，密歇根州队胜 11 场，负 1 场。战绩不错！

我来纽约后，以前默奇小学的同学发邮件告诉我，雷比娅女士现在不再教三年级学生了，她先通过考试取得了任职资格，然后通过竞选和华盛顿市教育局任命，当了默奇小学的助理校长。

（五）四年级老师斯坦博特女士

虽说斯坦博特女士是我四年级的老师，但是我三年级结束时的暑假就认识她了。

三年级结束的时候，妈妈说暑假期间我要上暑假补习班。这不是因为我的学习有问题，而是因为我的英语还不是很熟练。妈妈怕我整个暑假都在家，不说英语，英语会退步，所以让我去上暑假补习班，这样就可以继续处在英语的环境里，我的英语就会继续提高。

我也没有很大的意见。因为在美国上暑假补习班挺好玩的。可以学更多的课外知识，做各种美术作品，而且老师也不会留作业，所以我就同意去了。

　　暑假补习班在另一所小学，奥依斯特英语、西班牙语双语小学里举办。

　　星期一，我来到奥依斯特小学，我上的是三年级的暑假补习班。我的老师是马哈女士。马哈女士在我所在的默奇小学教二年级。马哈女士教的内容好简单呀，都是什么乘除法。我早就会了。

　　上了一两天之后，马哈女士对我说："你的学习很优秀，你根本就不需要上三年级的暑假补习班了。"然后，她让我跟她走。她把我领我到了另一个班级，说："这是斯坦博特女士的四年级暑假班。以后，你就在这里上暑假补习班了，因为三年级的内容对你来说太简单了，你已经掌握得很好了。"我点了点头，我不想离开马哈女士的班。但是斯坦博特女士也不错。以前我在默奇小学也听说过她。斯坦博特女士是学生会的管理老师（有点像中国小学负责大队委的老师）。

　　我走进班里，看见斯坦博特女士是一位年轻（她只有26岁）、漂亮的老师。"你好！"她热情地说："你是若珈吧。欢迎你来到我们班里！后面有一个座位。请坐下吧。"

　　我坐下了。"大家停下笔，我想给你们介绍一下我们班上的新同学。这是若珈，她很聪明，是从三年级的班上来的。以后，她也是这个班的一个成员了。现在打开自己的罗马教材。"斯坦博特女士也从桌子里给我找出了一套教材，对我说："我们四年级的暑假补习班正在学习有关罗马的知识和历史。这有一套教材，有罗马的课本和练习册，数学练习册和阅读课本和练习册。上课每天都要用的，希望你每天都带来。"

斯坦博特女士讲课很精彩，而且她的经验很丰富。

　　老师开始讲课了。我很喜欢她讲课的风格。

她总是笑眯眯的。即使有同学表现不好,她也不会骂他们,只是耐心地跟他们说话。

上完了一节课,斯坦博特女士说:"大家都在前面的地毯上集合。"我们在地毯上坐好之后,斯坦博特女士开始说:"现在若珈也来了,我想跟你们说一件事。我有癫痫病。你们也许不知道是什么意思。这是一种疾病,是没法治的。但是对我也没有伤害。只是这个病发作的时候,我会失去知觉而晕倒。可能有点可怕,但是我是没事的。过了一会儿之后,就又醒了。它是很少发作的,但是我也不知道会什么时候发作。在学校时应该是不会发作的。万一发作我晕倒了,班上同学中就派两个人去楼下叫一下护士。这个月就让安娜玛丽亚和何塞担任这项工作吧。"他们点了点头。

斯坦博特女士讲课很精彩。而且她的经验很丰富。上她的课总不会觉得枯燥,在课上总是找机会让我们做有趣的活动,比如说:用古罗马的字母写自己的名字,用五颜六色的小纸片贴成一幅马赛克,做一个小画报等。

暑假补习班不知不觉地上完了,我不想离开斯坦博特女士的班。但是也没有办法。开学之后,我就该上四年级了。我真想在斯坦博特女士的班里。

学校来信了。耶!我真的被分到了斯坦博特女士的班里。

9 月 1 日,我兴奋地走进班里。我心里感觉很骄傲,因为我已经认识斯坦博特女士了。我知道斯坦博特女士也记得我。

那一天,斯坦博特女士又跟我们说了一遍她的癫痫病。当然,我已经知道这些情况了。斯坦博特女士说,如果在学校她的病情发作了,就让我和威廉去叫护士。我挺骄傲的,因为这是一件很重要的事。

斯坦博特女士的数学教得很好,她也很会教写作。她不要求我们写多少字,写什么内容。她就让我们心里想写什么就写什么,写多少都没关系。如果我们就写一句,她也不会生气。

开学一个月之后,上阅读课的时候,斯坦博特女士说:"我喜欢的书有

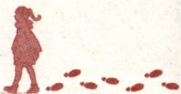

很多。其中有著名作家阿维（Avi）写的'罂粟'系列。'罂粟'系列有 5 本书。以后上阅读课，我会给大家读第一本书：'罂粟'。"斯坦博特女士从身后拿出来一本书。我们看了封面，才明白"罂粟"是一只老鼠的名字。"我每天读 30 分钟。剩下 20 分钟，我会根据读的内容给你们出一些题。"斯坦博特女士说道。

过了两三个星期。斯坦博特女士把这本书读完了。我被整个故事迷住了。我心想：这本书真有趣呀。我一定要把整个系列都读一遍。所以，每天自由阅读的时候，我就津津有味地读起"罂粟"系列的书。

10 月底的时候，斯坦博特女士在班上宣布："每年学校都要举行一个拼单词比赛会。四至六年级的所有班级都要参加。每一个班要选出一名学生，来代表全班去参加拼单词比赛会。我给你们一人发一张单词表，上面有我出的 50 个单词。这些单词都是比较难的。我给大家一天的时间来复习这些单词。明天，我们在班上开一个小小的拼单词比赛会。赢的同学将代表我们班参加学校的拼单词比赛会。"

我一到家就开始复习词表。我特别想参加学校的拼单词比赛会。我作为观众看过去年的全校拼单词比赛会，真羡慕那些学生代表们，更羡慕拼单词比赛会的冠军。全校拼单词比赛会的冠军可以去参加市里的拼单词比赛会。据说还有全美国的拼单词比赛会呢。不知道有没有像奥运会那样的国际比赛。

老师给的单词表中的多数单词我已经会拼了（我的词汇量还是不错的）。剩下的那些，我复习了又复习，拼了一遍又拼一遍。直到这个表我都倒背如流了，才停下来。

第二天放学前，斯坦博特女士说："所有的同学都起立。"我们都站起来了。

"比赛规则是：我按顺序叫人名。叫到你的名字，就表示轮到你拼单词了。然后我会说出一个单词。这个单词就是你要拼的单词。如果第一次没有听明白，可以让我重复一遍这个单词，让我说出这个单词的意思或者让我把这个单词用在一个句子里。拼词之前一定要先说一遍那个单词,然后再开始拼。一定要先想好再说,如果已经说出来了,就不能再改变了。如果在拼词的过程中想重新开始,这是可以的。但是,你必须按原来说过字母的顺序开始。意思就是说,说出来的字母就不能改了。拼完之后,再说一遍那个单词。我会告诉你'正确'或者'错误'。如果你拼错了,就被淘汰了。被淘汰的同学,请坐下。如果你拼对了,可以继续比赛,不需要坐下。听懂了吗?"我们点点头。

"好,拼字比赛会现在开始! 第一个,加布里埃拉,你的词是:bizarre(奇异的)……"

过了一会儿就该我了。"若珈,你的词是:zenith(顶点)。"

幸亏我昨天复习了,要不然我还真不知道这个词怎么拼呢。我自信地说:"Zenith,Z-E-N-I-T-H,zenith。"

"正确。"耶!

过了几轮之后,只剩我和威廉了。

斯坦博特女士说:"你们这最后两个同学中,将会比出我们班的冠、亚军。冠军会代表我们班去参加比赛。亚军就是我们班的候补选手。"

"威廉,你的词是:separate(分开)。"

"Separate,S-E-P-E-R-A-T-E,separate。"

"很遗憾,你拼错了。"我心里一下子兴奋起来。

"若珈,这是最后一个词。如果你拼对了,将会代表我们班去参加拼单词比赛会。这个单词不在词表中。你的词是:geographical(地理学的)。"

Geographical 这很简单呀,跟常用的单词 geography 很像,但是也很容易出错。我咽了一下口水,紧张地说:"Geographical,G-E-O-G-R-A-P-H-I-C-A-L,geographical。"

"对了!"老师叫道。"恭喜! 恭喜! 若珈同学会代表我们班去参加学校的拼单词比赛会。威廉同学是候补选手。如果若珈当天来不了,你就替她参加拼单词比赛会。"

耶!!!

不久后的一天,我回到家,妈妈对我说:"我们马上就要回中国了。估

计是 12 月底吧。你走前一个星期就不去上学了。"啊？我惊叹道。那只有一个月了。

我不想离开班上的同学们，也不想离开斯坦博特女士。后来，我又一想，会不会……连拼单词比赛会也参加不了了。

我每天都希望拼单词比赛会会在我走之前开。但是一直都没有拼单词比赛会的消息。

直到我上学的最后几天，也没有听说要比赛。这下我肯定参加不了了。这一直是我的梦想呀！但是这也没有办法。不管怎么着，我也是班上最好的拼单词选手，我安慰自己。

我还有一本"罂粟"系列的书没有读。看来也没有机会读了。那一系列书是多么好呀！如果我能知道它是怎么结束的就好了。

我走的前一天，班上为我开送别聚会。快放学的时候，斯坦博特女士对我说："你能作为我们班上的一员，我很高兴。我们永远都会记住你。走之前，我有一个礼物给你。"

"礼物？哦，不行。我不能收你的礼物。您是我的老师，都教了我那么多知识了。对我来说，这已经是最好的礼物了。"

"也许吧。"斯坦博特女士笑道，"但是这个礼物你一定要收。你会喜欢的。"

斯坦博特女士递给我一个礼物，是一个扁扁的长方体，包在非常漂亮的礼品包装纸里，难道是……

"'罂粟和莱'！"我叫到。这是我没有读完的那一本"罂粟"系列的书。"哦，太谢谢您了，斯坦博特女士。"我看了看这本书崭新的封面。肯定是她在书店里新买的。

回到家里，我翻开书。咦？里面还有斯坦博特女士用中文写的话呢："学至乎没而后止。"这句话虽说是中文，但我没有懂它的意思。后来，据爸爸说，这是《荀子·劝学篇》里的一句名言，意思其实就是"活到老，学到老"。不知道斯坦博特女士是怎么知道并且学会写这句中文名言的。

书中还夹着斯坦博特女士写给我的一封信：

"若珈：

　　你是一个很聪明的孩子。回国之后一定要勇敢地面对困难,不要放弃。我们会想你的,你永远会在我们的记忆里。

你的老师,

斯坦博特女士"

安全第一:纽约市第20小学校内一角。

一、安全第一

（一）防火安全

"丁！丁！丁！丁！"铃声响了。同学们立刻放下笔，在教室门前排好队。老师叫道："不要说话！"然后要求全体学生听从老师的口令，迅速、安静地以单人队形走出教学楼；不许推推搡搡，也不许试图超过站在自己前面的同学；撤离教学楼时不准说话；在外面排好队，保持安静，等候下一步的指示。然后，全校学生都按要求在操场按班级集合……这是我一年级时在华盛顿默奇小学参加的一次防火演习。

防火安全是美国学校安全教育的重要方面。我在纽约第 20 小学和第 194 初中上学时，学校也经常举行防火演习。有时一个星期五天上学日内就举行三次防火演习。一天当中，只要不是午餐时间，学校随时可能举行防火演习。啥时举行，学校不事先通知，学生们也不可事先预测。只要"丁、丁、丁"的铃声一响，不用老师发话，学生们就自己迅速地从椅子上站起来，排好队，听从老师的指挥，走出教室。每个教室的学生队伍都有一个指定的出口，必须从这个出口走出教室、再走出教学楼，走到室外自己班级指定的位置，有时是在操场上，有时是在人行道上。等所有的学生全部走出教学楼后，大家站在自己的队伍里，在外面再站几分钟，然后听从管理自己班老师的指令返回教室，防火演习就算结束。

(二)校内安全纪律

小学生离开家长来到学校,家长和学校最关心的就是学生们的安全。在美国,政府通过法律法规,学校通过规章制度,为小学生们安全的方方面面做出了许多安排。

我在华盛顿市上学的默奇小学的校园是有院墙围栏的,但围栏的进出入大门是开放式的,学校规定学生早晨最多提前半小时到校。因为,从这个时间起才有老师在校园值班。下午一放学,学生必须立即离开校园,除非有大人看管。整个上学时间内,学生必须留在校园内,不能外出。在校内期间,一般要求学生留在班上,在获得许可后才可以去图书馆、厕所、办公室和医务室等。如果是在操场上活动,学生必须在老师看得见的范围内,而且不准走出校园围栏。

在走廊和楼梯上行走时,学生们只准走,不准跑,并且必须靠右行。在走廊里跑的同学,如果被老师看到,就要受罚了,严重时会被带进校长办公室训话。

我六年级进入纽约第194初中后,学校教学楼有三个上下楼楼梯,学校规定其中一个楼梯只准上,另一个楼梯只准下,第三个楼梯既可以上,也可以下,但必须靠右行。这样规定的目的是为了避免发生学生拥挤踩踏的事故。

在我曾上过学的华盛顿和纽约两地,公立小学的教学楼入口处都有专业的警卫人员看守。家长或其他人来学校办事,要先登记,向警卫说明自己的姓名、来拜访谁,并出示身份证件。警卫登记后,会发给家长或访客一块"访客"标志牌。家长和访客在校期间必须始终佩戴"访客"标志牌。如果家长或访客要进入教室,必须事先得到教师的许可。离校时,家长和访客要签字并交还"访客"标志牌。学校的任何工作人员,如果见到没有佩戴"访客"标志牌的陌生人,都有责任上前询问,并将他们带到办公室。家长或访客有需要时只能使用教工卫生间,严禁使用学生卫生间。

学校的警卫除了在教学楼值守外,还定期在学校操场上巡视。警卫离岗巡视时,由学校办公室工作人员暂时在教学楼入口处值守。如果教师已经与家长或其他访客约好见面,应事先通知警卫。下午放学时,警卫在大门口外,督促纷纷走出的学生迅速离去,不要逗留在出口处说话,以免堵塞学校出口。

到纽约第 194 初中上六年级之后,发现教学楼入口处还安装了一座像机场那样的安检门。估计这和美国的枪支情况有关系。据爸爸讲,美国私人可以买枪。美国一共有三亿人,私人拥有的枪支差不多有两亿支。学校严禁学生带枪到学校。许多学校明文规定,学生带枪到校,立即开除。每年过万圣节,老师还会检查学生的书包,以防学生把危险的节日玩具带入学校。

(三)欺负同学问题

学生安全问题的一个方面是学生欺负学生的问题。二年级时,一天下午上数学课的时间,我们没有上课,而是由我们班的奥托和 J. P. 两名同学来给其他同学讲关于"欺负同学"的问题。奥托和 J. P. 两人是校学生会委员。他们早些时候先去学生会参加了关于欺负同学的会议,回来后给班上同学介绍了会议的情况,然后大家提了很多问题,让班主任老师谢弗女士解答。有一位同学问:"如果因为向老师告状,受到欺负人的同学的威胁怎么办?"谢弗女士说:"那可以背着欺负人的同学悄悄地告诉老师。"我也问了一个问题:"如果有人欺负你,告诉老师后,他还是欺负,怎么办?"班主任谢弗女士说:"那就告诉老师他还继续欺负人。由老师来处理。"她还说:"交朋友最好先交自己本班的同学,这样不容易被欺负。你的朋友应该对其他的同学也友好,如果他欺负其他同学,即使他不欺负你,也不要继续和这种人做朋友了。"为了减少学生之间的暴力行为,学校规定学生不得穿带有暴力图案或毒品符号的衣物,并且,除非体育或其他游戏活动所要求的,否则不准用手、脚接触其他同学。

（四）交通安全

交通安全也很重要。为了迎接学校开学,华盛顿市警察局每年在新学年开学前夕向公众发出公告,提醒大家,尤其是提醒开车的人要特别注意儿童安全。如果遇到校车停下来接学生上车,其他汽车应该在离校车20英尺(大约6米)处停车,否则就会被罚款550美元,也会给你记三分(听爸爸说,在两年内记满十二分就不能再开车了)。汽车经过学校所在街道时必须减速,违反规定的罚款最高可以达到1000美元,还要记五分。在学校附近的路口,遇到学生过马路时,所有的车辆都必须停车让行。在学校开课前半小时,学校附近主要路口就会有警察或其他交通管理人员执勤,有学生过马路时,执勤人员都会站到马路中间护送。我记得有一位胖胖的中年警察,每次在路口执勤时,见到有学生过马路,就会让路过的汽车在距离路口还有50米的地方就停下来,有的车开到离路口十几米处才停下来,这位警察就上前向司机训话。我一年级时,在默奇小学路口护送学生过马路的交通管理员患癌症去世,许多家长和孩子在路口的电线杆上贴了写有悼念文字的纸条,还有人在电线杆上系了一束鲜花,以表示感激和哀悼。

美国法律对儿童乘车也有详细的规定。例如,学龄前儿童(体重20磅至40磅,约18斤至36斤)乘坐小汽车时,必须使用特制的儿童座椅,还要使用特制的儿童安全带。这种安全带与大人用的不一样,每一个儿童有左右两根安全带,分别固定两个肩膀。另外,12岁以下的儿童都不能坐在汽车的前排。坐在后排的儿童也必须使用安全带。有一次,我的一位中国朋友,7岁的克里斯坐他爸爸的车外出,那时,他家刚搬到华盛顿不久,他爸爸对路还不太熟,就停车向警察问路。但他爸爸忘了坐在后排的克里斯没有系安全带。警察一眼就发现了,就让爸爸到法院去认罚(一般的罚款不用上法院,但是,警察认为小孩没有系安全带是特别严重的违章,这样就必须上法院了)。

我六年级时12岁了,爸爸妈妈才开始让我坐在小汽车的前排。不过,我四五年级时在北京,看见许多比我小的孩子都坐在小汽车的前排,不知道是中国没有关于小孩不准坐小汽车前排的规定呢,还是有这样的规定,但是有的家长不遵守?

(五)郊游安全

如果学校组织学生郊游,学校也会在安全方面做出安排,包括提前给每一位学生发出一份"家长通知和同意表"。"家长通知和同意表"共两页,第一页是基本信息表,内容包括:学生姓名、班级、学校名称、负责郊游的教师的姓名、目的地、出发和返回的时间和地点、交通工具、郊游目的(比如毕业郊游)、家长紧急联系电话等。第二页才是"家长通知和同意表"的核心内容:学生家长同意自己的孩子参加学校组织的这次郊游;家长了解郊游是有一定的风险;孩子的身体和医疗情况,包括特殊的饮食需要和治疗需要;如果孩子在郊游时受伤或生病,家长同意由学校负责人代表家长处理;家长要告诉孩子不得喝酒和吸毒。另外,"家长通知和同意表"说得清清楚楚,万一孩子在郊游中出了事故,责任和治疗费用全部由家长负担。除非事故是由于学校老师的过失造成的,家长不得追究学校任何责任。

如果家长不在这张郊游"家长通知和同意表"上面签名,孩子就不能参加学校组织的郊游。二年级时,有一次学校组织郊游,到校后快要出发时,老师发现我爸爸忘了在我的"家长通知和同意表"上签名,就说我不能参加这次郊游了,只能和其他不参加郊游的孩子一起留在学校。我特别想参加这次郊游,而且这事又不是我的错,我已经把"家长通知和同意表"给爸爸看了,他也同意我去,只不过是他忘签名了。我就用学校的电话给爸爸打电话,告诉他这件事。爸爸说他尽快赶到学校来。终于,在出发前,爸爸开车赶到了学校,在我的"家长通知和同意表"上签了名。于是,我就高高兴兴地和同学们一起去郊游了。

（六）卫生安全

学校的安全还表现在卫生方面。美国公立小学都有住校护士。我在默奇小校上学时，校长加维女士曾说，学校的护士比老师更加重要，一天没有老师不要紧，但学校不能一天没有护士。据校长说，每天 11 点 45 分至 1 点 30 分学生午餐和课外活动的时间是一天当中学生出现意外伤害最多的时间，也是一天当中护士最忙的时候。一旦发生意外伤害或突发急病，老师要立即通知护士，并待在学生身边，由护士进行初步医治并在学生身边照料，直到救护车到达。

我二年级暑假时，在默奇小学工作了 18 年的护士哈塞尔女士退休了。暑假期间，华盛顿市政府为默奇小学选派了一名新护士，但这名护士要到 10 月 1 日才能到学校来上班，而新学年 8 月 26 日就开始了。为了应急，市政府为默奇小学找到一名每天只能工作半天的临时护士。好多家长都向学校表达了关切。校长也把护士问题看作学校安全的头等大事。9 月 7 日，新学年开学一周多后，校长请来市政府主管学校安全和卫生的官员来学校和家长座谈，向大家介绍在护士不在的情况下，如果学校出现了学生需要护士照料的情况时，应该怎么处理。比如，如果学生身体出现异常情况或者受重伤，老师立即通知学校办公室，同时待在学生身边；办公室通知校长和家长，并拨打 911 紧急电话；学校老师待在学生身边直到救护车到达。

即使是学生生病后在医院看的病，学生的家长也必须与学校护士联系。我二年级时，感冒了一次，妈妈按我以往在北京时生病的经验，给我吃消炎药。这种消炎药一天得吃三次，早晨上学前我在家里吃了第一次，妈妈把一片药装在一只小塑料袋里，装进我的书包里，嘱咐我午饭前自己在学校把它吃掉。可是，到了中午我吃药时，老师看见了，就说我不能自己吃药，说着，就把学校护士找来了。护士说："学校规定，学生在学校吃药，必须先告诉老师，老师告诉护士，经过同意才能吃。"护士然后让我带

了一份文件给妈妈。文件上说：亲爱的家长，我们不鼓励学生在学校服药，要求尽可能在非上学时间内让学生吃药。如果确实需要在学校里服药，必须要有家长和医生签字同意。药品包装上还要有药剂师贴的标签，说明学生姓名、药品名称、日期、剂量、服药时间和服药方法。药品必须由家长带到学校。文件上还要求家长填写学生的姓名、生日、电话号码、病情诊断、药品名称、在校服药时间、服药间隔时间、是否有用药反应以及医生的姓名、地址、电话号码和签名等。

学校护士的另一个重要责任是确保所有学生按时注射疫苗。学生每一年必须注射的疫苗由政府规定。每学年开始时，由学校护士负责检查每一位学生是否按规定打了疫苗。没有打疫苗或者疫苗没有打全的学生不能进班上课。学校护士不负责为学生打疫苗。学生要去医院或诊所打疫苗。一些医院和社区医疗服务机构的疫苗是免费的。比如，2009 年"甲流"流行时，许多医院都免费为学生打"甲流"疫苗。华盛顿市的法律对打疫苗的规定特别严格。如果家长没有将孩子带去打疫苗，警察就会把家长带到法院去接受审判。法官会判家长坐五天牢。但是，如果家长当场同意送孩子去打疫苗，就可以不用坐牢。而刚开学的时候，市卫生局就将打疫苗的点设在法院内。法官一判家长坐牢，家长就赶紧将孩子送去打疫苗，免得坐牢。

如果有学生得了传染病，家长必须立即通知学校护士。班主任会通知全体学生的家长，以便他们及时观察自己的孩子是否也得了类似的病。如果发生较大规模的传染病，学校会通知全体家长。如果是全市范围发生传染病，市政府会发通知。例如，我一年级时，2004 年 3 月 2 日，华盛顿市政府就给全市所有公立学校的学生家长写信，通知在部分学校发生了水痘，提醒全体家长注意。

学校规定，发烧、嗓子痛的学生不能到校上课。如果到校后发现这些情况，学校会让家长把孩子接回家。发过烧的孩子在退烧 24 小时之后才能回校上课。

另外,阳光较强的日子,学校也会提醒家长给孩子抹防晒霜,以免孩子在户外活动中晒伤皮肤。

(七)食品安全

在食品安全方面,我感觉美国小学生的过敏问题比中国严重,特别是有许多小孩对花生过敏,而且是严重的过敏,处理不好会有生命危险。学校对孩子食物过敏问题特别重视。我还保留着二年级开学时,校长就食物过敏问题给全体家长写的一封信。信中说道:"亲爱的家长,今年默奇小学有食物过敏可能导致生命威胁的学生增加了。可致过敏食物有花生、果仁、牛奶、鸡蛋、水果和豆制品。对这些食物的过敏反应可以导致死亡。那些对花生严重过敏的孩子,即使只是闻到了花生酱的气味或者触摸到极微量的这些食物都可能有生命危险。我们要求你们配合,一起努力,使默奇小学对所有孩子来说都是一个安全的地方。为此,学校要求学生之间不得分享食物,家长打算送食物供同学们分享时,要提前通知老师。"另外,学校每年开学注册时,要求家长填写孩子是否有食物过敏、对哪种食物过敏等。在默奇小学,有的学生对花生严重过敏,家长给校长写信,要求将孩子所在的班级定为"无花生班级",即不将含有花生的任何食品带进班里。对此,绝大多数学生和家长都理解和愿意配合,自觉不带含有花生的食品去学校。

学生的家长们也很注意食物过敏的事。一次同学约翰娜请我去她家玩,然后留我在她家里吃晚饭。约翰娜的爸爸事先特意问我妈妈,我是否有食物过敏。另一次,我约我的好朋友克莱尔来我们家玩,并和我们一起吃中饭。克莱尔妈妈送她来时,特意关照说她对花生过敏。于是,我和妈妈格外小心地把家里所有与花生有关的食物都收起来了。

(八)独自在家安全

除了在学校的安全外,美国法律对于小孩在家时的安全也有许多规

定。例如,关于小孩一个人在家的情况,各地的具体规定不太一样,首都华盛顿那一带的规定是这样的:7 岁以下的孩子任何时候都不能独自在家;8～10 岁的孩子可以独自在家,但时间不得超过一个半小时,并且只能是在白天或傍晚;11～12 岁孩子可以独自在家,但时间不得超过 3 小时,并且只能是在白天或傍晚;13～15 岁孩子可独自在家,但不得整夜家里都没有大人;16～17 岁的孩子可以独自在家,但不得超过两个晚上。

为了帮助短时间独自在家的孩子处理好安全问题,一些地方警察局给有孩子的家庭发了《孩子独自在家安全手册》,手册用孩子们自己画的图画,告诉他们如何处理一些情况。比如,独自在家时有陌生人来敲门,可以隔着门告诉他,爸爸妈妈正忙着或在睡觉。不论他有什么理由,都不要开门,也不要告诉他爸爸妈妈不在家。再比如,接到电话时,不要告诉对方自己的名字、地址,特别是不要说现在爸爸妈妈不在家。手册还要孩子们不要单独到加油站、戏院、餐馆或其他公共场所的洗手间里去。

即使是在法律允许小孩独自在家的情况下,爸爸妈妈也会有一些其他的要求,比如有些电视频道不能看,不能独自上网等等。现在,和中国小孩子一样,许多美国小孩也上网。上网就有一个网络安全问题。2010年夏放暑假时,学校给每一位学生发了一张光盘,专门讲网络安全的事。很多美国家长还在电脑里安装了家长监控软件,可以监管控制孩子们上什么网站。

(九)民间安全服务

除了政府和学校外,一些民间组织也提供学龄儿童的安全服务。我在默奇上小学时,一个名叫"认出孩子"(IDENT-A-KID)的民间组织为学校全体学生制作孩子身份特征卡,以方便家长使用。这项服务开始于1986 年。当时,一位母亲与儿子在商场购物时失散,在安保人员赶到之后,母亲过于紧张,无法向安保人员说清楚儿子的体貌特征。这位母亲在现场的一位朋友受到启发,事后创办了这家民间机构。该机构以二三美元的低廉收费,为小学生和学前班儿童制作一种身体特征卡,卡上有孩子的近照、出身日期、身高、体重、头发和眼睛的颜色以及指纹。卡上还提醒家长,一旦孩子走失,要立即报警,并向警察提供这张卡。进入默奇小学后第二年,妈妈就在学校给我办了一张这样的身体特征卡,像身份证一样,一式两份,分别存放在爸爸和妈妈的钱包里。以后这个身体特征卡每年更新一次。全美国现在有几百万个家庭使用这项服务。

尽管有许多安全方面的教育和安排,还是有许多孩子出了事。我们在华盛顿的家附近有一个"巨人食品"超市,超市入口处有一个布告栏。上面贴着好多失踪孩子的照片,说明这些孩子在哪一年失踪,如果有人知道他们的下落,请给警察打电话。布告上还有用电脑制作的这些小孩现在可能长成什么样子的照片。

二、学校的一天

这是我在美国小学一年级时的一天:

早晨 7 点 45 分,爸爸把我叫醒。起床后,我梳洗,穿上上学的衣服。8 点零 5 分,自己拖着拉杆包,和爸爸出门去学校。学校离家走路只要十分钟。只要是好天,我们喜欢走着去学校,可以享受清晨新鲜的空气、明媚的阳光和沿路的鲜花绿草。

8 点一刻,我在学校餐厅领取免费早餐。早餐有牛奶和果汁,主食每天都不一样,有什锦麦片、面包圈抹奶酪、火腿面包、煎蛋卷、烤吐司、全麦饼干等。

8 点半,吃完早饭,去操场把书包放在自己班级排队处,然后去游乐场自由活动。那时,校园里已经有不少同学了,玩猴杠的,玩滑梯的,玩"抓人"游戏的……有值班老师在操场四处走动。操场一角有个小山坡。我喜欢和班上的同学在那儿玩,因为老师很少来这边,玩起来比较自由一些。

8点40分，学校吹哨，提醒学生准备排队进班。8点45分铃响，学生们迅速跑向自己班级排队处，排好队，等着由班主任老师领着进教室。

8点45分进教室后，先面对国旗说誓词，然后唱美国国歌。美国国歌的名称叫《星条旗永不落》(The Star-Spangled Banner)，歌词译成中文是这样的：

8点半，吃完早饭，去操场。把书包放在自己班级排队处⋯⋯

　　　　星条旗永不落

　　啊！在晨曦初现时，你可看见

　　是什么让我们如此骄傲？

　　在黎明的最后一道曙光中欢呼，

　　是谁的旗帜在激战中始终高扬！

　　烈火熊熊，炮声隆隆，

　　我们看到要塞上那面英勇的旗帜

　　在黑暗过后依然耸立！

　　啊！你说那星条旗是否会静止，

　　在自由的土地上飘舞，

　　在勇者的家园上飞扬？

虽然这是美国的国歌，但学校的外国学生也都跟着一起唱。我想既然在美国上学，唱美国国歌就表示对这个国家的尊重吧。唱完国歌后就开始上课。每天我们都是先写日记。老师给每一个同学发一个本子,专门用来写日记。日记写 20 分钟,内容每天不一样,有时写自己的兴趣爱好;有时写如何度过周末或节假日;有时写前一天学习过的知识;有时写自己编的小故事,等等。内容也不需要很复杂,就像小练笔,心里想什么就写什么。如果赶上某个节日,就不写日记,老师会发给每个同学一张关于这个节日的游戏纸。

在同学写日记的时候,老师要点名,要吃当天学校午餐的同学也要报名。然后由两个同学把考勤名单和吃午餐名单送到学校办公室和午餐管理员。

9 点 10 分到 10 点 10 分是阅读课。我们主要读书,写读书报告,学习文章的中心思想,写小故事。每天连续读一本书,读了几天后,要做阅读理解的题目。有时,老师让我们从班上的"小图书馆"取书,自由阅读。那里的书很多,有小说、科幻书、科学知识书、童话故事书……自己想看什么就拿出来看。说它是图书馆,是因为那里很像一个小图书馆,书都有分类和编码。

10 点 10 分至 10 点 45 分,去上专门为外国学生开的"非母语学生英语课"(ESL 课)。读简单的故事,做一些数学题或是画画。有时老师会教我们做学习游戏。这时,其他同学上社会学课。其实我也不喜欢上 ESL,但是只要你是外国来的学生必须要上 ESL 课,除非你在这学年一开始的时候通过 ESL 英语测试。

10 点 45 分到 12 点上副课。星期一音乐课,星期二外语课,星期三美术课,星期四去图书馆,星期五体育和健康课。

星期一的音乐课主要是唱歌。有时老师会教我们怎么演奏一些有趣的乐器。星期二外语课学的是西班牙语。我最喜欢星期三的美术课了,因为我很爱画画和做手工。有一次我们还做过泥人呢!星期四我们去学校图书馆。在这节课上,我们坐在地毯上听图书馆管理员给我们读故事。讲完故事后,图书管理员会让我们借书。每一次最多借三本。不用借书

卡，只要告诉他你是哪班的哪位同学就可以了。借期两个星期。星期五我们轮流上体育课或健康课。这两个课程由同一个体育老师教。体育课一般都是在外面操场上打球。下雨天时，体育课在学校体育馆里上。老师拿出大小不一的球、呼啦圈、跳绳、飞盘等健身用具，让我们自由玩耍。班上大部分同学都对健康课不感兴趣，他们都希望多上体育课。我虽然很喜欢体育课，但是觉得健康课也很有意思。身体保健很重要，所以我喜欢学习健康方面的知识。

中午 12 点至 12 点半是一至三年级午饭时间。学校中午提供的午餐每天都有牛奶，主食每天不一样，烤牛排配薯条、奶酪或意大利大香肠比萨饼配新鲜蔬菜沙拉、肉丸意大利面条配面包条、奶酪汉堡包配胡萝卜、炸鸡条或炸鸡块配炸土豆块和面包、鸡肉汉堡包配煮玉米、奶酪三明治配煮青豆等。星期四是比萨饼日，那天去买午餐的同学最多，常常要排长队。另外一种受欢迎的午餐是热狗，每两个星期有一次，那天去买午餐的同学也很多。班上有三分之二同学自己带午餐。

吃饭时，老师在教室黑板旁边放着红绿灯，看上去就像装在十字路口的红绿灯一样，会亮起红黄绿三种颜色，亮什么颜色的灯是由教室里的声音大小决定的，绿色就是孩子们声音很小，说话的人不多，黄色是孩子还行，但得再小点声，红色就是太吵了，老师就会要求无声吃饭。大多数时候，是亮绿灯或黄灯。每到亮黄灯了，大家一般都会调整自己说话声音的大小，使它变回绿灯。

12 点半至 1 点，是一至三年级的户外休息时间，去操场玩。四至六年级跟我们正好相反。我们吃饭时，他们在操场上玩。该我们玩了，他们就吃饭。免得大孩子欺负小孩子或者不小心把小孩子撞倒了。我们大多数时候喜欢去小山坡。因为，在那里可以自由自在地跑。那里有草地，很软，摔了也不会受伤。玩"捉人"游戏、捉迷藏、间谍游戏，侦察"目标"的活动。小山坡很大，大约有 500 平方米，上面有五六棵大树，玩跑步游戏足够大了。如果下雨或天气不好，就在教室里休息。玩国际象棋、桌上游戏、纸牌、"大富翁"、搭积木，也可以自由阅读或画画。1 点整打铃。大家都迅速到自己班级排队处排队。

回班后，老师给同学们读故事，让同学们渐渐平静下来。然后，上科学课、社会学课或数学课。

3 点，开始整理教室，收拾书包，准备放学。3 点一刻，在走廊排队，出教室，放学。

放学时，同学排好队去操场，等家长来接。一天的课就结束了。中国孩子被家长接到中国大使馆阳光中文学校上中文课，上课时间为下午 4 点到 5 点半，与家长下班时间同时放学。

晚上六时左右回到家，自由玩一会儿，等爸爸妈妈做晚饭。吃完饭，开始写美国学校作业。写完后，休息一小会，开始写中文学校作业。然后，洗澡，练 20 至 30 分钟钢琴。这时差不多到了晚上 9 点半，看半小时电视剧。快到十点时刷牙，把第二天上学要穿的衣裤和袜子放在床边，上床看一会英文书，10 点以前关灯睡觉。

三、就餐

吃饭铃响了！同学们拿着饭盒，兴奋地在饭桶前排好队，等着打饭。盛饭的同学给每一个人盛一大勺米饭和几勺菜。然后，我们都回到自己的座位上狼吞虎咽地吃了起来。如果不够，就去盛第二次。吃完了，把饭盒里的剩饭菜倒光，滴上洗涤灵冲洗一下……这就是在中国上学时同学们的吃饭方法。

在美国学校吃午餐可不是这样。我在纽约第 20 小学上五年级时，午餐是去学校食堂吃。如果全校同学都在同一时间吃午餐，学校食堂坐不下。所以，不同班学生的午饭分在三个时段吃，分别在上第四节课、第五节课和第六节课的时间吃饭。我们班是第五节课时间吃饭。

第四节课下课铃一响，我们就排好队，由老师带领我们下楼去地下一

层的食堂。食堂里有许多长桌和长椅。同学们争先恐后地拥进食堂。因为我们的教室在三楼，等我们走进食堂时，里面已经挤满了同学。

每一个班都有指定的座位。一般是一个班占两张桌子。一进食堂，我们就直奔自己班的餐桌。在食堂里不能去别班的餐桌。食堂里有看班的老师。看班老师都站在低年级同学的餐桌旁。高年级的同学基本上没有人管。

坐下之后，自己带饭的同学可以开始吃了。吃食堂饭的同学要等老师的指示。看班老师一个班、一个班的叫进厨房领餐。等的时候，同学们有的一心一意地读书，有的叽叽喳喳地聊天，但是大部分的同学都在干一件事——打牌。

每天都有同学带纸牌来学校，中午等着领饭时，就拿出来，津津有味地玩起来。大家玩的纸牌游戏有好多种，"钓鱼"、"吐！"、"二十一点"、"说谎者"、"心脏病"、"毛驴"、"十三张"……

我在家玩纸牌的时候，只玩过拖拉机和争上游。他们玩的很多纸牌游戏我根本没有听说过。每一次他们津津有味地打纸牌时，我就在旁边专心地看。后来，很多游戏我也学会了。我最喜欢的游戏还是"吐！"玩"吐！"的时候，你既要动作很快，也要格外地细心。

我们正玩得上瘾的时候，看班的老师就叫我们班吃校饭的同学去领饭。我依依不舍地离开我们的纸牌游戏。当然这时，我也很高兴，我们毕竟一上午没有吃东西了。

学校的午饭是 1.25 美元一份。所有的同学都有一个领饭的号。如果事先交过钱，跟管饭的老师报一声自己领饭的号，就可以领饭了。如果是当时付钱，就必须先把钱交给管饭老师，然后再进去领饭。之所以有一个号，就是因为老师想保证同学们没有第二次进去领饭。

在美国学校吃午餐只能领一次饭。饭量对一般的同学都足够了。走进厨房，里面有一个长长的柜台。纽约 194 初中的午饭大体有两种选项：全素饭和荤素搭配。全素饭就是花生酱和果酱三明治（这在美国是很传统和很受欢迎的三明治)和蔬菜,或者是蔬菜三明治。荤素搭配的饭每天都不一样,有烤牛排配薯条、奶酪比萨饼配新鲜蔬菜沙拉、肉丸意大利面条配蒜蓉面包、奶酪汉堡包配胡萝卜、鸡肉汉堡包配煮玉米、热狗配烤豆等。每天都至少有两种不同的荤素搭配饭的选项。饭菜都是搁在一个塑料托盘里。

大多数同学都选择荤素搭配的午饭。全素饭是专门为吃素食的学生准备的。一般吃素食的学生都是因为自己家庭的宗教信仰不让他们吃肉而成为素食者的。

除了饭菜,每天的午餐还有低脂巧克力牛奶或低脂白牛奶和水果。水果有香蕉、苹果、梨、葡萄或者是罐装的桃和菠萝。我最喜欢的午餐还是热狗、比萨饼和牛排。每一次午餐我都拿低脂白牛奶。大部分的同学都喜欢巧克力奶,我也喜欢巧克力奶,就是觉得白牛奶更健康一点。一般有水果的时候,我都会拿。我最喜欢的水果还属香蕉和葡萄。

大部分同学都吃学校的饭。吃完饭就把自己的托盘和剩下的饭拿走。托盘和牛奶瓶要搁进专门盛放可回收用品的蓝色垃圾桶(蓝色和绿色代表回收)。牛奶瓶里如果有剩奶,必须要倒进专门倒剩奶的白色小桶。剩下的其他吃的东西就扔进垃圾桶。

在纽约第 20 小学上学时,学校还有饭桌监察员。饭桌监察员由高年级同学担任(我当时五年级,是全校的最高年级),每周由不同班的同学去当饭桌监察员。饭桌监察员会去指定的班级的桌子旁边,帮助老师管理同学们。被监察的桌子都是低年级同学们的饭桌。低年级学生后领饭,一般监察员吃完饭后,他们才刚开始吃。监察员在桌边守着就行了。有时,会有一个小同学让监察员帮他开牛奶瓶或者帮他打开装有苹果块的密封塑料袋。同学们吃好了,扔垃圾的时候,监察员也要再检查检查桌子是否干净。如果桌上还有垃圾,监察员的责任就是把它们扔进垃圾桶。吃饭结束时,看班老师会让监察员带同学们去校内操场玩。

午饭结束了,所有的同学都去他们的目标地点。低年级的去室内游乐

场，高年级的晴天去操场，下雨天去礼堂。在操场上，玩什么的都有。有玩捉迷藏的，有玩捉人的，有玩篮球的，有玩"踢球"的（踢球是美国很受欢迎的游戏，跟棒球规则一样，只不过是用脚踢一个大橡胶球，不是用棒子打球），有坐在地上继续打纸牌的……雨天时，我们去礼堂，只能在里面读书，不能作声。每逢雨天，去吃饭前，老师会提醒我们带一本书去礼堂里读。

四、衣着

太棒了，默奇小学的"学校精神周"又到了！每学年放暑假前的最后一周（大概是 6 月 5 日—10 日）是"学校精神周"。在这一周内，学校鼓励学生按不同的日子穿不同的衣服。在其他时间，学生穿什么衣服由自己决定，学校不管。这个活动既可以提倡同学们的学校精神，又非常好玩。

这一次的"学校精神周"，星期一是毛伊岛风情日（毛伊岛是美国夏威夷州的第二大岛）、星期二是双胞胎或三胞胎日、星期三是古怪日、星期四是礼帽日，星期五是默奇小学日（那天也是学校举办运动会的一天）。

星期一毛伊岛风情日那一天，同学们都要穿着绚丽多彩、热情奔放的夏威夷式热带风光服装来上学。这天，同学们和老师们脖子上戴着长长的、具有夏威夷风格的花环或贝壳项链。花环上穿着用丝绸编织成的花朵，一朵朵鲜艳多彩，具有立体感。女生们还用短短的花环做头饰或手镯。贝壳项链是由真正的贝壳穿成的。几乎全校的男生都穿着夏威夷式花衬衫。一些女孩子穿着漂亮的草裙，头上戴着不同的花饰。校长穿着西服套装，里面衬着有蓝绿色棕榈树图案的衬衣，穿着具有热带风光的裤装，戴着有花饰的遮阳帽和太阳镜。我不知道在哪里可以买到这种衣服和装饰物，就自己动手，做了一串五颜六色的花环。我用纸剪出了很多花形小纸片。然后用水彩笔在花形的纸片上涂上不同的颜色。接着，我在每一个纸片上都扎了一个小孔，然后穿到一根长长的透明的绳子上，戴在脖子上。虽然没有买的好看，也没有立体感，但我付出了努力与心思，所以我还是很喜欢它的。我穿了一身鲜艳、凉快、蓬松而舒服的衣服。这一身至少有点夏威夷的风情。老师还在班上教了我们一个经典的夏威夷呼啦舞的动作和用夏威夷语说"你好"："Aloha！"

星期二是双胞胎或三胞胎日。同学们之间要找好搭档，商量好怎样穿相同的衣服，就好像同胞兄弟姐妹。我们班决定全班 20 位同学这一天都穿一样的服装，好像 20 胞胎。虽然这不是真的，但一定很好玩的，其他班的同学看到我们后一定会大吃一惊的。经投票表决，发现牛仔裤或牛仔裙和白衬衣是全班每个人都有的。我这天穿着牛仔短裙和白色 T 恤衫去上学。班里是一片白色和蓝色的海洋。

星期三古怪日最好玩的了。同学们都穿着疯疯癫癫、奇奇怪怪的衣服。如穿睡袍、衣服反穿、穿两只不对称的鞋，穿两只不同颜色的袜子……这一天，说不出服装的好坏，让同学们去充分发挥想象力。这一天，我穿得比较简单，头上一边扎着辫子，另一边散着头发；一只脚穿旅游鞋，另一只脚穿凉鞋。大家看到别的同学的古怪衣服时，经常会放声大笑。

星期四礼帽日就是帽子、帽子、帽子，带上各种帽子的一天。这一天，带各种风格帽子的人都有。有大礼帽、棒球帽、尖尖帽，还有小精灵帽子……还有的人戴了花枝招展的头饰，虽然不是帽子，但是也很好玩。我带了一个有红、黑、白花纹的法式贝雷帽，还穿着一条跟它相配的条纹裙子。

星期五默奇小学日是"学校精神周"的最后一天。每一个人都必须穿着默奇小学的校色：蓝色和金色。学校礼品店里有卖校服上衣的，是一个蓝底、有金色骏马（学校的吉祥物）和文字的短袖校服，还有蓝色骏马、金色文字的灰底长袖校服。学生们也可以随便穿具有学校色的其他服装。教学楼的门前有一个用蓝色和金色气球做的拱门。学校操场上的跑道也被喷上了一层金色和蓝色的喷漆。校园里和教学楼内都呈现了一片蓝色和金色的海洋。准备要开运动会啦！

这是我在华盛顿上小学的日子。到了纽约 194 初中上六年级后，事情发生了变化。

2009 年 9 月,新学期快开学的前一周,因为我们在暑假里搬了家,一直没有收到学校寄出的开学通知,妈妈只好亲自去我即将升入的纽约第194 初中询问。9 月 2 日,星期三,我正在家里快乐地玩着电脑,突然听见钥匙的声音,家门开了,妈妈从学校回来,手里拿着蓝色和黄色的几张纸,说:"这是学校给我们的新学期开学通知。"我很兴奋! 我早就想知道更多的关于我将要上的中学的信息。我一把把妈妈手里的纸抢了过来,急切地读起来。

其中一张纸上写着我们学校的衣着规则:"女生必须穿带有领子的净面上衣,上衣不能带有任何花纹,也不能带有条纹,可以带有很小的商标标志。裤子也必须是净面的,但不能是牛仔裤或者休闲裤。只能穿皮鞋和运动鞋。戴帽兜的外衣不能穿进教学楼里……"

我一直都很盼望开学,想看一看美国的六年级到底是怎么上。但读完这些着装规定之后,我想去上学的欲望消失了。"这么多规矩!"比我想象的难多了。我的裤子不是牛仔裤就是休闲裤,符合可以上学穿的裤子一条也没有,带领子的上衣更是没有了。看来我不得不重新买衣服了。

我的一些同学因为我们学校的衣着规则而课后留堂。他们也不太在乎衣着规则。

有一次,在英语写作课上,老师让我们写一封建议信。我写的是关于校服的政策,只要同学们穿着合理,学校就应该取消现在的衣着规定。我的理由包括:第一,总的来说,校服不算是最舒服的衣服;第二,如果学校能让同学们穿自己喜欢的衣服,他们可能会对上学更感兴趣一些;第三,如果让他们选择自己穿的衣服,学校可以利用这个时间教会同学们怎么适当地穿衣;第四,同学们可以在服装方面充分地发挥想象力,也可以通过穿自己选择的衣服来表现自己。这篇作文得了满分,老师说我写的特别好,而且在班上把它当范文读了。我觉得老师给我满分不仅仅是因为这篇作文"写得好",而且是因为它表达的观点是对的。

虽然学校没有给我们什么穿衣自由,但是,每到节日或者是其他特殊的日子,学校会让我们自由穿衣。这样,在一年当中,我们大约一共有 15 天的自由穿衣日吧! 其中,在学年的最后一个星期都是自由穿衣日。只不过即使是自由穿衣日,我们也要穿着适合上学的衣服,不能穿背心、特别短的短裙和短裤、带窟窿的衣服等。一般在这些日子上,同学们都穿普通的圆领 T 恤和牛仔裤或者是运动裤。有些同学就是在自由穿衣日也根据衣着规则打扮,虽然他们明明知道是自由穿衣日。格蕾丝、凯南、雷蒙德、杰弗里等同学都属于这一类人。不知道是因为他们没有别的衣服了,还是认为学校规定我们穿的衣服确实好看。

五、校车

在纽约,六年级改设在初中里了。我进入的纽约第 194 初中离我家大约有 2 公里的距离,走路有点远,每天让家长开车接送也比较麻烦。爸爸妈妈又不太放心让我自己坐公共汽车,所以我只好每天上、下学坐校车(校车是免费的,不住在校车线路上的同学,学校会每人免费发一张年票,坐公共汽车到校)。

从我家走大概 5 分钟就到了校车站。早上,我们是校车的第二站。校车 7 点一刻到我们的站。和我在同一个车站等车的有十来个同学。校车大概 7 点 35 分到 45 分到学校,一般都可以赶上学校的早餐,还有点时间可以在礼堂里或操场上和同学们聊聊天或者复习、做作业。

每天早上,我大概 7 点 10 分来到车站。那时,已经有好多同学在那里等了。奇怪的是,他们都已经排好了队,好像是在准备上车。但是校车起码还要再过 5 分钟才到呢。再说,假如校车不是正好停在队伍的前面呢? 那这队不是白排了吗?

有一次,我到得很早,同学们已经排成一队了,我也排在了队里。我好奇地问一个同学:"你们为什么这时就开始排队呀? 还早着呢。"

那位同学耸了耸肩:"我不知道……"

"那你还排什么呀?"

"既然你也不知道,你为什么在队里呢?"

"……"

车来了,我们一个一个登上车,跟校车司机打招呼:"嗨,吉姆!"或者"嗨,巴士司机先生(Mr. Bus Driver)!"我也不知道同学们为什么称他为"巴士司机先生",但是我一般都这么叫他,因为他的年纪看上去是长辈,我感觉直呼其名"吉姆"不太礼貌。

每天早上,我都和西姆兰坐在一起。假如说我比她先上车,我就给她留一个座位;假如她比我先上车,她就给我留一个座位。在车上,我们也不太爱聊天,因为我们两个都是在校车上比较安静的。只是偶尔说几句话,或者在别人说话时偶尔插个嘴。有时,西姆兰在校车上复习功课或者做作业,我会帮助她,因为我知道的东西往往比她多。

校车上最爱说话的大概是格蕾丝、伟伦和阿加莎。他们什么事都讨论:兴趣爱好、同学们、学习、老师们等。有一次他们搞恶作剧,给另外一个同学珊娜拉的姐姐用西班牙语打捣乱电话。

校车上有很多内部笑话。到第三个车站的时候,只有一位同学上车——爱丽丝·金。每一次阿加莎和格蕾丝都会比赛,看谁先说:"嗨,爱丽丝·金!"

"你们可真欢迎她呀!"我说道。

还有一个内部笑话,就是蒂芬妮每一次在校车看到一个同学,就说:"噢,嗨! 我怎么刚才没有注意到你?"她总是这么对格蕾丝说。后来,每一次格蕾丝和蒂芬妮一见到对方就大声说出:"噢,嗨! 我怎么刚才没有注意到你?"即使很明显她们早已经注意到对方了(我们校车上的笑话对于你来说可能不好玩,只有乘坐我们的校车的人才会明白他们的好笑之处)。

下午放学我们也要坐校车。一放学,我们就都去礼堂里等着。每个校车都有一个等车的区域。我们坐着,耐心地等待老师们叫自己的车号。登校车前,管校车的老师还要求看我们的学生身份证(因为它上面写有我们坐的校车的编号），确定我们是坐那辆校车。假如说两次忘带学生身份证，就会被留堂。

回家的校车上人比较多，停的站也更多。一般我们 2 点半放学，但我 3 点一刻才能到家。下了校车，我和西姆兰的家在同一个方向，所以我们总是一起走。有一次，外面下雪，我们打雪仗。突然，从我们后面飞来了一个雪球，正好打着我们的脖子。我们一转身，是一位十几岁的陌生男生扔的。我们没有机会报仇，那个男生就不见了。"他从哪儿出现的？"西姆兰问道："真奇怪！"

六、我的美国同学们

（一）丹尼尔

我在纽约的家边上就有一个社区图书馆。我从小就爱读书，只要身边有一本好书我可以坐在沙发上，读一整天的书。家里的书看完之后，我就去图书馆借。那里的书可多了：小说、有关科学知识的书、儿童书、游戏书，连中文书都有不少。那里还有许多台上网电脑。以前，家里网还没有连好时，我和妈妈经常到那里去上网。后来家里连上网了，我们就不用那里的电脑了。不过，我们一家人还是经常去那里借书。

有好几次去借书，我都看到了班上的同学丹尼尔。当然，我是新来的，所以我跟他不熟。不过知道他也会讲中文。我每一次去，都看见他在那里打电脑游戏，从来不看书或者借书。

在班上，老师讲课时，丹尼尔也总是坐在班上的电脑前玩电子游戏。我很奇怪，上课时，他怎么在那里玩电脑？后来，听同学说，他不太会说英文。说什么都需要中英文双语都会的安托尼同学来帮他翻译。老师允许他不听课，因为他本来也听不懂。我还是很迷惑，他听不懂，就不听了吗？那他怎么能学会英文呢？我刚来美国时，也听不懂。但是听着听着，我就

学会了。

有一天放学时，丹尼尔问我去不去图书馆。"图书馆？我的作业还没有写呢。你难道不写吗？"

"哦，我不需要写作业。"

"那你一个人去图书馆？"

"对呀，我每天放学都去。"原来他一放学就去图书馆呀！

"那你一个人去吧。我还得写作业呢。"

第二天上学，丹尼尔上课时，说要去上厕所（在美国上课时，只要老师不在讲课时是可以去厕所的）。老师凯斯女士让他跟一个叫杰克的男孩一块去。过了一会儿，杰克气喘吁吁地跑进教室。

"杰克，在楼道里不能跑。咦，你怎么一个人回来了？你应该一直跟丹尼尔在一起呀。丹尼尔呢？"

"我就是特意回来告诉你的，他在厕所里跟一个人打架呢。"

老师叹了一声气，跟杰克一块赶到厕所去。把丹尼尔从厕所里揪出来。老师带着丹尼尔回到教室说："你在厕所打什么架呀？"

"我们是假打。"

"我不管你是真打还是假打，在学校是不允许打架的，就别说在厕所里打架了。你快点给我出去罚站。"

"不，我不出去。"丹尼尔心平气和地说。

"出去，给我站在外面。"

"不。"

"丹尼尔，我再说最后一遍，你给我出去！"老师气得声音都颤抖了。"如果你在外面站两分钟，这次问题就算完了，我也不再跟你较劲了。但是如果你不去，我就会找你的家长，也会找校长。"

"不！"

"丹尼尔！"老师吼道，"你敢跟一个老师说'不'？难道你就要逼着我去找校长吗？我本来就对你够好的了。其他的老师都不会对你这么温和。

我不想找校长,也不想请你的家长,因为我是一个好老师,我不想给你带来麻烦。但是,现在你弄得我没有办法了!"每个教室门口一进门的墙壁上挂着一个小铁箱子,里面安装有电话机。这个电话只有老师可以使用,学生不能用。凯斯老师拿起教室里的电话,拨了校长室的电话号码。

"是校长吗? 我是 5-332 班的老师凯斯女士。我们班的丹尼尔让我受不了了。我让他出去罚站,他不出去。我实在管不了他了……哦,好。我这就让丹尼尔下去。"

老师对我们说:"你们先自己读会儿书吧! 我马上就回来。"于是,老师揪着丹尼尔,出了教室。

过了 10 分钟左右,老师回来了,丹尼尔已经不在她身边了。"抱歉,"她对班上的同学说,"我也没有想发脾气,但是丹尼尔太让我生气了。我实在没办法了。我们还是接着学习……"那一天,丹尼尔一直没有回到班里。第二天,他也没有来上课。第三天,他仍然没有来。

我问坐在边上的萨克希:"丹尼尔去哪儿了呀? 他不是生病了吧……"

"不会的。他可能又被开除了吧。"

"啊? 是吗?"开除? 上学这么多年来,我还没有听说过呢。而且这"又"字……难道他已经被开除过好几次了吗?

"对呀! 他总是被开除。今天上学,明天就被开除了。过了一个礼拜又来上学,过了几天又开除了。老师也拿他没办法了。教他什么都不管用,反正过了一会儿又忘了。我告诉你一个秘密吧:他现在都 13 岁了!"

"啊? 他 13 岁还上五年级?"我吃惊地问。

"就是这意思呀。那是因为他都被开除这么多次了,什么都学不会。可不就留级了吗?"

"那……他还毕业得了吗?"

"我也不知道。他今年应该毕业了吧。他今年的表现就算好的了。"

"是吗? 他前几天还揪我的头发呢。"

"他就是这样的。你不要理他。班上的人都看不起他。"原来是这样的。我总算明白了。

(二)格蕾丝

六年级我被转到优秀生班之后认识的人不多。起初,我只认识一个人:格蕾丝。

格蕾丝与我坐同一辆校车。我第一次见到她时,不知道她的名字,只知道她的校车卡(每个人上校车前必须给老师看一下你的校车卡,证明你是那辆校车的乘客)是被一个铁环穿在她的黑书包上,所以我就在自己的脑子里给她起了一个名字:"把校车卡挂在书包上的女生。"我熟悉"把校车卡挂在书包上的女生"后,才知道她的名字是格蕾丝。

格蕾丝是在美国出生的华人。她在校外上中文课,会写、会读中文。她在家里也说中文。我第一次听见她说中文是在她打电话的时候。她说得还不错。

每天早上校车都到了我们的车站,同学们都已经开始登车时,格蕾丝才从路边跑过来,正好赶上校车。有一次我笑着对她说:"你一次都不能比校车到得早吗?"

那时我对格蕾丝不太熟悉,只知道第一,她很聪明;第二,她特别会解魔方。

我转到格蕾丝的班上后,坐在教室里的最后一个空座位上,正好是在格蕾丝的旁边。刚开始,我对格蕾丝的风格不太习惯。有些课我们共用一本书。她题做得特别快,一页上的题她都做完,准备翻页了,我还没有做完一半呢!

她喜欢用讽刺的语言来说话,同学问她问题时,也不太耐烦。开始,她这么对待我,我以为她就是不喜欢我,非要跟我拧着来。但是后来,我才知道她的性格就是这样的,对谁都不客气。

虽然,她有时令我生气,我还是看待她为一个朋友。最终,我们也和好了。我可以感觉到她至少试着变得更加友善。我也尽量不去问她一些傻问题,要不然她又会变得不耐烦。慢慢地,我们就变成朋友了。

虽然我们关系已经很好了,但是,格蕾丝是我学习上最大的竞争对手。在第一学期中,我的平均分比格蕾丝的高一点(我是 97.78,她是 97.34),到了第二学期,格蕾丝的平均分又比我的高一点(我是 98.02,她是 98.46)。我们的数学分数一样(我们基本上都会考一百分),社会课格蕾丝会比我高一点,英语我会比格蕾丝高一点(我的写作比她好),科学差不多,有时我高,有时格蕾丝高。

格蕾丝也是一个书虫。每一次吃饭时,格蕾丝不是看书就是在写作业。你可能认为她有点像书呆子,但实际上不是,她很好动,以前还学过体操呢。

格蕾丝的体育也不错。她会打羽毛球,跑步也很快(她有一双和我一模一样的运动鞋)。她的手也很巧,会编绳,玩翻绳也翻得很好。有时,她比较生猛,会跟男生打架。但是每一次她都会赢,班上的男生都怕她。另外,格蕾丝力气很大。她是女生中掰手腕的第二名。我跟她比时,她几秒钟就把我给扳倒了。

有些人告诉我,格蕾丝怕细菌和灰尘。他们可能就是开玩笑,但是,格蕾丝确实总是带着消毒杀菌剂。

格蕾丝非常神秘,她的许多事情我一直没有搞清楚。她的成绩一般都不会告诉别人,即使她考的是全班第一高分。有几次,我们问她生日是什么时候,她就是不告诉我们。假如我们问她:"是在 5 月吗?"她就会立刻回答:"我不知道……"

(三)凯南

有一天吃饭时,同学们聊天说:"那个日本同学凯南怎么那么聪明?考试总是得到那么高的分?"

凯南是日本的同学?我的对日本人的第一印象就是他们很霸道。在

抗日战争中,日本人光是在南京就杀死了 30 万中国人。"我不喜欢日本人!"我脱口而出。

过了几天,在社会课上,老师让我换座位,坐在第一排的第三个座位。我的好朋友碧娜坐在我前面,而坐在我旁边的是……凯南? 开始我不太愿意坐在那里。我以为凯南会很不好相处,但是,他实际上很善良,跟谁都很友好。

第二天,我们玩"文章概述游戏"。因为我们坐得很近,我、碧娜、凯南和另外一个同学瑞吉尔组成了一队。每当老师问问题时,我还没有来得及翻开准备好的概述,凯南就已经说出答案了。"他连他的概述都不需要看呀!"碧娜惊叹道。但是每一次,我们也不多麻烦了,直接用凯南的答案,因为我们都相信他是不会错的。

有一天,我们上体育课,需要在 7 分内跑半个英里(大概 800 米)。我 5 分 1 秒跑完的,已经觉得不错了。但是凯南 4 分多就跑完了。学习好体育又好的同学很少。而我"讨厌"的同学凯南,是两者都好。

后来,我对凯南的看法变了。他几乎做什么都很出色。

首先,凯南的学习好,他的平均分是班上第三,男生中第一(我和格蕾丝占了前两名。哈哈!)。他考试只要不失误,不管哪一门都不会考在 90 分以下。他的记忆力很好,读过的东西基本上都在他的记忆之中,所以,在社会课上玩游戏他总是能赢。而且他上课总是积极发言,不过老师很少叫他,他们知道凯南的答案会是正确的,因此,想给学习不好的同学一次发言机会。

凯南的体育也好,他是班上跑得最快的同学(除了杰弗里,因为他们两个都跑得很快,有时凯南第一,有时杰弗里第一。他和杰弗里也是好朋友)。他的羽毛球打得很好。杰弗里和他在一队。体育课上组织的羽毛球比赛,他们总是赢。

凯南的性格好,有一种自然的幽默。他也不像班上其他的男生,过几分钟就说些诅咒的话。最令我惊奇的是他的力气很大。

凯南看上去不是很壮,但是他却是班上掰手腕的第一名。我的同学杰西说是因为他参加杂技训练而且是一个童子军(Boy Scout 是美国的一个传统的男童民间组织),也喜欢打曲棍球。"他参加杂技训练?"我惊讶道。"对!"杰西说,"他柔韧性特别好,可以做各种高难度的动作。他还能劈叉呢!""那我也可以呀!""你可以是可以,但是班上有几个男生可以劈叉?"我没话可说了。

有一次,我、杰西和碧娜很无聊,我们就开始玩一个游戏,找出凯南和格蕾丝做得不好之处。这个游戏很难,因为他们两个几乎什么都做得好。我们玩了大概20分钟,只找出了三项凯南做得不好之处:他的演说术不太好,他可能对人过于善良(但是碧娜不同意这一点)和他不会装傻(因为他实在是太聪明了)。呵呵……

后来,我又从别人身上知道他每天都自己带饭,他有一个妹妹,他最喜欢的数字是5,他坐校车,他喜欢打扑克,他在书包里装着在紧急情况下用的毯子和急救药箱(我也不知道为什么),他会弹吉他等。

我的同学乔还说过我像他的女生版本,因为我们的成绩都很好,我们都很善良,我们都很有人缘,我们都有很多朋友,而且我们书包里都装着许多乱七八糟的、没有太大用处的东西,比如袖珍急救包、64 色彩色蜡笔、紧急毛毯、订书机等等,嘻嘻!

七、族裔

在华盛顿市默奇小学上学时,学校走廊两边墙上,除了美国国旗外还挂着一些其他国家的国旗,老师说,每挂一个国家的国旗,就表明我们学校有来自这个国家的学生。我数了一下,多的时候大约有三十多面不同国家的国旗,其中当然有中国国旗。

到纽约 194 初中上六年级时,刚开始,我在一个普通生班。其中有亚裔、非裔、拉美裔和白人,不同族裔的同学人数差不多。有几个是中国人,

不过他们基本上都说广东话和福建语，不说普通话。

后来我转到优秀生班，发现它的族裔和普通生班有点不同。我们班上共有 33 个同学。其中亚裔有 19 个，13 个是中国人，5 个韩国人，1 个菲律宾人。可能是因为亚洲人比较勤奋好学，所以很多人都进入了优秀生班。剩下的人中，10 个是白人，我知道其中 2 个是希腊人，2 个是意大利人。还有 2 个拉美人，他们的皮肤也是白的。

我们班上还有几个混血儿，比如说凯南是一半日本人，一半白人；尼科尔是一半非裔人，一半意大利裔人。但是虽然凯南只是半个日本人，在一般情况下，我们班上同学都把他算作亚洲人，可能是因为他长得更像亚洲人（如果没人说的话，我不会想到他是半个白人），也可能是因为他的学习态度更像亚洲人，学习成绩也好。尼科尔也一样。我跟其他人描述她时，我一般都会说她是一位非洲裔美国人，虽然她有一半是意大利人。主要是因为她的皮肤比较黑。就像在美国，大家都说奥巴马是美国第一位黑人总统。但实际上，奥巴马是一半非洲人、一半白人。更怪的是，他从小就跟着他的夏威夷白人妈妈一起生活，所以，他在生活习惯上，更应该是一个美国白人，只不过是他的皮肤黑了一点罢了。

班上的 13 名中国同学基本上都会说一定的中文，至少会一些日常用语。但是，我已经为自己定了一个规矩：我不在学校的同学前面说中文。不是我不好意思说中文，而是每一次我说中文，很多同学就会说我的中文带有一种口音。这时我就有点纳闷：到底是我说的中文不标准，还是其他同学说的中文不标准？我相信，我生在北京，又在北京生活了 6 年多，我说的中文是极其标准的普通话。而其他同学在美国生活得太久了，中文不熟悉了。也可能是因为其他中国同学是从中国的其他地区来的。

有一次，我把自己定的这个规矩告诉了格蕾丝。她说她同意，还说这里的中国同学说的中文也太差了，口音很重。我相信她的中文还算好的，因为如果她可以听出其他同学说的中文有多么不标准，那么，她自己的中文应该已经达到了一定的水平。

有一次,我在学校走廊里往下一节课的教室走,听见两个同学用中文和对方说话。他们可能是高年级的同学,个子很高。虽然,他们的中文说得不是特别标准,但是我很容易地听懂了他们在说什么。他们原来在说一些脏话。后来,我发现很多同学都这样,假如说他们会讲第二种语言,他们就用那种语言和他们的朋友说话,这样他们说什么都行,老师是听不懂的。有时,我听见班上几个同学用西班牙语对话,我一句都听不懂,很烦恼。他们有事要聊,又不和其他同学分享。

不同族裔同学的宗教也不太一样。很多美国人都是基督教徒。还有一小部分是犹太人。我的朋友雷切尔是一位犹太人,她放学后还要去希伯来语学校。我原来的班主任和科学老师德兰赤博士也是犹太人。我还有一个朋友是穆斯林。她不吃猪肉。而且过斋月时,她的宗教要求她在这一个月之内禁食,每天从日出到日落不能吃东西,也最好不要喝水。虽然小孩一般都不需要按这个习俗来做,因为他们还在长身体,但是她还是挺讲究宗教传统的,也和其他穆斯林一起禁食。

八、同学们的兴趣爱好

不管在哪里,男生和女生的兴趣爱好都不太一样。

在美国,男生喜欢玩摔跤。有一次,我在 Facebook 上和我的好朋友杰弗里聊天。他就说起了他们摔跤的故事。他说他和一群朋友都在练摔跤。他们选自己的对手时,杰弗里就选择了他的好朋友凯南作为对手。然后他用了 10 分钟左右,把他们摔跤的过程都讲给我听。他说什么凯南先抱着他的肚子把他推倒,但是,他滚来滚去,又逃走了。接着,他夹着凯南的头,把他推倒在地。最后,杰弗里赢了。当然,可能他不是这么说的,只不过我没有注意,因为我不太感兴趣他们摔跤的过程。后来,我又和凯南聊天,他也提起了他们摔跤的故事。他说他很生气,因为杰弗里胜利了,什么时候一定要报仇。后来我问他,"为什

么男生都喜欢摔跤?"他说,"我也不知道。总比逛街好玩吧!"这一点我也同意,因为虽然我是女生,但是实在不喜欢逛街。

我们班上的男生除了摔跤外还喜欢看球赛。我在学校的时候,总是可以听见男生们讨论某某球赛。后来,我就发现了规律。他们说得最多的是棒球的事。纽约有两支棒球队,一支是"洋基(Yankees)",一支是"大都会(Mets)"。我大部分的同学都是大都会队的粉丝。大都会队的主场离我们家特别近,坐地铁只有一站路。有一次,我的一位同学让她爸爸给她买一顶大都会队的棒球帽,好在学校精神周上戴,但是因为她爸爸不熟悉大都会队的标志,一不小心买了一顶洋基队的帽子。当然,这种错误,连我也可能会犯的。因为洋基队和大都会队的标志实在太像了,都是由 N 和 Y 这两个字母组成的,代表"纽约"。确实不好分辨。

除了棒球外,男孩子们也很喜欢看足球赛。2010 年在南非举办世界杯时,班上的男生都非常关注,甚至一些女生也在看。几乎每个同学都有自己喜欢的球队。我们班上基本上是分成两组,一组是巴西的粉丝,另外一组是西班牙的粉丝。巴西的粉丝们都说巴西一定会赢,因为他们在以前赢得最多。我的同学塞比是最大的巴西粉丝,虽然他也喜欢墨西哥,因为他是墨西哥人。每天他都会在校服底下穿一件象征巴西球队的运动上衣。除了塞比之外,杰森、杰弗里、雷蒙德卡勒等同学也都是巴西粉丝。支持西班牙队的同学们,我相信都是因为我的另外一个同学乔,从一开始他就是西班牙的粉丝,因为他是西班牙人。琳达、格蕾丝等同学都跟着乔,为西班牙喝彩。当然,班上许多同学都是自己国家球队的粉丝。苏文、格蕾丝、碧娜等韩国人都支持韩国队;塞比也是墨西哥的粉丝……让我感到最奇怪的是,没有人支持美国队,不知道是因为我们班上没有人是真正的美国人,还是说他们都觉得美国足球踢得不好。可能两者都有吧。我真希望中国队也打入了世界杯,这样我就可以为中国队喝彩了。但实话实说,我对世界杯不太感兴趣,我从来都不看这些比赛。我之所以知道输赢、比分什么的,都是因为其他同学总是在讨论这些比赛的事,所以我也了解一些世界杯的知识。

班上很多男生不光在看世界杯,他们还在收集关于这次比赛的纪念品。有一种纪念品是一本"杂志",只不过里面是空的。要把"杂志"填满,需要自己去买足球队队员的贴画。听说,把整本"杂志"贴满后,就可以得一个很大的奖品。据有些同学说,这个奖品会是一个拥有世界杯选手们签名的足球。可是,这个奖品不容易拿到。贴满杂志需要收集到700 多种不同的贴画。这些贴画只在某些足球专卖店里卖。一套(8 张贴画)卖 1 美元。我总是认为那些男生收集这个非常划不来。我想他们至少要买 100 套贴画才能收集全,因为没人可以避免买到重复的贴画,而购买贴画不能事先挑选。我们班上最先开始收集的同学塞比,已经收集完了。我的一个朋友可以把每位世界杯选手都一一点出来。

当然,世界杯 4 年才有一次,所以,同学们也不是总有世界杯可看。在美国人眼中,最大的体育比赛是橄榄球超级杯。很多人都在直播超级杯的那个晚上举办"超级杯派对"。就是很多人聚在一起,一边看比赛,一边聊天、吃小吃。第二天一到学校,男生就都开始探讨比赛的精彩部分。当然,男生对橄榄球更感兴趣一些,女生也可以看。每年,我都会和爸爸一起看超级杯。而且,我们的习俗是一边看一边吃爆米花。我们班上也有其他女生看超级杯。有一次,我听男生正在说超级杯的事,插了一下嘴,杰弗里居然笑话我看超级杯,因为在他的印象中,只有男生才看这种比赛。

现在,总该说说女生的事情了吧。我们班上的很多女生特别喜欢编绳。格蕾丝、蕾切尔、杰西、沙龙、碧娜、琳达、苏文等同学都会。每天,苏文都会从家里带来专门做编绳的绳子。它是一种又长又扁的塑料绳子。有好多种颜色:红、粉红、橙、绿、黑、白、蓝,甚至还有透明的、带闪光粉的和五彩的绳子。中午,我们等着打饭时,女生们就认真地用绳子编出各种花样,比如说"方框"、"盘旋"、"眼镜蛇"等。我也会编绳,只不过我不太爱和她们玩这种事,因为,我觉得到了中午,总算有时间玩一玩,用它来编

绳好像有点浪费。但是其他同学才不这么想，她们可以编上几个小时。编完后就挂在钥匙链上或者是书包上。有些女生也喜欢做其他的手工，比如说叠纸。当然，我们不光是做手工，同学们也经常画画。

也不是每个女同学都喜欢做手工。很多女生都爱逛街。纽约东西又全又便宜，购物也方便。女生特别喜欢逛商场，买衣服、化妆品、首饰什么的。好像只有我一个女生不喜欢买东西，因为我觉得麻烦，我也很懒得试衣服。但是，我也只好承认，这里服装、首饰、皮包等都很时尚，价钱也很合适。我有一个同学乔丹（乔丹既可以是男生的名字也可以是女生的名字），就是为了在她生日那天去购物中心，让她的妈妈给她向学校请了一天假。我和妈妈讲了这个故事后，她说这种事只有美国家长才会做。中国的家长肯定会把学习放在第一，从来不会让一个同学不上课去逛商店。

当然，在美国男生女生也有共同的爱好。其实，我感觉，对我来说和男生交流要比和女生交流容易多了，所以，我总是和男生一起做事。在中午时，我们经常玩牌。我们最常玩的是"十三张"。这个纸牌游戏是杰森、杰弗里和凯南教我玩的，所以我经常和他们玩。"十三张"很接近中国的"争上游"。基本的规则是一样的，先出完牌的人就赢了。在英文中，"十三张"甚至就叫"中国扑克"（Chinese Poker）。虽然，"十三张"有些细节和"争上游"不太一样，但是我很快就掌握了那个游戏。一开始玩"十三张"，我就觉得很有意思，不管玩了多少次都不会厌倦。我从小就爱玩"争上游"，可经常没有人和我玩，所以现在我很高兴，有那么多人都喜欢玩"十三张"。一般中午时，我和伊茹、雷蒙德玩。杰弗里和杰森坐在另外一个饭桌，但是，有时他们会都来我们的饭桌，陪我们玩牌。在我看来，人越多，越好玩。我们快要放暑假时，社会课、数学课上没有什么特别需要学的内容了，所以有时老师会在这些课上让同学们自由活动。我会用这个时间和其他人打牌。在数学课上，是和杰森、雷蒙德、伊茹或者是塞比玩"十三张"。如果是社会课，我就和凯南、杰弗里玩。跟他们打牌很有趣，因为他们都打得特别好，更有挑战性。

　　除了"十三张"，我们有时也玩"吐"、"心脏病"、"吹牛"、"钓鱼"、"宣战"或普通扑克等纸牌游戏。这些游戏中，很多都是考速度而不是技巧，因为有时我反应不过来，所以这些游戏我开始玩得稍微差一点。后来，熟练之后，就越玩越快。

　　纸牌之外，我们还有一些其他的游戏，比如说"拇指仗"。"拇指仗"很简单，不需要准备什么材料。就是两个人互相勾着对方的四个手指，把大拇指竖在外面。主要的目的就是看谁可以先把另外一个人的拇指按倒。"拇指仗"开始了！按倒后，数五秒就算胜利。在"拇指仗"中，假如说你有一个比较长的拇指当然就占了便宜，但是主要是靠技巧才能赢。我和班上的同学们打"拇指仗"时，我总是输，因为他们都很有经验。不过，每一次我和我妈妈斗，我都会赢她，虽然我的拇指短。

　　游戏类中当然还有电脑游戏。

　　我们同学中最热门的是 Facebook。Facebook 接近于中国的 QQ 或 MSN 即时聊天网站。它基本上是一个社交网站，可以和你的好友聊天，也可以在同学们的墙上留言，但是，上面也有数不清的游戏。

　　有一阵，我们班上有好多朋友都在用 Facebook，我也参加了。开始，我不太懂 Facebook。以为这只是一个网站，你可以加一些好友。我感觉在 Facebook 上面聊天没有什么意义。而且我的一个朋友琳达在 Facebook 上面建了一个群，叫"我讨厌德兰赤博士（我们的科学老师）"。学校发现之后，就把琳达送进了 ALS 三天（ALS 是一种特别极端的惩罚，比课后留堂要严重多了。我感觉有点像去监狱。老师会把你关在一个教室里，就让你做练习。中饭你也不能出教室，必须让别人给你送饭。在教室里也不准说话）。听到这个故事后，我受了启发，就打算把我的 Facebook 账号删了，建立了一个组织叫"反对 Facebook 组"。因为我们班上有太多人都迷上了 Facebook。开始只有我一个人在这个组织里面。有一天，我问凯南："你知道有人想加入我的'反对 Facebook 组'吗？"

　　凯南回答道："说不定艾丽会愿意加入。听说她没有 Facebook

账号。"

我去问艾丽愿不愿意加入"反对 Facebook 组"。她犹豫了一会儿后，同意了。

当时，站在我们旁边的是尼科尔。"你有一个'反对 Facebook 组'？我也想加入！"她惊叹道。在这一瞬间中，我的组里就多了两个人！

后来，我又问了塞比他愿不愿意加入"反对 Facebook 组"。

他连考虑都没有考虑说："好吧。我加入！"

后来，我告诉一个特别喜欢 Facebook 的朋友杰弗里："哈！我的组里有 4 个成员了。塞比刚加入！"

杰弗里也是塞比的好朋友，他一听说就问塞比："你怎么可能加入'反对 Facebook 组'呢？"

他随意地说："我没有加入呀。"

杰弗里过来对我大喊："你别瞎说，塞比根本就没有加入。你看怎么办吧。"

之后，塞比解释说："我是在你的组里，但是，你不能告诉杰弗里。他知道了，就会想出各种办法让我离开你的组。"

哦，原来是这样。塞比还挺聪明的。有好几次，我都想告诉杰弗里，塞比已经加入了"反对 Facebook 组"，让他上上火。但是，每一次我都守住了，因为我知道，一旦我告诉他塞比加入了我的组，没过多久塞比就得离开了。

有一天，杰弗里对我说："我看你敢不敢真的在 Facebook 上面建立一个群叫'反对 Facebook 组'！"

"你傻呀！"我说，"假如说我在 Facebook 上面建立一个'反对 Facebook 组'，没有人会加入。他们如果看见了，就表明他们已经有 Facebook 了，那他们肯定就不会加入了。"

但是，每次有人挑战我做一件事，我都不会后退的。所以，我接受了挑战。

那天我一到家，就去建立一个 Facebook 账号，因为你必须有一个 Facebook 账号才能建立群。问题是，建立一个 Facebook 账号必须用一个从来没有用来注册 Facebook 的电子邮箱。我已经用过自己的电子邮箱注册了一遍 Facebook（只不过我又删了），所以我需要建一个新的电子邮箱。

我先又用了很长时间建了一个新电子邮箱，然后重建了一个新的 Facebook 账号。最后，我终于在 Facebook 建了一个叫"反对 Facebook 组"的群。

第二天，我骄傲地对杰弗里说："昨天我建了一个 Facebook 群叫'反对 Facebook 组'！怎么样？"

"呵呵，是吗？"

那天晚上，他就在 Facebook 上加了我，然后我们聊了大概一晚上。

后来，我又加了我们班上大概 20 个同学。还加了一些在 631 班上的同学、校车上的同学和舞蹈班、戏剧文学班上的同学们。

我又发现，我很多小学同学也有 Facebook 账号，比如说华盛顿默奇小学或者纽约第 20 小学的朋友们。连我住在加利福尼亚的表哥都有一个 Facebook 账号。

开始，我主要是用它和同学们聊天。我最常和杰弗里或凯南聊天。

我和杰弗里也不是聊一些正事儿，就是闲聊，说说同学们、老师们和家里的事情。有的时候，我们还自己编故事讲给对方听，所以，现在我们有很多内部笑话。比如说，因为我总是和凯南说话，所以现在有时我说话就有点像是在用凯南的语气。后来，杰弗里就假装我是凯南，每次和我说话都叫我凯南。还有一个我们的内部笑话是因为杰弗里也知道我特别喜欢动物，所以每一次他想让我答应他一件事，就说假如说我不按他说的那么做，他的"猫"就会被杀死。虽然我知道他没有猫，但是我想起一只要死的猫，最后就答应了。

虽然和杰弗里聊天很有乐趣，但是，烦人的是，他和我们班上的杰森共用一个账号。因为杰弗里没有电子邮箱，他也懒得建一个。所以，他们

两个的账号其实是杰森的,用的也是杰森的名字,但是,因为杰弗里上线更频繁一些,所以,我就一般把他们的公用账号看成是杰弗里的。但是奇怪的是,杰森和杰弗里和我说话的时候,我知道他们说话的语气,所以,他们从来都不需要介绍自己,我就能分辨出是杰森还是杰弗里。有时,杰森和杰弗里同时上线。他们想和对方说话,所以就同时用我的聊天窗口和对方聊天。这时,他们总是聊关于他们玩的一些游戏,怎么赢、怎么升级等。他们和对方说话时特别讨厌,因为你不知道是谁在说话,也不知道他们是对谁说的。有一次,杰弗里在做他的一个项目,需要一个搭档,让杰森去他的家,因为其他同学都很忙。所以,杰弗里用了整整一个小时求杰森去他家做客。在这过程中我也不能下线,因为在 Facebook 上,你一下线他们就不能和你聊天了。连留言都不可以。我只好在那儿干巴巴地坐着,听他们说着、说着、说着……

和凯南聊天时,我们什么都说。我们经常聊关于杰弗里或者其他同学们的事情。有时,就是聊一些家里或者自己的情况。如果我们有关于作业或者学校的事情,也经常问对方,因为我们都认为对方很聪明(凯南几乎是一个天才)。凯南知道英语是我的长项,所以会问我英语的事。有几次,他把他的作文发给我,让我评论。

有一天,我去访问了杰森的墙,看见了上面附着一个关于游戏"方块世界"的信息。我看到了这个贴,就决定也试一试玩"方块世界"。"方块世界"这个游戏的概念很简单,目的就是用键盘上的左右键调整光标行驶的方向,尽量躲避散布的方块。你必须要仔细地从方块之间穿梭过去。到了游戏一端,方块们会密集起来,形成一个经常拐弯的通道,你也必须让光标顺利地从通道里走出去。每一关的障碍物都是一样的,只不过每到了下一关,光标前进的速度也就快了一档。我第一次玩,连第一关都没有通过。那天晚上,我和凯南聊天的时候发现他在"方块世界"的最高分 **499 460**,就我问他:"你怎么玩'方块世界'玩得那么好?"他说,当然他玩得好,但是在他的朋友中,很久都没有人超过他的最高分。所以玩"方块世界"对他来说已经没有什么乐趣了。然后,他就挑战了我,让我试着超过他的最高分。

他的分那么高,开始我就有些绝望,但是,我以前提到过,我从来都不会放弃一个挑战,所以我就答应了。我的目标是在两个星期之内超过他的记录。最后,我在倒数第二天和他的分数平了。其实,在"方块世界"里,你多在游戏里待半秒,就可以多挣 1000 分(我没有夸张)所以很难和另一个人正好得到同样的分数。

但后来,凯南又有进步了。他的最高分变成了 499 665。我只要在游戏里多待四分之一秒,就可以超过他的新的纪录。只不过,当时我们已经到了第三关了,这一关特别难。光标移动得极快,基本上都看不见一个一个方块,都是一片模糊的影子。就好比躲避你都看不清的物体。这也是为什么很多人都在 499 000 多分上卡住了。

我刚开始感觉自己已经不能再提高了的时候,凯南又得了 500 935。那时,我已经基本上放弃了"方块世界",都有大概一个月没玩了。看到他又破了纪录,我告诉自己我必须要超过他的最高分,因为我感觉很多人都认为男生整体上在网络游戏里玩得更好,但是我就想证明女生也可以玩得很好。

最终,我胜利了!我的记录是 506 680,在我的朋友中是最高得分。当然,我还需要更加努力,因为说不定哪一天凯南会再一次超过我。

有一次,我和杰弗里聊天,谈起了"方块世界"的事情。我想让他也和我们一起玩"方块世界"。但是,他说他不喜欢玩"方块世界",想让我试着玩"黑手党战争"。当时,杰弗里在"黑手党战争"中已经是 115 级了,但我什么游戏都玩得不错,所以我就同意了。

首先我要说明,有两类电脑游戏。一类是速度很快的小游戏,你输了后,会得到一个比分,然后可以重新开始玩。"方块世界"就是这样的,每一次开始,就是新的一轮。另外一类游戏就是拥有一个虚拟世界。你可以设一个账号,然后每一次玩就是从你上一次下线的情况开始。在这些游戏

中，一般你可以通过一些小游戏或者其他的挣分方法来升级。在中国，"摩尔庄园"、"赛尔号"、"开心网"中的"开心花园"、"开心农场"等游戏都是属于这一类的。"黑手党战争"属于第二类的游戏，类似于"开心网"中的"开心花园"。这个游戏的主要目的就是通过做一些工作、打仗和抢劫来增加分数、攻击和防御的水平和钱数。虽然在这个游戏里时，你当的是一个罪犯，我不相信它真的会教你一些坏习惯。我觉得这个游戏很有趣，因为你可以从一个犯罪者的角度看世界，不光是种花种草呀什么的。

杰森听到我喜欢玩"黑手党战争"，就给我推荐了一个叫"忍者战争"的游戏。这个游戏和"黑手党战争"很相似，只不过是训练你的忍者们从白带到黑带，也可以给他们装备武器等物品。这个游戏也十分有趣。

当然我可以没完没了地讲 Facebook 上面的游戏，因为它的游戏实在是太多了，但是我还是建议你自己去试一试。我保证你会爱上它们的。

既然我们谈到电脑游戏的事儿了，你知道电脑游戏不一定是在一台电脑上玩吗？现在技术发达了，很多人上网时都不需要用电脑了。你如果认为一个笔记本或者是上网本算小了，那一个巴掌大的机器呢？

以前，有一个 MP3 就是好事了。所以，来了纽约后，我就立刻让爸爸妈妈给我买了一个很高级的 MP3，有 8GB 的内存，不光可以在上面听音乐，还可以上传照片、视频什么的。

我把 MP3 带到学校去秀一秀，结果被人家笑话了。"现在我们都是用 iTouch 了，再说你起码要有一个 iPod 吧！"有一次，我看见我的朋友用她的 iTouch。原来它就是一个和 MP3 一样有可以听音乐、看视频和上传照片的功能，只不过可以下载数不清的游戏和服务。iTouch 还有一个无线上网的功能。只要你的周围有无限网络信号，你就可以用它上因特网。

当时，我好羡慕，我还对自己说："假如我有一个 iTouch，我就会变成世界上最幸福的人！"但是，因为爸爸妈妈已经花了很多钱给我买了一个 MP3，再用更多的钱买一个有重复的功能的 iTouch 好像有点奢侈，所以我就一直没有向他们要一个。

　　有一天,爸爸从阿联酋的迪拜出差回来,谈起了世界最高楼哈利法塔的事儿,说如果要去到哈利法塔顶上参观,一个人要付 100 美元费用。妈妈说,那三个人就是 300 美元,好贵……我说:"是呀! 用 300 美元还不如买一个 iTouch。"妈妈听到我想要一部 iTouch,说她愿意为我买一个。第二天,我们就去电器店买了一部 32GB 的 iTouch(共有三种,8GB、32GB 和 64GB 的)。

　　我一回家,就把自己所有的音乐、照片什么的都转到 iTouch 上。

　　我电脑玩多了的时候,爸爸妈妈经常让我从电脑上下来,休息休息眼睛。这时候,一个比较好的休息的方法就是锻炼身体。我们班上的同学各有自己喜欢的体育活动。其中最受欢迎的可能是足球和篮球。玩足球的男女都有。有些就是踢着玩,但是大部分爱玩足球的都在一个足球队里面踢。我们学校校园里面有篮球架,在上学前或者放学后经常有人去那儿打篮球。喜欢篮球的女生也有,但更多的是男生。除了这两种体育活动以外,乔丹会打棒球;杰弗里、乔等同学喜欢橄榄球;凯南和查理酷爱曲棍球;乔丹、杰森、蕾切尔等同学训练过跆拳道。凯南原来还训练过当一个杂技演员呢! 他会做很多高难度的杂技和体操的动作。

　　还有一个很受欢迎的运动是打手球。每天早上上学前,都可以看到几组同学在一起打手球。手球很简单,也没有什么输赢,就是球从墙上蹦弹过来的时候,把胳膊一甩,用手心打住球,让它弹回到墙上。听上去很容易,但是实际上很不好打。

九、俚语和网络语言

　　我在北京上小学时,英语老师教我们,问好时要说:"How are you?"或者是"How do you do?"但实际上,在美国,孩子们之间从来都不用这些说法。最常见的见面问候语是:"What's up?"但是一般说得更像"Wassup"?"Wassup"? 不是

"什么在上面"的意思,而更像"最近怎么样"? 或者是"有什么消息"? 听到这种问题,我们往往会回答"Nothin' much"(没什么)。我知道,你现在可能在想"没什么"应该拼写成"Nothing",不过,在美国,为了更酷一点,我们都省了那个鼻音。"Wassup"也经常简写为"'Sup"。一般,我们会在这个问题后加人名,或者用"Dude"或者是"Dawg"。(大概是伙伴的意思)有时,我们也用"How ya doin'?"("you"我们一般都说成"ya")、"Hiya!"、"Howdy"等。

在中国,老师教我们再见时要说"Good Bye"或者是"Bye Bye"。但是,美国人说再见有很多种方式,比如"See ya!"、"Peace"或"Peace Out"、"Later"等。

美国还有一些特殊的用语。这些词,在美国生活的人很容易明白,但是,不好对外人解释。你懂就是懂,不懂就罢了。有一次,在数学课上,老师给我们出了一道很难的逻辑题,班上只有四五个同学做对了答案。后来,老师为我们讲解这道题,但是,他好像把自己也搞糊涂了。讲了一半,就不知道下一步是什么了。我和格蕾丝试着把这道题解释给老师听,可他还是想不清楚。到了最后,老师放弃了,让格蕾丝上去讲题。

杰西(格蕾丝好朋友)看到这个场景,就说格蕾丝是一个"Teacher Pwner"。回家后,我把这个故事讲给爸妈听,只不过他们不懂"Pwn"是什么意思。我刚开始为他们解释这个词就遇到了麻烦。虽然,我在学校经常用它,但是我也说不明它的意思。我试着给爸妈一些近义词,比如说"Own"(其实,"Pwn"就是说"Own"的另外一个方式)或者是"Served"。他们其实英语基础并不比我差,可是美国文化背景不如我,所以他们就是听不懂。后来,我只好去"城市词典"("Urban Dictionary")上给他们找这个词的定义。

现在,我该说明一下,"城市词典"不是真的字典。它是一个网址。在这个网址上,一个人可以提出一个他们需要解释的词或者是短语,然后由普通的老百姓们去提出定义。这个"词典"上，生活中常用的俚语、网络语言都有。每次我有不知道的用语，就去"城市词典"上查。

"城市词典"上是这么解释"Pwn"这个词的："非常极端的一个人"，或者是"在某方面控制一个人"。后来，我把这些解释讲给爸爸妈妈听，他们才有点开始明白这个词的意思。其实，我一直懂这个词的意思和用法，只不过不能用其他词来解释"Pwn"。

除了生活中的俚语，美国的网络语言也很多。因为英语单词都是用字母组成的，所以网络语言在很多情况都是简写，就是只用每一个单词的第一个字母。对我来说最常用的网络语言是"LOL"（Laugh Out Loud），就是"笑出声"。但是，奇怪的是，在多数情况下，我们用"LOL"这个词时，并没有真正地笑出声来，只是指一件东西可笑而已。

常用的网络语言还有："BRB"（Be Right Back）马上回来、"BFF"（Best Friends Forver）永远是最好的朋友、"TTYL"（Talk To You Later）等会儿再和你说话、"JK"（Just Kidding）只是在开玩笑等。有些网络语言是用象声词简写，比如说"to"写成"2"，"for"写成"4"，"you"写成"u"等，"are"写成"r"等。

十、卖学校彩票

每年 10 月，默奇小学都有卖彩票活动，为学校集资。

2005 年 10 月 15 日，我放学回来了。"妈妈，你看！"我从书包中搜出一个大信封和一封学校致学生的信。大信封里装着两本彩票，一本 10 张，一张彩票值一美元。我拿出信，兴奋地读出："亲爱的彩票迷们，每年这个时候又到了。'彩票迷'回来了！卖彩票对于默奇小学来说非常重要。最近几年里，你们彩票迷们为学校集资将近一万六千美元！每张彩票售价 1 美元，中彩几率是 4000∶1。

"用这种方式来帮助学校也很有趣。卖彩票最多的班级可赢得一个比萨饼派对。卖出 100 美元以上彩票的个人,自动成为'百元俱乐部'成员,也可以参加比萨饼派对。

"买彩票的人叫做赞助人,卖彩票的人叫做彩票迷。在卖彩票的时候,请在彩票左联和右联上分别填上卖票人、班级老师的姓名和买彩票人的姓名和电话。将一边撕下来交给买票人。卖彩票得来的钱及彩票另一边(作为票根)交给学校供抽奖用。

"在 10 月 28 日学校的秋季集市上,将由校长抽奖,共设四等奖各一名。一等奖为 250 美元,二等奖为 100 美元,三等奖为 50 美元,四等奖为 25 美元。

"学校鼓励每个同学都去卖彩票。但是你如果不想卖,我们也不会勉强你卖。请将不用的彩票交回到礼堂。不要直接把没卖的彩票转交给其他同学。"

那年是我第三次为学校卖彩票集资。前两年,我都是在我们公寓楼一楼门厅里卖,彩票都卖给了楼里的住户,花一个晚上(大约半小时)可卖掉四五张,要好几个晚上才能卖掉 20 张。我们公寓楼外面的街道就是自东南至西北方向斜贯整个华盛顿市的康涅狄格大街(我们有时就简单地叫它"康街")。今年,我们决定去公寓楼外面的康街上卖,路过的人多,卖得肯定就快。吃过晚饭,我和妈妈一起出公寓楼,下了台阶,就上了康街。这个时候,街上有一些下班的人正在回家的路上,也有一些在超市购物后往回赶的人。我站在路口上,妈妈负责左右两边看,看见有行人过来就告诉我。我就走上前去,大声喊:"彩票!彩票!仅仅一美元!一等奖可得 250 美元!"有些人停下脚步问:"为谁卖彩票?""学校卖彩票的钱干什么用?"我就会耐心地解释:"这是学校筹集资金的一种办法。学校将用卖彩票得来的钱给学校图书馆多买一些书籍,孩子们就会有更多的书看。"大部分人都会耐心地在彩票上填上自己的姓名和电话。有的人着急赶路,没有时间,就对我说:"就填你的名字吧!"每卖掉一张,我就高兴地对买彩票的人说:"谢谢您! 祝你今天过得愉快。"半个小时之内我们就卖了 10 张。

第二天晚上,我们又去卖彩票。半小时之内,又卖完了剩下的 10 张彩票。连我们公寓楼的门卫,也高高兴兴地买了两张。

当我把卖彩票挣来的钱和彩票的票根交给老师后,老师很高兴,问我还想不想再卖一些彩票。我已经为学校做了贡献,也卖够了。我就没有再要更多的彩票了。

自学校发放彩票三天之后,即 10 月 18 日,学校公布了首期"彩票迷新闻",称:"我们有了一个良好的开端! 到目前为止,彩票迷们已筹集到 1100 美元。再提醒一下:一定要妥善填好彩票,交回票根!""新闻"还公布了从幼儿园、学前

公寓楼外的康涅狄格大街人行道上是我为学校卖彩票的地方。

班到六年级八个年级卖彩票第一名的班级以及各个年级售票最高额学生个人的姓名。三年级罗宾逊和六年级斯达帕特为卖彩票最多的学生,各卖了 235 元。

10 月 24 日,学校公布了第二期"彩票迷新闻",称:"上个周末进展很好,彩票迷们已筹集了 3100 美元。干得不错!""新闻"公布了八个年级和各个班级的售票战绩,六年级利维女士班级为售票最多班级,卖了 309 元。

11 月 1 日,学校发了最后一期"彩票迷新闻",称:"谢谢大家了! 干

得真棒！今年彩票迷们为学校集资了 7800 美元。学校要为利维女士班和所有'百元俱乐部'成员举办比萨饼派对！派对日期随后公布。""新闻"公布了售票前五名班级和各年级售票最高额学生姓名、各年级售票总额及学生参加率。卖票最多的班级为六年级利维女士班，共卖了 1013 元，卖票最多的学生是里德·杨，卖了 590 元。我们二年级三个班的学生共卖了 1001 元，学生参加率为 70%，为全校八个年级参加率最高的年级。

　　大家都采用不同的方法卖彩票。我在幼儿园的同学月月，由她爸爸带着她去附近的"巨人食品"超市，向来往购物的人兜售彩票；我另一个好友安宁，则是她妈妈带着向左邻右舍推销……

　　一般中国孩子在完成自己的 20 张彩票任务后，没有人再多要彩票了。我在默奇小学当了三次"彩票迷"，每次卖 20 张，三年共为学校集资 60 美元。

　　我很想知道美国同学是怎么卖彩票的。有一年，我一年级时的同班同学爱米莉排行全校个人售票额第四名，卖了 140 元。于是我问了爱米莉，她是如何卖了这么多彩票的。爱米莉说："我妈妈带着我在我家附近的社区里挨家挨户地敲门，每敲开一家，我就礼貌地问：'您愿意赞助默奇小学吗?'那些住户都是老邻居，在这个社区里住的时间很长，都知道默奇小学，有的人自己或者他们的孩子就是从默奇小学毕业的。纷纷都说愿意。"我又问幼儿园班上的好友克莱尔，她是怎么卖彩票的，克莱尔说："彩票一拿回来，我爸爸妈妈先各买 10 张。然后，我再去卖给附近的邻居。"默奇小学坐落在华盛顿西北部一个中产阶级别墅群社区之中，爱米莉和克莱尔都住在这个富人别墅区里，她们的邻居也应该是经济条件不错的人家。

　　我很高兴能够参加这种活动，帮助我们学校买新书和学习用具。通过这次活动，我也明白了，只要我们齐心合力，什么事情都能完成。

十一、毕业年活动

因为纽约的中学是从六年级起,五年级也就是小学毕业生了。我五年级时,为了庆祝我们在小学度过的这几年,老师给我们办了很多活动。其中第一场活动是去布鲁克林大桥野餐。

(一)纽约布鲁克林大桥野餐

6月1日是个好天,蔚蓝的天空一碧千里,阳光灿烂,但并不炎热,学校组织我们五年级学生去参观纽约著名的布鲁克林大桥(Brooklyn Bridge)。头一天,老师嘱咐我们,一定要带好自己的午饭,因为中饭不在学校吃。一大早同学们都带着自己的午饭来到了学校。由于五年级的同学很多,老师请了一些同学的家长来参加活动,协助老师管理学生。

我们班上有28个同学。9点45分,我们出发了。老师让我们两人一组排成纵队,并排的两个同学就是这天的郊游伙伴。每个班级的老师站在本班队伍的最前面带队,随行家长自动分站在队伍的前部、中部和后部,队伍的末尾还有一名家长压阵收尾。六个班一个接着一个。我跟好朋友萨克希一起走,我们在路上说说笑笑。

横穿马路时,人行道的绿灯亮起后,老师走到路口的中间,用身体挡住车辆,招呼学生迅速穿过。学生人数较多,绿灯结束红灯亮起了,队伍还没走完。挡住路口的老师伸手示意欲行的车辆稍等,等全部学生过去之后,老师才快步离开人行横道,回到队伍的前面。每到一个路口,老师都停下来清点人数,确定人数对了才继续前进。行走时,不时喊到:"跟上! 队伍中间不要有空隙。不要跑! 不要大声喧哗! 不要玩游戏!"

到了7号线地铁站,老师办了集体购票手续,这样就不需要一个一个单独买票了。地铁站的工作人员打开一扇门,让大家排队进去,并不清点人数。进去之后,老师清点人数,看到所有的同学都在,才让我们上地铁。我们跌跌撞撞地都挤上车了。在地铁上,老师不断叮嘱大家:"要抓好扶

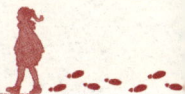

手。要抓紧啊！都抓住了吗?"老师们分站在车厢的每一个出口处。有座位空出来时,老师们全部让给孩子们坐,自己始终站着。

地铁上真是挤死了。到处都挤满了同学。就甭说有地方坐了,站得下就算不错了。我爸爸每

五年级学生去参观纽约著名的布鲁克林大桥。

天坐这趟地铁上班,据他讲,平时车并不挤。这次这么挤,可能是因为我们学校整个年级的同学都挤上了同一趟车吧。不过,过了几站,很多人都从地铁上下来了。车上空出了几个座位。我和萨克希都拼命地抢座。耶！我抢到了一个。我坐到了座位上。啊,好舒服！都站了好久了,总算可以放松放松了。但是,我又一看萨克希,她没有抢到座位。看见她愁眉苦脸地站在那里,我的心里不是滋味。

"萨克希,你跟我一起坐吧。虽然只是一个座位,但是我们挤一挤也能坐得下。"萨克希笑了:"太谢谢你了！"地铁上的座位很窄。我们挤呀挤,总算都坐下了。虽然,自己一个人坐更舒服,但是这样至少我帮助了另一个人。我做了一件好事,所以也不觉得很挤了。

我们转了车,上了4号线。过了几站,我们下车了,还是排成两人一组的纵队,向大桥走去。通往大桥的路被分成左右两条小径,路标标示着,右边是人行道,左边是自行车道。老师大声地喊到:"遵守规定,所有的学生靠右行走。"来参观大桥的人很多,小路上熙熙攘攘的。老师不时停下来清点人数,沿路讲解大桥的结构,回答学生的问题。到了桥中部的桥碑前,老师招呼学生集中在桥碑下拍摄班级集体照。学生们一路说说

笑笑，从桥的一端上桥，穿过整个大桥，从桥的另一端下桥了，参观活动结束了。

下桥后，穿过两条马路，同学们来到凯德曼（Cadman）广场公园。老师说："今天，我们就在这里吃午饭。大家不要离开花园广场。左边有厕所，前方有饮水机，老师们都坐在右边大树下的长椅上。你们可以在草地上或木椅上随意坐，不一定非要和本班同学坐一起，可以去找其他班级的朋友。最后，大家要记住，你们是纽约 25 学区小学学生，代表着学校形象。大家玩得开心！"

于是我们四处散开，我和萨克希、斯特拉围坐在一个长椅上。我拿出了自己的三明治、果汁和饼干；萨克希带了一种印度米饭；斯特拉最有趣了，拿着一盒寿司津津有味地吃了起来。正吃着，一名女教师走过来，叮嘱道："吃完要把垃圾扔进垃圾箱！"

人海排雷式方法捡垃圾。

吃完了，开始玩游戏。在这段时间里，我们基本上都在打牌。我知道，我们同学们用来打牌的时间有点太多了一点，但是不管打了多少次，我从来都不会厌烦打牌。其他同学有的玩捉人，有的玩捉迷藏，有的打游戏机，有的抛掷帽子，有的在草地上翻跟头、打滚，有的躺在草地上晒太

阳,有的四处跑来跑去……天很蓝很高,阳光很亮很美,四周的树木和草坪翠绿欲流,四处都是孩子们脆嫩的笑声、喊声。老师们吃完饭后,围坐在草坪中间晒太阳、闲聊,大家都很随意、放松……

下午 1 点时,老师们招呼我们排队集合,准备返校。花园广场是个长方形,老师要求六个班级 150 多名同学沿着花园广场一边台阶肩并肩地排成一字形横队。我有点纳闷,心想:“按这样的队形走路,岂不乱了套?”正想着,带队老师喊道:“大家一个挨一个排得密一些。并排走到广场的对面去。走过时,脚下有什么垃圾就捡什么垃圾。要把全部垃圾捡得干干净净,扔进垃圾筒。”听到这里,我才恍然大悟,原来是用这种人海排雷式方法捡垃圾! 我们一边走一边弯着腰捡起地上的垃圾。走到广场对面后,草坪果然就像用吸尘器仔仔细细吸了一遍一样,地上的残渣余孽一扫光,剩下的只是一片葱茏的翠绿。收拾完广场卫生后,大家恢复了两人一组的纵队,按原路返回学校。今天我们玩得很开心。

(二) 野外日

布鲁克林大桥野餐后的第二天一上学,老师在班上宣布:“今天是我们的野外日。”咦? 什么是野外日呀? 我还真没听说过。“我们班去的是法拉盛草地公园。在公园里,你们想干什么就干什么。老师们不管你。你们在公园里如果看不到老师,就说明你们走得太远了。野外日的一个传统项目是往别人身上泼水。今天天气也很热,我会允许你们这样做。但是,必须先经过别人的同意才可以泼。如果我或是其他老师发现你们在公园里面打闹,或者不经过人家同意就往他们身上泼水,会失去在公园里玩耍的权利,必须整天坐在我们身边。”原来野外日就是让我们在公园里自由活动……

老师说完了注意事项,我们就出发了。在 7 号线地铁上,坐了一站就到了法拉盛草地公园。法拉盛草地公园是全纽约市最大的公园。据说,这里曾办过三次世博会。

在法拉盛草地公园里,我、斯特拉和萨克希在草地上找了一个地方坐。正好斯特拉还带了凉席,我们就用它当一块野餐布。

其他的学生都在那里到处乱跑时,我们用了大部分的时间来玩牌。萨克希教了我和斯特拉怎么玩"吐!"。我很快就学会了,而且玩得也不错,因为我动作比较快。

我们不是玩牌就是吃东西。公园里有一个卖小吃和冰淇淋的小铺子。我们轮流去铺子里买吃的,也把自己从家里带来的食物和对方分享。

在这一天虽然我们没有干任何特别有意思的事,但是有一天休息也挺舒服的。

(三)小学毕业典礼

上面这些活动只不过是毕业的热身,而同学们盼望已久的毕业典礼终于到来了。

6月19日,星期五。学校里面到处洋溢着喜庆的气氛。大门和门厅里贴挂了很多深蓝色的彩盘,上面画着毕业生帽和毕业证书,彩盘中间是醒目的多色字"祝贺毕业"。礼堂里面两边的走廊上悬挂着五颜六色、各具特色的绘画,这是学生们在美术课上画的作品。礼堂两侧的座位是家长观礼区,中部主座区是今天的主角——我们毕业生的席位,老师用黄色的隔离带给拦起来了。家长们进入礼堂时,毕业生们已在礼堂对面的体育馆列队等候了。

同学和老师们都穿上了礼服。学校规定,女生穿白

彩盘中间是醒目的多色字"祝贺毕业"。

衬衣、黑裙或黑裤和黑皮鞋,男生着白衬衣、领带、黑西裤和黑皮鞋。很多家长和学生专门去服装店精心挑选,采购典礼所需衣物。可惜,还是有同学没有遵守规定。早上进班后,班上的丹尼尔和娜塔莎没按规定着装,老师急忙叫他们给家长打电话,赶快把服装送来。

9点,毕业典礼准时开始。首先是我们毕业生入场。学校音乐教师在钢琴上弹奏起《威风凛凛进行曲》,这是美国学校毕业典礼上经常弹奏的乐曲。六个班全体毕业生不按班级站队,分成女生、男生两个队,按高矮顺序列队。女生和男生分别站在礼堂右门和左门入口处等待入场。一名优雅的礼仪老师站在礼堂入口处的正中间,面对着学生。她首先做了一个上前的手势,一名女生和一名男生立即同时跨进几步,走到礼堂左右两个通道口处站立等候,目视老师。老师又做了一个起步的手势,这两名学生就同时顺着两边的通道走进礼堂,一直走到事先指定的座位上坐下。礼仪老师不停地做着手式,一个个的女生、男生,有条不紊,依次步入礼堂入座。家长们围观在走道两侧,每进来一名学生,全部视线就落在他们的身上,众多的相机"咔嚓、咔嚓"地照个不停。我觉得我真像个大明星!那么多眼睛全看着我,那么多相机全对着我拍。毕业生一一全部亮相,骄傲愉快地坐入指定的座位。

紧接着,美国国旗入场。音乐老师弹奏起《你是一面古老而绚丽的旗帜》(You're a Grand Old Flag)。由七名学生组成的护旗仪仗队举着国旗庄严地进入礼堂,走上舞台,全场起立。学生们面对国旗致敬,全体齐声合唱美国国歌《星条旗》和《上帝保佑美国》。

这些庄严的仪式举行完后,由校长致词。她说:"今天,我站在这里,面对即将毕业的全体学生,我感到非常地高兴!在过去的五年里,你们学习刻苦,学到了丰富的学术知识,取得了了不起的成绩,我为你们感到高兴和自豪!我祝贺你们!现在,你们已经成长起来。今后在生活里,每当要做一件事时,都要在心里问问自己,这件事是对还是错,自己是做还是不做。这个决定只能由你们自己做出,任何人都不能代替你们决定。我们学校也一定给你们留下了许多金色的回忆。将来无论你们走到哪里,希望你们不要忘记我们的学校和在这里学到的知识,希望你们把这些知识和成绩都带到中学去。最后,再一次祝贺全体毕业生从我们小学毕业!祝贺你们即将进入中学学习!"讲完话,校长表彰了两名优秀毕业生,向他们颁发了奖励证书和奖杯。

这时,礼堂的灯光暗了下来,舞台上的大银幕开始播映幻灯片《2009年毕业生校历》。随着快乐动感的音乐,以班级为顺序,一个一个毕业生的照片和姓名跳跃在银幕上。每跳出一个学生照片,亲朋好友们就大声喝彩,吹口哨,热烈鼓掌,欢呼着孩子的名字。每一个班级全部照片放完后,银幕上印出这个班级学生写的"……的时刻是我们最快乐的时光""我们的最后心愿是……""这个学校最令我难忘的是……"……

幻灯片结束后,由六名毕业生代表六个班级致词。学生苏珊说:"今天,我们要感谢校长、感谢老师和感谢家长!感谢老师付出的时间和劳动。我们在这里学习了很多知识,这里给我们留下太多的美好记忆!我也要祝贺我同年级的全体毕业生!

我和五年级老师凯斯女士在毕业典礼上。

祝贺我的同学们取得的成绩!老师们经常教导我们,要不断努力,决不放弃。我们已做好准备,去迎接新的学习和新的挑战。"卡拉说:"这个学校给我们留下了特别美好的回忆。在这里,我们学会了很多知识和做人的真谛。我们永远不会忘记这里的老师和朋友。现在我们毕业了,我和同学们都已做好准备,去迈入人生的下一阶段!"凯莉说:"我们学校是一个非常好的学校。当我们有问题、有困难时,老师总是耐心细致地帮助我

们。我很幸运凯斯女士作为我们的班级老师。今年一开学时,我的数学不太好,我对自己也不是很有信心,但凯斯女士对我有信心。她不断地帮助我学习数学,现在我的数学成绩已经非常好了。我知道,每个同学都和我一样,对这个学校有很美好的记忆,我相信我们都不会忘记它。"

接着,应邀到会的学校选区议员发表讲话,他说:"这个学校是我的母校,我从学前班开始一直学到小学毕业。它是一个很棒的学校,校长和老师们都非常优秀,他们为教育学生付出了大量的劳动。今天是个很重要的日子,今天学校五年级全体毕业生从这里毕业,这是人生的一个重要里程碑。毕业生们,从一年级直到今天,你们学习很努力,你们已掌握了充分的知识和文化,打下了很好的基础,现在,你们应充满信心地迈入下一个学习阶段,相信你们长大以后会从事各行各业的工作,希望有人能回到这里教书。"

全部讲话结束后,仪式进行最后一项:毕业生大合唱。"嘣、嘣",钢琴老师敲了两声响亮的音符,全体学生"刷"地一起起立。"嘣"的一声,老师再弹一下,全体学生一起转身,从两个走道向舞台走去。男女生两个队伍由最高的学生带队走上舞台,一行行地站在事先搭好的四排站台上。女生站在舞台右侧,男生站在左侧。上台过程中,钢琴老师弹奏起轻松愉快的音乐。然后,全体学生在音乐伴奏下合唱《攀登》、《可喜的摆脱》和《我们是冠军》三首歌。

合唱的最后一个音符刚一停止,学校体育老师索罗诺先生在舞台前面打出了标语牌,正面是"我们会想念你们!"反面是"再见!"赢得了场上一片愉快的笑声……这时,毕业生开始退场,毕业典礼到此结束。

仪式结束后,毕业生、老师和家长们都不约而同地聚集在礼堂对面的体育馆。大家在那里签名、合影、致谢和话别。场上一片熙熙攘攘,到处是笑脸、鲜花和气球,到处洋溢着喜悦、兴奋和留恋。毕业生们和老师合影,和朋友合影,家长们忙着为孩子拍摄下这些有历史纪念意义的场景,老师们忙着在学生留言本上签字留言。

　　在美国,原来只是高中和大学毕业时举行毕业典礼,小学毕业典礼是最近十几年才开始流行起来的。不过,我觉得其实小学毕业也是人的一生之中最重要的里程碑之一,因为它标志着无忧无虑的童年生活结束了,我们从此迈入了青少年的行列。

第三章　校外活动

游乐场玩耍是我在美国最喜爱的校外活动。

一、读书的乐趣

"如果人生是一幅五彩斑斓的油画，童年就是画中最美的一笔；如果人生是一篇精彩绝伦的文章，童年就是文章中最妙的一句；如果人生是一场无与伦比的电影，童年就是电影中最令人回味无穷的情景。童年是美好的、是有趣的、是快乐的。而对我来说，童年最美好、最有趣、最快乐的事莫过于读书。

"还记得有一次，我在书店里看到了一本我很感兴趣的小说。我立刻把书买下来，直奔家里。到家之后，我连鞋都顾不上脱，就倒在沙发上，津津有味地读了起来。我读呀读，读得如醉如痴……书中好笑的情景使我哈哈大笑；书中悲伤的情景使我也浑身难受；书中感人的情景使我快要哭出了声……我读得多么入迷。我的身心都好像沉入了故事中，整个故事都变活了。我似乎都能听到故事中的人物在和我对话。

"'吃饭了！'妈妈叫到。我抬头看了一眼钟。都六点了！我读了两个多小时的书。'可我还没有读够……'我轻声说道。'先来吃饭吧。待一会儿再读。否则饭都凉了。'我看了我的书最后一眼。然后恋恋不舍地去吃饭了。

"吃完饭，我立刻又开始读起了书。我读呀读，读呀读……

"读书对我来说确实是一件有趣的事。就像高尔基说的：'书是人类进步的阶梯。'想想看，如果世上没有书，我们的生活该是多么的单调，多么的平淡。读书是一件平平常常的事,可它却使我懂得了许多道理,也教了我许多新知识。更重要的是,它使我的童年生活充满了乐趣与欢乐。没有任何其他事情比读书使我更高兴。"

以上是我五年级时在北京上小学时写的一篇作文。当时,老师给我们定的题目是:"我喜欢……"其他同学都写了喜欢画画、滑滑板车、爬山等等,但是我却想都不用想就把"我喜欢读书"写在了作文纸的最上方的标题处。

我特别喜欢读书。我3个月大的时候,妈妈拿了一本图画书在我眼前晃,我就笑了。然后,妈妈就和我一起看这本图画书。我看得特别入神,津津有味。这是我第一次看书。然后,爸爸妈妈买了好多书给我看。但那个时候,我不认识字,只能看图画书,或者让爸爸妈妈给我念故事书。

2003年,我和爸爸妈妈一起到美国来。先是进了默奇小学上学前班学习英文,很快又进了使馆中文班学习中文。经过几个月的学习,我就能自己读简单的英文书,是那种既有图画,又有文字的书。同时,我也开始读有拼音的中文书。

我每次从社区图书馆借六七本书,一般不到一个星期就念完了。最初借的书都是既有图画,又有文字的书,从一年级下学期开始,就只借文字书了。另外,我的小学每星期四有"图书馆课",可以在小学图书馆里读一会儿书,再借一本书。小学的阅读课要求我每学期至少要交36篇读书报告,这门课才能得"优"。我都能完成。实际上每学期我念的书远远不止36本,我只挑其中最有意思的书写读书报告。

上了一段时间中文后,我也开始读中文书。中文书比英文书难。因为,英文书中我不认识的字可以拼出它的读音,然后根据我和美国小朋友日常交谈中学会的口语,来知道它的意思。中文书中不认识的字,我只能查字典或者问爸爸妈妈。因此,刚开始读中文书的时候,我读得比较慢。后来,我认识的字多了,就读得快了。到三年级时我大概每星期能读完一到两本中文书。

我觉得读书特别有意思。如果你手上有一本自己特别感兴趣的书,

那我保证，读书的乐趣不亚于玩电脑，甚至比玩电脑还有趣。真的！如果你不这么觉得，那你就是电脑迷了。以后有空的时候，你就拿起一本有趣的书读一读。我保证，你一开始读就停不住了。书里的故事很好玩。书里的人物就像是我的朋友。他们的喜、怒、哀、乐是那么真实，我读书的时候，就像和他们生活在一起似的。书中还讲了许多做人、做事的道理。我最喜欢看结尾让人高兴的书，不喜欢看结尾让人难过的书。

　　我真的特别喜欢读书，只要有空，就会拿起一本书，读一读。2007年，我一年就读了 183 本书；2009 年，我读了 292 本书！我对各种书都感兴趣，小说、有关科学知识的书、历史方面的书、地理方面的书……

　　那我读的这些书和其他读物的来源是什么呢？华盛顿上一年级的暑假里，我参加了一个叫"男孩·女孩"的夏令营。有一天，夏令营老师带我们去附近一家社区图书馆看书，图书馆的管理人员说，我们不仅可以在图书馆阅览，而且只要办一张图书卡，就可以从图书馆借书了。我觉得奇怪，小孩没有任何证件，怎么办图书卡

"2007 年，我一年就读了 183 本书……"
2007 年 12 月 19 日我在美国大使馆阳光中文学校读书会上介绍读书心得。

呢？图书馆的管理人员又说，不用证件，只要会签自己的名字就行了。我立即就办了一张卡。用这张卡，可以在华盛顿马丁·路德·金市立图书馆和全市任何一个社区图书馆借书。每次借多少本不限（我想借一百本应该也可以吧），借一次可以借三周，并且还可以续借两次。如果大人借的书超期了是要罚款的，但儿童书超期甚至丢失也不罚款。

　　有了借书卡后，家里的书读完了，就去图书馆借。离我们家不远处有一个切维蔡斯图书馆。切维蔡斯图书馆有两层，其中第二层是专门为小

孩办的。那里，有读不完的小孩书。在去爸爸妈妈工作的大使馆路上也有一个图书馆叫克利夫兰图书馆。那个图书馆虽然小一点，但是书一点不少。一般一个星期我要去图书馆一两次。每一次大概借六七本书。

到了纽约，去图书馆就更方便了。走路 10 分钟就到了法拉盛图书馆。法拉盛图书馆很大，一共三层。小孩书在一层，在那里也有上网电脑。我发现很多人来图书馆就是用那些电脑，在上面玩游戏。小孩书很多，没有什么我不读的。第二层还有一个青少年中心。那里摆着很多沙发和软绵绵的靠椅，还不时在一个大屏幕上放电影。很多人就在那儿和朋友们聊天、打牌或者是坐在靠椅上看电影。那里基本上都是小说，但也有一面墙的书架上摆的都是漫画书。这时，我一般一个星期去一次，每次还是借六七本。

在图书馆借书是免费的，但是，我也很喜欢去书店买书看。

华盛顿有一家很著名的书店叫"政治和散文"。"政治和散文"是一家独立书店，不是连锁的，在全美国只有这一家。它离我家很近，所以我经常去那里逛一逛。在美国的书店里，他们允许你坐在店里看书，不一定买。"政治和散文"书店就有许多靠椅和沙发让读者坐着读书。书店的一角还卖咖啡和点心。一般情况下，我都是挑一些书，坐在靠椅上看一下午。必要的话，才买一些书带回家看。"政治和散文"还经常请著名的作家去那里做讲座。有一次，我在书店见到了著名的儿歌作者帕兰斯基。

到了纽约之后，虽然没有"政治和散文"可去了，不过又有了"巴诺"书店。"巴诺"是一个全国连锁的书店，也是美国最大的书店。我们全家一般去的是在附近一个购物中心里的"巴诺"。书店里面还有一家星巴克咖啡馆，所以我们总是一边看杂志或者看书，一边坐在咖啡馆里喝咖啡。开始，我们基本上花半天时间在那里看书，并不买。后来，妈妈办了一个"巴诺"会员卡，店里所有的书都按九折的价钱卖给我们，所以就慢慢地买起书了。

说到买书，除了在书店里买书，每年华盛顿的克里夫兰图书馆都要办两次书市，春天一次，秋天一次，甩卖各种各样的书。每次图书馆办书市，

我和爸爸一早就去了，在外面拿着大纸箱等着。图书馆一开门，顾客们都冲进去。图书馆里有一部分专门摆放着看过的书和杂志。这些书大部分都很便宜，一般都是 1 毛至 5 毛美元。有些书和杂志是完全免费的。一跑进去，我就去摆放儿童书的地方。看上去很有趣的书，我就立刻抓起来，搁进纸箱里。儿童书好多呀，至少有一万本吧。大家都来抢那些好书。我一本本地把书都放进我的纸箱里。纸箱慢慢地就装满了。我和爸爸挑完书后，就去付钱。有一次我们一共买了 99 本书，才 14 美元，折合人民币才 95.66 元，这样算下来，平均买一本书还不到两毛钱美金！那些大概是四年前买的书，有些我现在还在读呢！

　　我看的中文书有一部分是从北京带来的。中国大使馆阳光中文学校的图书馆成立后，我就开始从阳光学校图书馆借中文书看（我是这个图书馆的第一位借书的读者）。我离开华盛顿回北京时，把自己所有的中文书都捐献给了阳光中文学校图书馆。

　　纽约法拉盛图书馆有许多中文书和杂志，但中文儿童书不多。不过，法拉盛有好几家专门卖中文书的书店，其中一家就叫"新华书店"，据说是中国以外全世界唯一的一家"新华书店"。书店里的中文书很多，我买过一些，包括一套《家有儿女》和一套科普书。

　　中国有一句老话，叫做"行万里路，读万卷书"。就是说一个人一生要争取亲眼看看很多地方，还要读完许多书。我已经去过许多地方，也看了不少书。以后，我还要去更多地方，看更多书。

二、学下国际象棋

我二年级开始学国际象棋。开始，我是看光盘和有关国际象棋的书，在家里自己学习下国际象棋，也跟爸爸妈妈下。后来，爸爸妈妈给我在美国国际象棋中心报了象棋班。

　　国际象棋中心有两个班：棋手班和初级班。在初级班里，同学们主要是学下棋的规则。在棋手班里,同学们会跟其他同学下棋。老师也会教一些赢棋的技巧。

我第一天到国际象棋中心时,有一个老师对我进行考试,看看我是不是明白国际象棋的规则。如果通过了考试,就可以直接去棋手班下棋,如果没有通过,就只能先去初级班学习下棋的规则。虽然我以前没有在外面学过象棋,但是我的自学还是很有成效。至少下棋的规则我都会了。这样,我第一次就通过了考试,进入了棋手班。

在棋手班里,老师按班上同学们的水平,将大家分为五级。同级的同学一起下棋。下棋最好的同学在第一桌下棋,下棋最差的在第五桌下棋。

第一次来棋手班的同学都分在第五桌下。棋手班的课从早上 9 点到中午 12 点。在这个时间内,老师要求我们下四盘棋。每下完一盘棋就要记下这盘棋的结果:谁跟谁比,谁赢了、谁输了,或者平局了。如果一个人的下棋水平有了明显长进,老师就会给他往上挪一级。

我下棋前两个月,都是在第五桌,除了一次我勉强地进了第四桌,但是后来又被挪回了第五桌。有时我赢,有时我输,但是对我来说也没有很大的关系,反正是学棋呗。

2006 年 5 月 8 日,我放学回来,妈妈就跟我说:"珈珈,你的同学迪那斯的妈妈菊发来一个电子邮件,说 5 月 27 日星期六,美国国际象棋中心将举行象棋团体比赛。每个队由四名学生组成。没有等级限制。菊很希望你能去。你愿意和加特里(菊的女儿)、迪那斯以及另外一个同学本一起组成默奇小学校队去参加比赛吗?"

我很愿意参加比赛,因为我从来没有参加过比赛,听上去也很有趣。但是,迪那斯和加特里学下棋已有三年多,本下棋也

爸爸妈妈给我在美国国际象棋中心报了象棋班。

有一年多。而且他们都参加过象棋比赛。我学国际象棋才两个月,能上场参加比赛吗?如果我一盘也赢不了,自己也许不会受到太大的打击,但是这会影响我们整个默奇小学校队的比赛成绩。我开始犹豫了,怀疑这是不是一个好的安排。

妈妈安慰我,说:"菊是因为觉得你下得不错,才邀请你的。她还说,'输赢没关系,主要是好玩。'这对你是一种新的经历,你会知道参加象棋比赛是什么样的。还可以交朋友。"

也是,我下棋已经不错了。再说了,重在参与嘛!于是,我点头同意试试。

这样,我、迪那斯、加特里和本组成了默奇小学校队,我们还给这个队取了一个队名,叫"野马队"。四名队员中,有两个女生,两个男生。我、迪那斯和本都是二年级学生,加特里是五年级学生。加特里年龄最大,是我们的队长,她下棋的水平也不错。

比赛的日子终于到了。我又紧张、又兴奋地来到了比赛现场。开始比赛之前,象棋中心主任梅海勒先生把全体参加比赛的孩子召集起来,讲解比赛规则和比赛程序。象棋中心的所有比赛都采用正式比赛规则。中心也制定了一些简单实用的规定,如:

每名棋手参加四场比赛。棋手在下每一场棋之前必须先互相握手,下完棋后也以握手结束比赛。

握手后不得讲话。下棋过程中将对方时,不用说"将"。

比赛中不得做出任何分散其他棋手尤其是对手注意力的行为。

摸子走子。如违规走动棋子,将叫比赛指导来裁判。

结束下棋后,安静地离开比赛房间,最好与对手在其他房间分析棋谱,不分散其他还在下棋的棋手的注意力。

不评论正在进行的下棋比赛,不论是自己的还是他人的。

比赛指导有权惩罚违反比赛规定人员,可将增加或减少比赛时间作为惩罚。在特殊情况下,棋手违反规定可被停止参加比赛,观棋者可被勒令离开比赛场所。每名棋手参加四场比赛。

梅海勒先生特别强调比赛期间不能说话,不能和对方说话,也不能和己方队员说话。同时,他还特别鼓励孩子们在下棋时要发扬"运动员精神",赢了不要洋洋得意,输了也不要垂头丧气。要把比赛当做学习的机会。

每个棋队里的四个棋手,从 1 号到 4 号有固定的名次排列。通常,最强的棋手排在 1 号,最弱的排在 4 号。在野马队里,加特里排 1 号,本排 2 号,我排 3 号,迪那斯排 4 号。在四场比赛中,这个排名顺序不能变,1 号棋手始终与对方的 1 号棋手下棋,4 号棋手始终与对方的 4 号棋手下棋。每一个棋队要和四个棋队分别比赛,每个棋手就要分别和四个棋队中相应排名的四个棋手下棋。

每场比赛允许每个棋手下半个小时的棋,即下一盘棋的最长时间为 1 个小时。大多数孩子用不了那么长的时间,通常半小时就结束比赛。如果哪场比赛已下了很长时间,看上去一时半会儿还结束不了,比赛指导就会拿来下棋用钟,进行限时下棋。

那天,有 28 个队来参加比赛的,都是喜欢下棋的小朋友们自己组队参加比赛的。参加比赛的棋队都给自己起了很有意思的名字,如黑龙队、蓝龙队、深思队、皇家城堡队、老虎队、皇后队、擒王队、希望象棋俱乐部、火球队、闪电队等等。我们的棋队之所以叫野马队,是因为野马是默奇小学的象征,默奇小学的其他运动队,一般也都会取名叫野马队。

第一轮比赛和哪个棋队比赛,由抽签决定。以后的三轮,则根据前一场比赛成绩,由计算机排名决定。

比赛那天,国际象棋中心楼里楼外、楼上楼下,熙熙攘攘都是人。除了参赛小朋友及家长外,到场助战的小朋友也很多。有些家长推着婴儿车陪同大孩子来参加比赛。很多棋手都背着象棋和棋盘。因为,象棋中心事先就要求学生自带棋子棋盘、比赛用钟、记录棋谱的纸和笔。

比赛是下午一点一刻开始。象棋中心鼓励孩子们在比赛前吃点健康的午餐,但不要吃得太饱,以免大脑困倦,影响思考。菊说:"迪那斯和加特里都不肯在家吃中饭,他们要来这儿吃比萨和小吃零售机里的那些垃

圾食品，他们觉得吃这些东西也是参加象棋比赛的一部分。"（就像春游时同学们都带点心而不带饭一样）

在比赛大厅里，比赛双方棋队分坐在长桌的两侧，各队均按 1 号至 4 号排名顺序坐。两方队员分别轮流执白棋先行。

第一场比赛开始了，我看了看我的对手，她看上去比我稍大一点，像是三四年级的女孩。开局的时候，我走了一个很常用的开局——意大利开局。中局时，我灵机一动，想出了一招。我小心地移动了棋子，打算把对方最有价值的棋子——后，给吃了。我心里悄悄地想：千万不要让她看出我这一招……

对方动了。哈哈！她没有注意我这一招！我再仔细地看了一遍我的棋子是否安全，然后高高兴兴地把对方的后给吃了。对方惊讶极了。太棒了！现在，我领先了许多。后是最有力的子。对方没有后了，可我还有。现在，我的子比她的强大多了。最后，我想办法把她的王逼到角落里，用我的后和王，把她的王将死了。我举起手，准备跟对方握手。对方看了自己的棋子一遍又一遍，可能就是不敢相信她真的被将死了。最后，她也想不出折了，只好礼貌地和我握手。我高兴地走出了下棋室，脸上笑开了花。等我出来时，本和迪那斯已经出来了。我高兴地宣布："我赢了！"

"太棒了！"妈妈叫到。我扑进了她的怀里。

"很好！"菊也高兴地说。我从妈妈那儿知道了本输了，但是迪那斯跟我一样，也赢了。

我和妈妈在走廊里碰到梅海勒先生，妈妈高兴地说："我的女儿珈珈，第一场棋赢了！"他对我说："真棒！不过，更重要的是你下了棋。"他的意思是，不管输赢，参加了下棋就是好的！

大人们议论着，野马队已两胜一负，如果加特里赢了，那野马队第一轮总体上就赢了，即使加特里输了，野马队也是平局。我们在大厅等了很久，加特里终于出来，她平静地说："我输了，但我们队这场下了平局，也不错！"看来双方交战很激烈。我们虽然不错，但是还要继续努力。

第二场和第三场比赛，我输了，但是我也没有生气。可我从下棋室出来后,发现情况不妙。本垂头丧气地坐在地上,眼睛红红的。问了妈妈后,我才知道出现了意外。原来,加特里同意对手提出的用钟计时比赛,每下一步棋应摁一下钟上的计时按钮,否则自己的时间都会用光的。开局不久后,加特里忘记摁按钮了。本提醒加特里:"你没摁按钮。"对方就叫来比赛指导,因为违反了比赛中不得说话的规定,比赛指导裁决加特里和本此局比赛输,两名对手都不战而胜。

我过去安慰本,说没有关系。人都会犯错误的,下次再努力。我也更加警惕了。如果是因为违反了比赛规则而输了比赛的话,那多对不起野马队呀!

最后一场比赛,我和一个 12 岁的男孩比赛,他学下棋已有五六年了。我没有赢,但是也没关系。我也毕竟是新手,没什么遗憾。只要从这场比赛中学到了新技巧,就是好样的。

比赛结束了,象棋中心订购了比萨饼和饮料,比萨饼切成一牙一牙地卖给下棋的孩子当中饭,1.5 美元一块。大厅里还有饮料、小吃零售机。休息大厅里,孩子一边端着饮料、吃着比萨饼和薯片,一边轻松谈笑,四处弥漫着奶酪和火腿的香气和热闹的喧嚣声。

总的比赛结果是,队长加特里和我赢了 1 盘,输了 3 盘;迪那斯赢了 3 盘,输了 1 盘;本 4 盘都输了。比赛设了很多奖项,如最佳女孩队奖、最佳小学队奖、最佳同一小学队奖、最佳华盛顿队奖等等。我们默奇野马队赢得了华盛顿市最佳校队奖。每个队员都获得了一块用棕色木头做成的奖牌和一张证书。

回家的路上,妈妈问我:"你觉得参加象棋比赛怎么样?"我想了想,说:"挺好的。很好玩! 它也是一种学习下棋的经历。"

比赛完了,棋输了赢了都没什么印象了。事后回想起来,只记得当时香喷喷的比萨饼和热热闹闹的场面。

第一次国际象棋比赛完后,我决定下棋再加把劲儿。后来,在国际象棋中心的班上,我往上挪了好几级。在学棋的第八个月,我就进入了第二桌,跟学了三四年棋的六年级同学加特里同一桌。比同样学了三四年棋

的迪那斯还高一桌。有两次因为我在第二桌上赢得很多,指导就让我挪到了第一桌。第一桌都是下棋下得最好的孩子,许多人学棋有很多年了,参加过很多比赛。他们的水平太高了,我在第一桌上每次都因为成绩不够好,又挪回了第二桌。

学棋那年的暑假,妈妈给我报了一个国际象棋夏令营。虽然只有一个星期,但是在这一个星期里我学会了许多新知识。

国际象棋夏令营设在社区的教堂里。星期一我来到教堂,进了我们班之后,我找了一个地方坐下。教室里一共有两位老师和十位同学,只有我是女孩,剩下的九位同学都是男孩。

我们开始上课了。老师先和几位同学下棋。然后一个一个地考我们。如果我们过关了,第二次就考我们另一个知识。

第一次考的是兵到底线之后可以变后的知识。老师和我们各 8 个兵。如果我们可以把自己的一个兵(在不被老师的兵吃掉的情况下)走到底线就算过关了。第一次我没有过关,因为没有到底线,我的兵就都被老师给吃光或者是顶牛了。但是也没有关系,因为也不是我一个同学没有过关。很多同学也不知道怎么走。

后来,通过老师的教导和我自己的研究成果,我掌握了技巧,终于成功的把兵挪到了底线。

接着,老师考我们怎么用不同的方法杀单王。最先考的双车杀单王、单车杀单王、单后杀单王都比较好掌握。我很快就过关了。但是后面的双象杀单王和马象杀单王步骤都很复杂,逼王的过程也长,必须要练很多次才能掌握。离开夏令营之前,我至少能掌握双象杀单王的方法了。

在这个夏令营中,除了学棋,每天到了十点多钟,老师都让我们出去活动活动。我们到了一块平地,老师从包里拿出一个飞盘。

"以后我们每天 10 点多出来玩一次飞盘,运动运动。但是我们不是玩普通的飞盘。同学们分成两队,这个游戏有点像足球。我们在地上画了两条线。这就是网。飞盘你可以传给队员们。如果进了对方的网就算赢了一分。听懂了吗?"

哎！我叹了一口气。我不是很善于这种游戏，更别说跟一群男生玩了。这时我真希望班上不止我一个女生。就算再多一个也比现在好多了。如果我们光是下棋的话，我也不怕，因为我相信女生也不比男生差，但是如果是体力运动，那还是男生占了更多的便宜。男生更壮、更高、更快，我也没有办法。

我想，老师让我们玩这些游戏一是为了让我们活动活动筋骨，二是培养我们下棋时夺取胜利的信心。

三、夏日的乐趣

夏天到了，放暑假了，这是孩子们最快乐的日子。多数暑假我都会参加夏令营，有时也会同自己家人或者朋友一起出去玩。

我在美国期间参加过两种夏令营，一是中国大使馆为使馆的孩子们办的，一是当地学校为学生们办的，各有特色。

（一）中国驻美国大使馆夏令营活动

中国驻美国大使馆每年都要为使馆的孩子们举办夏令营。我一共参加了四届。每届的活动安排大同小异。下面我就介绍一下其中 2006 年的夏令营的一些情况吧。

第一天的项目是参观马里兰科学博物馆。

早晨，我们在大使馆前门上了夏令营的大客车。我和好朋友佳良原先坐在前面的座位上，但是因为我们在参加夏令营的孩子中英语说得最好，阳光中文学校的李老

夏日里与小动物们走得更近。

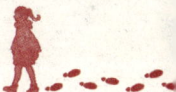

师让我们坐到后面去，和几个美国志愿者坐在一排，用英语和他们聊天。过了一会儿，比我们小一岁的安宁也和我们坐在了一起。我们认识了志愿者莫娜、丹妮尔、理查德、埃里克和亚历克斯。除了理查德以外，他们都是高中毕业生。理查德才 15 岁。志愿者们对我们都很友好，他们也很幽默。我们一路上说说笑笑的，说了很多笑话和脑筋急转弯。不知不觉博物馆就到了。

"哇!"我惊叹到。博物馆里真酷呀!

我们先参观第一层。第一层有一个恐龙展馆。那里有许多用恐龙化石搭成的恐龙模型。有的"恐龙"巨大无比；有的虽然已是成年"恐龙"，但还是长得很矮小，只有 12 英寸长；有的"恐龙"头顶上有一个巨大的犄角。恐龙展馆里，还有一个沙坑。小孩子们可以从泥土里寻找和挖出恐龙化石，

还有一架没有琴弦的竖琴。如果你把手放在竖琴里，也照样能"弹出"优美的乐曲。

当然那些化石都是假的。那里还有一个机器，上面有一个问答屏幕和许多按钮，可以动手玩游戏。屏幕上可以显示地球表面的地块怎样分开，也可以看到恐龙时代一些生物。还有电子地球拼图游戏，可以用地球板块拼出一只完整的地球。

我们出了恐龙展馆，进入了实验区。那里有各种各样有趣的试验。有测量电力的实验，有测量地震的实验，有关于水的实验……还有一架没有琴弦的竖琴。如果你把手放在竖琴里，也照样能"弹出"优美的乐曲。

过了一会儿，我们去最大图像（Imax）电影院看三维电影《恐龙复活》。一开始，我以为是要戴三维眼镜看立体电影，后来听老师说不用戴眼镜，电影本身看上去就是立体的。电影开始了，只听"哗……"的一声，

一个巨大的海浪向我们冲来,好像要把我们冲湿了似的。我们可以看见海里的各种生物。有鱼、珊瑚和鲸鱼等。忽然,一只鲨鱼冲着我们游过来,它张开嘴巴一咬,我哆嗦了一下,还真以为它要把我们吃了。然后,我们飞上了宇宙,从那里可以看到地球的变化。我们又飞回了地球,看到了阿拉斯加。在阿拉斯加的天空中,屏幕动得很快,我们感觉好像是在雪山上高飞。我们还看到了许多在阿拉斯加生活的动物。我们知道了棕熊、黑熊、狐狸、北极熊和麋鹿怎么生活、怎么捕食、怎么躲避要伤害它们的动物。

然后,我们坐车去"猛烈摇滚"餐馆吃饭。那里面总是播放着很响的摇滚音乐,气氛真是热闹。我点了奶酪汉堡套餐。整个套餐包括一个奶酪汉堡、雪碧、薯条、洋葱圈和蔬菜。啊,嫩而稍微焦煳的肉饼配上香浓的奶酪真好吃呀!吃完饭,服务员送来了免费的巧克力饼干。

吃完了,我们回到博物馆了,参观博物馆的二楼、三楼。二楼是人体展馆。有用手触摸的试验,有听力游戏,有人体器官的模型,还有一个小实验室呢。到了实验室,那里的工作人员说这个实验只给8岁以上的同学做,而且需要经过大人的同意。我当年正好8岁。经过老师同意之后,我、佳良和灏园(都是8岁以上的同学)进入实验室里去做实验。工作人员给我们每人发了一件白色的试验工作服、一双一次性手套和一副护目镜,穿起来特别像真的科学家!我们做的实验是关于细菌的。看什么样的肥皂消灭的细菌最多。做实验真有趣呀!但是最好玩的还属钉床了。有一个硬床上面有好多孔。一个人躺在上面,工作人员一按按钮,小孔里就出来许多尖尖的小钉

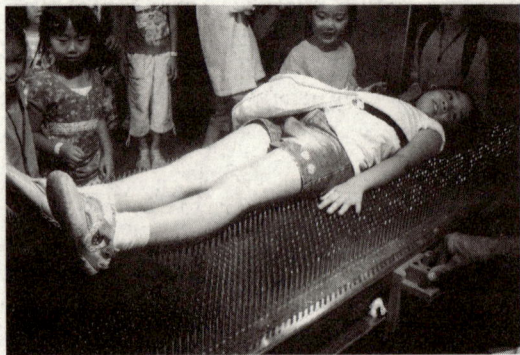

工作人员按了按钮,钉子从孔里伸出来,托着我慢慢从床上升起来。

子。开始我没敢在上面躺,看上去很扎人。后来其他的同学都在上面躺过了,我才决定去试一试。躺在钉床上好吓人呀。工作人员按了按钮,钉子从孔里伸出来,托着我慢慢从床上升起来。咦?怎么一点都不扎呀!就是有点痒。

三楼所有的项目都是儿童乐园。里面有许多小游戏。有积木、乐高、钉墙等,很好玩。

第二天的项目是去侠克芝士餐厅(Chuck E. Cheese)吃饭和玩。

到了侠克芝士餐厅,大家各得了 20 枚游戏币。用游戏币可以玩游戏,玩得越好,给你的游戏票越多。用游戏票可以换奖品。我拿游戏币去玩游戏。那里的游戏真多呀,搞得我眼花缭乱,有赛车(电子游戏)、投篮、足球、桌上冰球等。我玩得最好的是"打地鼠"。玩打地鼠的机器上有许多洞,洞里出来一只"地鼠"时,就拿起机器旁的锤子使劲打。有的时候,一下子出来不止一只"地鼠",这时就得打得很快,否则"地鼠"就又回到洞里去了。我喜欢用手打。用手要更加使劲,也可以两只手同时打。可是玩打"地鼠"得票不多,一次可能就给四五张。

后来,我又发现了一个好的游戏,名字叫"硬币转"。"硬币转"里面有一个大轮子,轮子里边有很多孔,每一个洞的旁边都标着一个数字。那个数字就是表明你会得到的游戏票的张数。你把游戏币放进机器里时,它进到哪一个孔里,就是得了多少张票。最多的是 50,但是标有"50"的孔不多,而且孔很小。放游戏币的时候,必须要准确。最不幸运的,就是一个孔也没进,那就一张票也得不了。所以要玩这个游戏还是得愿意冒一定险。

玩了一会儿,我看见我的朋友佳良拿着一长条票。妈呀!那票都可以当跳绳了!我问她:"那么多票是哪儿来的呀?""运气硬币。"运气硬币?没听说过。我找到了运气硬币的游戏机,里面有上百个硬币。这些硬币都在一个铁盘上。原来,是往机器里放一个硬币,机器里会有一个铲子把机器里的硬币往前推。如果硬币太多了,从铁盘的边上掉下来,就可以得很多游戏票。但是如果硬币没有掉下来,就没有票得。有几次,我一下子就得了一百多张票,机器里"哗!哗!"地出游戏票。但有时我一张票也没有得到。正玩得上瘾时,老师叫我们去吃午饭。侠克芝士餐馆最著名的就是它的比萨了。我吃了一牙奶酪比萨饼。我狼吞虎咽地吃完之后,又去玩。

硬币都用完之后,我们把得到的所有游戏票插进一个吃票的机器里去。机器会帮你数有多少张票。全部数完了,点一个按钮,它会给你出一张收据,上面写着你一共有多少张票。我所有的票合在一起有 548 张。真不少! 我去奖品台上换了两个手镯、三个头饰、一个粉色的唇膏、一些贴画和公主图案的磁铁冰箱饰。

最后,我们去电影院看《Ratatouille》电影。是讲一只老鼠想当厨师的故事,很有趣。

第五天是去六面旗游乐园玩。

一到六面旗游乐园,我就想去水上乐园玩,因为那是六面旗的精华。但老师说,一早就在水里玩会很冷。我们只好先去玩别的。我们第一个玩的是"超级秋千"。"超级秋千"转得又高又快,好像我们在天上飞。真爽! 然后,我们去玩转杯。转杯转得很快,很好玩。接着,我们玩猫捉老鼠。大家坐在一排座位上,座位慢慢往上移,移到顶,就很快地"掉"下去。往下"掉"时,我觉得肚子很痒,可能是一种失重感吧。

然后,我们去吃午饭。六面旗游乐园里有许多小餐馆。我最喜欢的是传统的奶酪汉堡。所以我点了一个奶酪汉堡套餐。这时太阳暴晒着,老师说吃完饭休息一会儿,就可以去水上乐园。

水上乐园分两个部分,一个是冲浪游泳池,另一个是滑梯水上游乐场。我们先去冲浪池。我换上了泳衣,把我的衣服搁在泳池旁边的躺椅上。我赤着脚走在火热的地面上。啊! 好烫。我赶快冲进泳池里面。刚一进去,一个大浪就翻滚过来。我动作很快,迅速一跳,才没被打翻。好险!

"我们去深水处吧!"我对朋友抒晨说,"那里会更好玩些。"

我们游到泳池的深水处,直到我们的脚快够不着泳池的地面。有时,

我像海豚一样,浪一来,就往前一扑;有时,浪一来,就潜到水里;有时,浪一来,就飞快地往相反的方向跑,看看浪追不追得上我!

玩够了,我们去滑梯水上游乐场。那里滑梯多着呢! 有的滑梯像一条长蛇,扭来扭去;有的滑梯一圈一圈地绕着;有的滑梯像铅笔一样直。一共有10来架滑梯。我和同学天成一到那儿,就爬到最高的地方,去滑最高的水滑梯。抒晨没来,因为她害怕。最高的水滑梯可受欢迎了。要坐还要排队。冷飕飕的风一吹,弄得我哆哆嗦嗦的。该我滑了,我坐在滑梯上。后面一直有水冲下来。我放了手。"呼"的一声,我冲下去了,在水滑梯上又转又拐,越滑越快,最后"咕咚"一声掉进水池里。虽然等候上这个水滑梯的队排得很长,但是相信我吧,绝对是值得等待的,因为实在是太爽了。我觉得很好玩,所以又滑了几次。玩累了以后,我们终于上岸了。

(二) 参加"警察夏令营"

当地学校办的夏季学校多数是为孩子们补习功课的。参加的孩子,一部分是学习有困难的,另一部分是外国孩子,暑假想继续有一个说英语的环境。不过当地也有一些娱乐性的夏令营。比如,一年级暑假,我参加了一个叫"男孩·女孩"夏令营。这个夏令营办在一个游泳池的边上,每天上、下午,老师就把所有孩子轰到游泳池里游泳(不会游的就玩水)。我开始觉得挺有趣的,后来游多了,就觉得没有意思了,上了两个星期就不再去了。

另外一个有特色的夏令营是"警察夏令营"。

三年级快结束时的一天,妈妈下班回家,对我说:"孩子,今年夏天你想去上夏令营吗? 这是华盛顿市警察局办的夏令营。"

夏令营? 听上去是不错。我一直都挺喜欢夏令营的,但是我还是更愿意在家里休息,可以看电视、玩电脑。"嗯……我再想一想吧!"

"抒晨也要去。"

"是吗?"我突然兴奋起来。抒晨是我的好朋友,如果上夏令营还可以跟一个朋友在一起，那不是一举两得吗？而且夏天在外面玩一玩也好。
"那……好吧。"

"夏令营在哪里？"

妈妈笑了，"就在默奇小学。"那就在家边上呀！太好了。

星期一我来到了默奇学校。抒晨也到了。站在她旁边还有一个女孩。那位女孩身材苗条、个子挺拔，看上去很文静。

"若珈！这是我的表姐。她从中国来看我们的。叫她伊莱娜就好了。"

"你好。"我热情地说。突然一声刺耳的哨声打断了我们的话。

"同学们早上好！欢迎来到精神夏令营。"一位穿着警服的警官大声说道。"在这个夏令营我们分成三个班。一二年级一班，三四年级一班，五六年级一班。"接着，他为我们指定了各个年级集合的地点后，同学们走到了各班的集合处。

我、抒晨和伊莱娜走到三四年级的集合处，我和抒晨都上四年级（三年级结束时的暑假我们就算是四年级的学生了）。虽然伊莱娜比我们都大一岁，但是抒晨的妈妈已经跟老师们商量好，让伊莱娜跟抒晨一班，因为她不太会说英文。三四年级这一群人大概有 20 多个人吧。

"大家好！我是西西警官。我是三、四年级的管理员。"一位身材健壮的女警官说道。

"大家跟我走。"她带我们走进一个小楼里面。这个楼平时是给学前班的学生上学用的楼。当然我们这几个年级在这里上夏令营也够用了。

我们走进了一个教室。里面有好几张圆桌。我、抒晨和伊莱娜找了一张桌子坐下。我把我带的小背包挂在椅子背上。

西西警官说："精神夏令营跟其他夏令营不太一样。这是一个警官们组织的夏令营。每天上午我们要求你们在外面锻炼一个小时。除了周二和周四，那两天我们去游泳馆游泳。中午你们也有半个小时在外面自由地玩的时间。"听上去不错。锻炼也挺好的。我本来就是一个爱运动的女孩，我几乎每天都去公园玩。

但是等我们出去锻炼的时候,我才知道他们多么严厉。太阳暴晒着,我们绕着学校跑了几圈之后,警官们在人行道旁找到了一个有小草坡的地方,让我们做运动。让我们做俯卧撑、仰卧起坐、蹬腿等运动。最难的叫"六英寸"。我们在地上平躺着。要求把腿直着从地面往上抬起六英寸(15 厘米)左右,身体不要动。不能太高,也不要太低了。特别锻炼腹部和大腿。听上去很容易吧,自己去试一试吧!你们肯定做一会儿就没力气了。在斜坡上,头朝上脚朝下,就更困难了。我费了九牛二虎的力量才勉强做了一会儿。后来实在没劲了,才把腿放下。但是抒晨说很简单,因为她们上舞蹈课做准备活动的时候做这个动作,所以她已经练出来了。

等一个小时锻炼完之后,我已经气喘吁吁、满头大汗了,衣服都湿透了。哎,我一生中还没有这么卖力地锻炼过。我用手给自己扇扇。我又累,又热,又渴。老师可能也意识到了。他们给我们每一个人发了一小瓶冰运动饮料。

我拿了一瓶红色的,可能是樱桃饮料吧。我大口大口地喝。啊!好爽呀。

在空调屋里,我过了 10 来分钟才平静下来了。班上有很多书,老师让我们自由阅读。

读了一个来钟头,午饭来了。老师给我们每人发了一盘。这和我们在学校吃的中饭差不多。

下午我们上美术课。老师给每个人发了彩纸、水彩笔、蜡笔、小亮片、亮粉等材料。我们想画什么就画什么。开始我和抒晨用亮片和亮粉做一些漂亮的图形和花纹。后来我发现了如何写看上去有立体感的字母。我教了抒晨之后,我们都开始写立体的字母。

我们给别的同学们看了我们的作品之后,他们都觉得我们很了不起。其实很简单,知道诀窍之后,就会觉得一点也不难了。但是有好几个同学都要我们用立体的字母写他们的名字。

每个星期二和星期四,老师都带我们去游泳。第二天(星期二)我们带着游泳衣和浴巾来到了学校。我们坐车来到一个游泳馆。我们换上了游泳衣,跳进了游泳池里。游泳馆里有两个泳池。一个是玩水的池,另一个是游泳的池。

我们开始在玩水的池里玩,我、抒晨、伊莱娜和前一天认识的一位同学爱丽丝在里面互相追来追去。但是玩水的池子太浅了,水只到我的膝盖,最深处也只到我的大腿,游不起来。

后来我们就到深的池子里去。这里的水让我的脚勉强可以够到泳池底。虽然那里是专门游泳的池子,但是也有一个区可以玩水。我教抒晨怎么在水里翻跟头和倒立。其实在水里后滚翻比前滚翻还要容易!

抒晨很快就学会了。我们比赛一口气最多可以翻几个跟头。我一次可以翻三个。最终我赢了。玩累了,我就开始潜水。

我吸一大口气,然后钻进水里,直到我的胸都快要贴到泳池底了。我在水中优雅地游着,游着,游着,好像我是一条鱼似的,多么悠闲自由呀!一直到我实在憋不住气了,才跃出水面。啊!我深深地吸了一口气。时间不知不觉地过去了。

11点左右,游泳池里响起了一个广播。"精神夏令营的同学们,都上岸。"老师已经在岸上等着我们了。我裹在浴巾里。我们进了更衣室。里面还有一个淋浴。我站在淋浴底下,热水从头上冲下来。但是我知道我不能冲太久。我冲了几分钟之后,就出来了。我换上衣服,用梳子梳了头发,然后我们上了车返回学校。

第二天我们又该运动了。哎!我叹了一口气。我们出去,在操场上锻炼。老师先让我们在跑道上跑圈。我们开始跑了。开始我跟抒晨和伊莱娜一起跑。但是她们跑得太慢了,我就自己去跑了。跑了10圈左右。老师让我们在操场上排开,做运动。我们第一个是做俯卧撑。

"一!二!三!四……"警官数道。"停!停!停!"他突然叫道。"那位同学,你怎么没有做呀?如果一位同学没有做,你们就全部重新来!"我知道那位警官说的不是我,但是我们都得因为那一个同学重新做。我叹了一声气,但是我也没有办法,只好再做。我总不能跟警察作对吧!

做了几个俯卧撑之后,又有一个人没有在做。我们一共重新做了三

四次才做成。后来我们又做"六英寸"、蹬腿还有"游泳"。"游泳"跟六英寸差不多，但是比"六英寸"还累。不光要把腿保持在六英寸，还要上下摆动。好像是在做自由泳蹬腿似的。这哪儿像游泳呀？我想：游泳多放松、快乐，才没有这么累呢！

上了一个多星期之后，警察们邀请了消防队，来我们学校给我们讲课。他们把他们的消防车也开过来了。他们跟我们讲了万一着火我们应该怎么办，还给我们看了消防车有什么功能。

当时外面特别热，我们在外面听得又热又累。有些人坐在了旁边的木椅上。我并没有坐在木椅上。只是消防队给我们演示了消防车的功能的时候，前边的同学们挡着我了，我看不见，所以我就站着了木椅上。

后来警官们看见我们坐在木椅上（虽然我并没有），就生气地说道："都起来！不要在椅子上。这些消防员专门来到默奇给你们讲课呢。人家都在认真地听课，就你们坐在椅子上玩。本来他讲完课我们还要办一个聚会呢。你们就甭想去了。干脆跟我锻炼吧！"哦，我晕！今天上午我都锻炼过了，下午还要锻炼？再说了，我哪里是在椅子上玩呀？我还不是为了能听得更清楚。我心里很不服气，但是我也没办法。

消防队员讲完课，我和六七位同学开始锻炼。我们先在楼里坐俯卧撑。我们至少做了一百个吧。因为有一个胖同学总是不做，我们至少重做了四遍。

然后我们在外面马路上跑步。上警察办的夏令营最好的就是我们想过马路的时候就可以过。如果是红灯的时候只要警察指挥一下，我们就可以过了。

我们跑着跑着，警察突然叫我们停下，做俯卧撑。太阳暴晒着，我细细的胳膊撑在人行道上，汗珠一滴一滴地掉在了地上。我咬着牙，做了20个俯卧撑。

然后，我们又开始跑。跑了一会儿，警察又让我们停下来，做仰卧起坐……

就这样我们锻炼了一个多小时。等我们回到了学校，聚会都完了。

其他同学们手上拿着小吃在操场上又说又笑,就我们几个全身都是汗,又热又累。真不公平!

精神夏令营的最后一天,我们坐车去一个舞蹈厅。原来,今天颁奖。警官们给各方面做得优秀的同学们发奖。奖有很多种类,如乐于助人、创意奖……每一个得奖的人都有一个特殊的奖品。听说得到"努力做体育运动"奖的人得了一个75美元礼品卡去一个叫"老海军"的服装店,我羡慕得不得了。我还对自己说:假如我在体育上再加把劲就好了,因为我挺喜欢"老海军"店里的衣服。

虽然我什么奖也没有得,但是他们也给每个人发了一个参与的奖杯。这是我在一生中得到的第一个奖杯,所以我感到很荣幸。

奖品都颁发完了,我们就跟着音乐乱跳一气。那天我感觉好高兴呀,因为毕竟我们一整天都不需要在暴晒的太阳下做数不清的仰卧起坐和俯卧撑……

(三)游玩百威游乐场

暑假里不参加夏令营的时间,爸爸妈妈也自己带我出去玩,或者是和同事(当然还有同事的孩子)一起结伴游玩。2006年暑假,我就和我好朋友佳良(她爸爸和我爸爸是同事)去百威游乐场玩了。

百威游乐场最刺激的就是过山车。那里的过山车可真多呀,有大的,小的;刺激的,可怕的……只要你能想得到,那儿准有。我只敢看别人坐。过山车的车子又拐又冲,又转又翻。车里还不时传来的尖叫声。恐怖的叫声吓得我全身的汗毛都竖起来了。

看了一会儿,佳良对我说:"若珈,你愿意去坐过山车吗?"

"这……"我说,"你不觉得过山车看上去很可怕吗?"佳良跟我很不一样,她很大胆。刺激的、恐怖的东西,她都愿意去试一试。而我呢,有的时候有点胆小。我不怎么喜欢试新东西。反正,也不能说我不对。安全总是第一嘛!

佳良想了想,说:"有点。但是坐一次又怎么了,很安全的。再说了,

如果不坐,你怎么知道好玩不好玩、恐怖不恐怖呢?"

我不得不承认她说得很有道理。但是,我还是摇摇头:"你自己坐也可以呀。"

佳良拽着我的胳膊,可怜巴巴地说:"那多没意思呀! 我也不想让你一个人在下面,看着我坐。你就陪我坐一次吧,有什么了不得的呀。"

唉! 我只好点头表示同意。那就坐一次吧!

我、佳良和佳良的妈妈坐上了过山车。过了不久,车子慢慢地动了起来。拐了一个小弯之后,我们开始走上坡路,车子慢慢地走动着。我们越爬越高……这也不怎么可怕嘛,我想。

可是我这想法很快就消失了。到了坡顶,我们猛往下冲。好像从一个瀑布的顶上,划皮划艇下来。我和佳良拼命地尖叫,好像把心脏都快喊出来了。慢慢地,车子不往下冲了,但是车速并没有降低。突然,车子猛地急拐,我们都快被甩出去了! 车子又开始翻转。我们头朝下,脚朝上,但并没有掉下来。好酷呀,真好玩! 我想。

车子旋转了好几圈,又开始猛拐、翻滚了。忽然,我们猛地往下冲。"啊——"我们叫道。这下,车速越来越快。车子刚下来没多久,又上了坡。速度真是快呀。爬到了山顶,我们再一次往下冲。车子到了山底就慢下来了。等我们进站之后,我才松了一口气。

从过山车的出口出去之后,妈妈问我们:"好玩吗?"

我和佳良不约而同地说:"太好玩了! 我们还要坐,还要坐!"我们兴高采烈地给妈妈比划过山车是怎么走的……"然后,车子突然冲下去。真是太爽了……"

克服自己的困难,努力学习新本领也是童年的一个重大部分。童年就像过山车一样,有上坡路,又下坡路。有过山车刺激、恐怖的时候,也有过山车爽而好玩的时候。童年真是美好,真是快乐呀!

四、黄石公园之行

在美国期间,我先后去了佛罗里达州和加利福尼亚州的两处迪斯尼乐园、好莱坞环球影城、尼亚加拉大瀑布、夏威夷海滩等,不过印象最深的还是 2009 年夏的黄石公园之行。

8 月 17 日下午,我们开车赶到了世界第一个国家公园:黄石公园。

黄石公园最著名的就是它的地热和热泉。公园其实是一个巨大的火山口。这个火山在人类历史上还没有爆发过,但是它在地面形成了许多热泉地带。从这些热泉地带喷出来的水都是热水,也就成为了一个个热泉。在公园北部有一个特别漂亮的地热带:"猛犸地热带。"它是由山坡上的一节一节的小泉池组成的。山坡的顶上有几个巨大的池子,池子中间不停地喷热水。热水从热泉中喷出来,从山顶流淌下来,经过了每一个小池。这些热水的温度十分高,人如果用手碰它,甚至会烫伤。水里还含有丰富的硫化氢,因此吸引了许多不同的细菌。"台阶"的每一层都被细菌染得五颜六色。从远处看,整个"猛犸地热"就成了一个五彩缤纷的"大台阶"。

黄石公园最著名的热泉是"老忠实泉"。它虽然没有"蒸汽船间歇泉"喷得高,但是它很"忠实",每隔 30 至 120 分钟喷一次,能喷 50 米高。公园的管理人员能够计算出它每次喷发的大约时间。我们到了"老忠实泉"后,就先到访客中心去查它下一次喷发的时间。然后就在"老忠实泉"四周的长椅上占了一个看喷泉的有利地形。"老忠实泉"果然在预计时间喷发。开始冒了一点热气。过了一会儿,一支小水柱喷了出来,但很快又消失了,也许它在做准备活动。突然,

我先后去了佛罗里达州和加利福尼亚州的两处迪斯尼乐园。

水柱冲天而起，观众惊叹不已，许多人（其中当然有我）还拿出相机不停地拍。水越喷越高，热气腾腾。大约持续了 2 分钟，水柱开始慢慢回落，但是热气还在往外扑。最后，一切归于平静。"老忠实"开始积蓄力量为下一次喷发做准备。

我最喜欢的热泉还是"诺里斯间歇泉盆地"。"诺里斯间歇泉盆地"中有一个特别大的间歇泉叫"蒸汽船间歇泉"。"蒸汽船间歇泉"最高可以喷到 115 米（380 英尺）！但是大喷发在 4 天至 50 年才有一次，喷发的长度是 3 至 40 分钟。我们没有看见它的大喷发，但是我们也看见了它喷发出来的大概有 10 米高的水柱。"诺里斯间歇泉盆地"里除了"蒸汽船间歇泉"之外，还有许多热泉，如：像牡蛎嘴中衔着一颗珍珠的"珍珠热泉"、像锅上热油一样沸腾的热泉、像蝴蝶的"蝴蝶潭"。有些小的间歇泉喷很频繁，许多每隔几秒钟就喷一次。我试着为它们拍照。开始时，我一直照不下来，热泉一冒出来，我就摁快门。相机反应不过来，等拍下来时，泉已经没了，只拍下一个水面。后来，我掌握了技巧。泉水一下去，我就摁快门，过了几秒后，热泉又喷起来了，我也正好抓住了这幅美景。

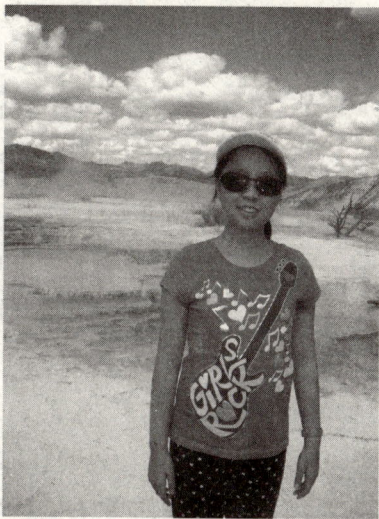

在公园北部有一个特别漂亮的地热带："猛犸地热带。"

有些热泉没有"老忠实泉"和"蒸汽船间歇泉"那么有名，但也有自己的特色。"西大拇指"热泉就是其中的一个。"西大拇指"在黄石湖的水中。它的热泉是从湖底喷出来的。从黄石湖的岸边看，湖水五光十色，颜色也在不停地变换。

"西大拇指"这个名字是怎么来的呢？原来整个黄石湖的形状就像一个手，湖的西面有一处像大拇指的地方就被称为了"西大拇指"。

黄石湖的总面积是 352 平方千米。湖水蓝里透绿、清澈见底、微波粼粼，感觉跟海一样，极为壮观。阳光照在波纹细碎的湖面上，像给水面铺上了一层闪闪发光的碎银。所有从温泉里喷出来的水都集中在这黄石湖里，但是湖水并不热。开始，我不太信，热泉里的水多烫呀，人都可以烫伤，如果热泉中的水最后都流到黄石湖里，那湖水也该是热的吧。我不服气，脱下鞋，想去湖水中走一走。我赤着脚丫，站进湖水中。哎呀，好冰！我赶紧跳出来。爸爸说："整个黄石公园海拔都很高，海拔越高，天气越冷。你看现在夏天，可我们都穿着棉袄。天气冷，水就冷。"我不得不同意。

黄石湖往北流，形成了黄石河。在黄石湖与黄石河分界的地方，横跨着"钓鱼桥"。开始，我还以为"钓鱼桥"就是给人们钓鱼的，结果"钓鱼桥"上不仅没有人钓鱼，而且公园明文禁止人们在这座桥上钓鱼。其实"钓鱼桥"原来是允许钓鱼的，它的名字也是这么来的。夏天是旅游旺季，"钓鱼桥"也成了钓鱼的胜地。游客都来桥上钓鱼，整个桥都挤满了人。人们摩肩接踵，都拿着钓鱼竿在桥上钓鱼，很多钓鱼线和鱼钩缠在了一起。钓鱼的人太多了，鱼的数量迅速减少。后来，公园为了保护黄石湖和黄石河里生活的鱼与和其他生物，就不让人们在桥上钓鱼了。

我们在黄石公园不止见到了普通的鹿，还见到了野生的麋鹿。

但是，这并不说明黄石湖和黄石河的其他地方不能钓鱼。有一次我们开车在路上走，看见了一个人举着一个钓鱼竿，站在黄石湖的浅水中钓鱼。水都到他的大腿那里了。我问爸爸："湖水真冰，他这样不冷吗？"

爸爸说："也许他穿的是不透水的橡胶

裤吧。"

应该是这样的吧，但是即使他穿的是橡胶裤，他还是跟水挨着，只不过是隔一个裤腿而已。外面冷飕飕的，站一天也应该很凉吧。

黄石河的海拔很高，大约在 2 300 米的高度。河水一直往下流，形成了许多壮观的瀑布。黄石公园最著名的瀑布就是"黄石瀑布"。

"黄石瀑布"分上游瀑布和下游瀑布。上游瀑布有 33 米高，下游瀑布更壮观，有 94 米高。那是举世闻名的尼亚加拉大瀑布的将近两倍的高度！

我们站在远处遥望瀑布。从山顶上倾泻而下的瀑布，好似一匹美丽的绸缎，从半空中飘落下来。忽然一阵风吹过，把瀑布的下半截高高扬起，碎成粒粒玉珠，向四方喷散，在阳光的照射下，幻出道道彩虹，炫人眼目。

我们沿着一条小路，走到瀑布的近处。哇！我屏息凝视。我们就在瀑布的正上方。瀑布上方的水很急，一齐朝山崖涌去。突然，河断了，整条黄石河就从我的脚边消失了，只见它从山崖的边上飞流下去。这景观真是雄伟。此时，我感觉是在梦幻之中。

瀑布和急流把黄石河两岸的山谷削成了深深的峡谷，险峻陡立。好像有谁用巨斧砍了一道。峡谷中有几只秃鹰，在空中盘旋。秃鹰是美国的国鸟，在美国国徽上就有一只秃鹰。

我们开车去下一个景点。我坐在车后面，悠闲自在。突然，只听"咣"的一声，车做了一个紧急刹车。我差点撞到了前座的椅背，幸亏我系上了安全带。我心想：这开的是什么车呀？我往前一看，原来是一只鹿正在过马路。我们差一点撞到它。鹿迅速跑进了路边的密林，也许是我们一刹车，惊动了它。"这里还能见到野鹿，真有趣！"我心想。结果，我们在黄石公园不止见到了普通的鹿，还见到了野生的麋鹿、美国大角鹿、美洲野牛和大角羊，甚至还有一只野生的大灰熊。这些动物大部分都是很难见到，特别是灰熊。几百平方公里范围内才会有一只。如果错过了，可能就没有机会再看见了。我相信来黄石公园玩的绝大部分的游客都没有看过野生的灰熊。

我们看见的那只灰熊在离我们大概有 200 米的山坡上慢慢地走。熊一身棕毛，懒洋洋的，看上去很笨重。可不是，熊的前面还有一只鹿，熊慢吞吞地走，鹿也不慌不忙。它知道熊即使想吃它，也追不上它。

有一次，我们在盘山公路上开车。突然，前面的车慢下来了。我们的车也跟着慢下来了。这不是一个观景的地方，前面一定有什么特别的事情。果然，有一头美洲野牛就在公路边上悠闲地走着。这只牛是棕黑色的，毛很长，头顶上有两只弯弯的角。它看上去特别温驯，但是游客手册上提醒我们，如果你把它惹急了，它会向你冲来，把你一头撞飞。成年的野牛体重有 1000 公斤以上，跑起来的速度可达每小时 50 公里。被这样一头庞然大物如此快速地撞一下，可不是闹着玩的。何况它的头上还有两只尖尖的角。所以公园的工作人员定了一项"25 码制度"要求游客和野生动物的距离保持在 25 码以上（不过游客和熊、狼的距离要保持 100 码以上）。牛慢慢地走，也不理我们游客。这时，我们离牛只有 1 码左右。虽然我们在车里，但还要小心。牛那么一只膘肥体壮的动物，如果生气了，把车一顶，也能把车撞翻。

晚上，我们回到公园北门的酒店住宿。还没下车，就看见酒店前的草坪上有一群野麋鹿在吃草。麋鹿有大有小，公的头上还有大角，像冬天树上的叶子都掉光了的枝杈。它们除了吃草，还啃花园里的树叶子。它们好像也不怕我，酒店的工作人员也不去赶它，只有几个游客在给它们拍照。我也想跟它们合个影，但是相机没电了，只好作罢。

第二天早晨，我拿着充好电的相机想给麋鹿补拍一张。可是整个北门小镇都没有了它们的身影。

我们继续在公园里转。前面堵车了，堵得很远。开始我们以为发生了交通事故。后来才看见，公路旁的小河对岸有一群大角羊。这些大角羊可跟普通的羊不一样。它们头上有两只弯弯的大角。形状特别像羊角面包，羊角面包可能就是因为这一点而得名字的。大角羊可能比较罕见。除了游客，还有许多专业摄影师赶到这里给羊拍摄。专业摄影师们的相

机，光是前面的镜头就有两尺长，还在相机底下架了一个三脚架。

公园的介绍手册上说，公园里还有 124 条野狼。但是我们一条也没见到。狼可能白天睡觉，晚上出来。而到了晚上，我们已经进入梦乡了，当然就见不到狼了。

不光黄石公园里面有许多动物，黄石公园周围的地带也有许多有特色的野生动物。在通往黄石公园的熊牙公路上，我们在一处海拔为 9 190 英尺（将近 2 800 米）的地方停下来观景。无意中看见许多老鼠般大小的小松鼠。小松鼠一身灰棕色的毛，后背上还有一些黑色的条纹，极其可爱。它们一点也不怕人，我爸爸"吱吱"地学老鼠叫，引来许多小松鼠。我从车里找出一袋玉米片，喂松鼠吃。我把玉米片掰碎，放在手心，把手背贴在地上。松鼠们全都赶来了，爬到我的手上抢玉米片吃。一包很快就吃完了，松鼠们显然很饿。我还想再拿一包喂给它们。但是爸爸妈妈不让，因为熊牙公路入山口竖了一个标志，要求进山的车都必须要储存食品。因为熊牙公路在深山老林里，沿途近百公里没有人家，也没有手机信号。公路的最高处有海拔 10 947 英尺（3 336 米）。即使是在 8 月，路旁还积着新下的雪。我和爸爸还打雪仗来着。

小路依着山谷，穿过松树林，盘旋曲折，像一条浅色的带子，缠绕着翡翠般的山峦。沿途景色迷人，两边苍翠的群山重重叠叠，像波涛起伏的大海，雄伟壮观。远处积雪的山坡上映着霞光，像一只金冠，亮灿灿的，耀眼夺目。

我们绕出了山路，直奔拉什莫尔山的"总统巨石像"。走到半路，来到了一个观景台。周围的

小松鼠一身灰棕色的毛，后背上还有一些黑色的条纹，极其可爱。

山景很漂亮,我们决定停下来拍几张照。下了车,我们发现观景台上竖着一个牌子。上面画着一个华盛顿的头,但是从侧面画的。我和妈妈正在看那个牌子上面的介绍,突然,爸爸叫到:"你看!"我们一转身。嗬!华盛顿巨大的石头像就在我们的左上方,可我们一直都没有注意到。它的样子和图中画的一模一样,是从侧面看到的。牌子上介绍说,石像的鼻子有 18 英尺(5.4 米)高。它颜色灰白,在阳光的照耀下十分耀眼。和周围的森林形成了鲜明的对比。

我们都和"华盛顿"合了影。"这真要归功于爸爸。要不是他,我们有可能就错过了。"突然,路边"飞"过一辆车,它也是跟我们去一个方向。估计,他也是去拉什莫尔山的。但他就飞快地开过去了,也没有在这里停下来。他们就错过了这个景色。

甬道的顶端是一个大看台,正对着总统石像。

我们开车进入总统石像公园。走进入口处,甬道两侧各有一排石头砌成的柱子。柱子顶端的四周插着美国 50 个州的州旗,五颜六色,随风飘扬。甬道的顶端是一个大看台,正对着总统石像。

四个刻在山石上的总统分别是华盛顿、杰弗逊、林肯和罗斯福。他们都是美国历史上著名的总统。华盛顿领导美国人民取得了独立;杰弗逊起草了《独立宣言》;林肯解放了黑奴;而罗斯福呢? 在他任总统期间,拉什莫尔山的石像开始雕刻,石像中自然会有他自己一份。

最左边是华盛顿,鼻梁挺拔,目光深邃;与他相邻的是杰弗逊,面带微笑,遥望远处;再过来是罗斯福,像是戴着眼镜,看上去很严肃;最右边是林肯,长长的脸,下巴上长着浓浓的胡子。

从看台的左侧走下去，有一条"总统小径"，约有半英里长。沿着小径可以走到总统巨石的正下方。沿途可以从不同的角度看总统石像，还可以看到印第安人居住的帐篷和一个博物馆。

博物馆里面有一个小型的总统石像。四个总统的小型石像上还能看见总统们穿的上衣。但是在真的石像上看不出来，除了"华盛顿"的衣领。可能是后来放弃了雕刻上衣这一计划。博物馆里还陈列着许多照片和实物，告诉我们这四个大石像是怎么雕刻出来的。

晚上我们在一个叫"新堡"的小镇上过夜，住在一个家庭旅馆里。旅馆的大厅也就是旅馆主人的客厅，围着壁炉有几张沙发，沙发前有一张茶几。里面到处都摆放着盆栽的植物，有一个书架，有一层放的是影碟，另一层放着流行小说，客人可以随意取阅（每个房间里都有一部影碟机）。客厅里还有一张电脑桌，上面摆了一台供客人上网用的电脑（全楼也有免费无线上网）。

早上起来，主人为我们提供了免费早餐。在客厅一个台子上放着面包、蛋糕、饼干、麦片以及各色水果和小吃。左边有一台咖啡机，一台面包炉。右边的冰箱里还有牛奶、果汁等饮料。主人摆好早餐后，就回屋休息了，客人们随意取用。家庭旅馆很舒适，就像待在自己家。

晚上我们在一个叫"新堡"的小镇上过夜，住在一个家庭旅馆里。

主人就住在一层的一套房间里。如果她不在前台，只要按一下铃，她就会从屋子里出来，给我们提供服务。我觉得开家庭旅馆特别好，有客人的时候可以挣点钱，没有客人时，就自己住。

在科罗拉多州首府丹佛市郊我们参观了世界上最大的啤酒厂酷尔斯

（Coors）啤酒厂。有一辆巴士带我们进入酒厂。酒厂的工作人员先要检查每个人的身份证件。年满 21 岁的就在手上带一个纸手镯，凭纸手镯可以在厂内免费品尝啤酒。啤酒厂内没有导游，但是每位游客可以拿一个录音的游览介绍。整个啤酒厂分成十几个区。每一个区都有一个不同的编号，到了这个区只要在"录音导游"上按一下这个区的编号，这个区的介绍就开始播放了。

我们先看了做啤酒的原料。然后，进入酿造车间。到处都是造啤酒的机器。在这里有一股很浓的气味。妈妈很喜欢闻，但是我和爸爸受不了。看了啤酒是怎么做成的之后，我们进入了品尝啤酒的房间。工作人员给每个带上纸手镯的人倒了一小杯 Coors 啤酒。有普通的和低热量的。我因为是儿童，不能得到啤酒，但是他们给我了一杯水。听说这里水很好，是从附近的落基山流下来的雪水。这也是 Coors 啤酒特别好的一个原因。妈妈说："这啤酒确实很好喝。回纽约后，我要改喝 Coors 啤酒。"我们喝完啤酒（和水），就进入了游客礼品店。礼品店外面还有一个 Coors 啤酒的酒店。有纸手镯的人可以继续免费品尝。

我问爸爸："他们给那么多人品尝免费的酒，那多亏呀？"

"他们在做生意。别人虽然是免费喝他们的酒，但是，等他们发现这酒有多么好喝后，以后不就买 Coors 啤酒了吗？像妈妈，她以后就改喝 Coors 啤酒了。"

五、美国孩子的节日

（一）复活节

复活节是基督教的一个节日，是代表耶稣受难被钉死在十字架上后，第三天复活的那一天。复活节每年的时间都不一样，不过都在 4 月初，正是初春季节。对于孩子们来说，复活节主要是庆祝春天的到来，是在漫长的冬天过后，动物们、植物们开始生长的那一天。所以很多孩子即使不信基督教，也庆祝这个节日。

在复活节的前后,学校会放春假,一般有一个半星期。因为,美国的寒假特别短,只是在十二月下旬到一月上旬放一个半到两个星期的假,因此,春假就算是寒假的补充,因此我们也没有吃亏。

复活节的一个传统游戏是"找鸡蛋"。大人在花园里面藏了许多假鸡蛋,让孩子们去找。找到最多的孩子(或者是前三名)可以得到奖品。有些大人在商店里买空心的、能打开的塑料鸡蛋,在"鸡蛋"里面装上糖果。找到了"鸡蛋",就可以自己留着。

2006 年,华盛顿市美国国家动物园里举办了一个复活节"找鸡蛋"的活动。

那一天我和好朋友安宁去动物园找鸡蛋。遗憾的是,那天雨下得很大。但是风雨无阻,活动还是照样举行。一年就这么一次机会,不管晴天还是雨天,我们都要去。我们三个人(加上安宁的妈妈)撑着一把小伞来到动物园。

动物园里有一个集市。那里有许多免费的物品,比如飞盘、铅笔、尺子等。有时我们得答对问题才能得到东西,我答出来了,我也给安宁拿了一个东西。

最后,我们去找鸡蛋了。安宁拿着筐,我帮安宁找鸡蛋。我们找到了好多鸡蛋。我们找完了鸡蛋就可以一人得一个奖。安宁选了一个星形的墨镜,我选了一个小兔耳朵发夹。那天我们玩得兴高采烈。

白宫"为来美国访问的外国领导人举行欢迎仪式的那个花园"。

第二年,从爸爸那里知道美国总统工作和生活的白宫也有孩子找蛋的活动。因为有许多孩子想去,就采取了凭票入场的方式。票是免费的,但数量有限,先到先得。为了给孩子拿到票,家长们很早就去排队了。那一年,爸爸的一位朋友凌晨两点钟就去排队,终于得到了几张票,其中一张给了我。不过,到了上午,天就开始下雨,雨特别大,而且一直也不停。由于在白宫找蛋的活动是在花园里进行的(就是为来美国访问的外国领导人举行欢迎仪式的那个花园),雨太大了,白宫只好宣布取消了那一年的找蛋活动。真可惜!

从这以后,一直到我离开华盛顿回国,每年想去白宫参加找蛋活动的孩子越来越多,拿票也越来越困难。我一直没有机会参加了。

(二)圣诞节

圣诞节也是信仰基督教的人庆祝的节日,因为 12 月 25 日是耶稣的生日。当然,其他人也可以沾点光。

圣诞节的一个习俗就是装饰圣诞树。以前,我们家的圣诞树只有半米高。每年,我们都是把那棵小树放在窗台上,这样,既不占地儿,又可以让窗外的人欣赏我们家的圣诞树。因为那棵圣诞树小,我们也没有仔细装饰,就是在树上缠绕了彩灯。

2009 年 11 月的一天,我放学回家后,发现客厅里多了一个纸箱子。那个纸箱又细又长。这样的纸箱能是用来装什么的呢?我走上去仔细一看,原来是一个装圣诞树的纸箱。纸箱旁边还有一个塑料袋,里面装满了装饰挂件和一包彩灯。

"妈,你买了新的圣诞树吗?"我好奇地问。

妈妈笑了,"对呀!我觉得老的圣诞树太小了,没有节日的气氛。这树多好呀,有六英尺(大概 1.8 米)高呢!而且也很便宜。"

"那比我还高!"我惊叹道。

在美国,都是 12 月 1 日点圣诞节的灯。我们家里也是一样的。12 月 1 日那天,我一放学回来就迫不及待地想把圣诞树装扮起来。

　　我和妈妈先照说明书上的指示把圣诞树搭好。圣诞树果然比我高出一头。但我们搭好之后，新的问题又出来了：以前我们的圣诞树都是搁在窗台上，今年这么大的树搁在哪里呢？我们家本来就小，除了摆放家具的地方以外，剩下的位置也只能用来走路了。

　　"要不然放在你的卧室里吧。"妈妈提议道，"你的卧室最宽敞了。摆树的位置肯定够了。"

　　我摇摇头："这哪儿行呀！圣诞树一定要搁在客厅里，这样大家都可以看见。"

　　客厅里没有角落可以摆树。最后，我们就决定把它摆在客厅的最显眼的地方——正中间。虽然这样走路可能不是很方便，但是毕竟我们都可以看到。

　　把树摆好了，我们就开始装饰。我把挂件从袋子里拿出来。这些挂件各式各样，五彩缤纷。有圆形的、有星形的，有像礼物包装的、有像松果的、有像雪花的，还有像圣诞老人的呢！它们的颜色鲜艳、亮丽，有大红色、鲜橙色、青绿色、深蓝色和银灰色等。

　　我把装饰挂件挂在树上。我尽量试着把挂件摆匀，它们的颜色和形状也要错开一些，这样树会显得更精彩。我挂了一半挂件后，妈妈开始把彩灯一圈一圈地绕在树上。一共有一百个五彩灯泡。妈妈把灯缠绕在树的过程中，把我挂上去的挂件都碰掉了。

　　"噼里！啪啦！噗通！"挂件一一从树上掉下来。我只好把它们捡起来，重新在树上挂好。"早知道，我就先让你绕彩灯，然后再把挂件挂上了！"我埋怨道。

　　圣诞树总算装饰好了。妈妈把彩灯打亮。哇！好漂亮。

　　圣诞前夕的晚上，一定要吃圣诞餐，就像在感恩节要吃感恩餐。妈妈做了一大桌好吃的：烤鸡、南瓜汤、土豆泥加鸡汁、玉米面包、蔬菜等。

　　传说是在圣诞节前夕，只要你在火炉上挂着长袜，圣诞老人就会坐着雪橇从烟囱里下来，钻到你的房子里，把礼物放在长袜里面。如果礼物太大了就放在圣诞树底下。但是只有乖孩子才可以得到圣诞老人的礼物，不好的孩子就上了圣诞老人的"调皮孩子"的名单,只得一堆煤炭(我想大人就是这么说,想让小孩乖一点而已)。而且,必须是在你睡着的时候,圣诞老人才会来。

每年圣诞节,我都会得到圣诞老人给我的礼物以及爸爸妈妈给我的礼物。第一年,圣诞老人送我了一盒巧克力;第二年,他送我了一个游戏机;第三年,他送我了一套光盘;第四年,他送我了一个刻有老虎(我属老虎的)的水晶玻璃;第五年,我得到了一套文具和一盒高级巧克力。

班上有许多犹太同学。犹太人不庆祝圣诞节,不过,他们在差不多同一时间庆祝光明节。我不太了解光明节的来历。但是我知道庆祝光明节的孩子们占了很大的便宜,因为光明节一共 7 天,孩子们每天都可以得到一件礼物,就等于得 7 件礼物。他们好幸福呀!

(三)万圣节

万圣节在 10 月底,是美国孩子们最喜欢的节日之一,也是我最喜欢的节日。每年我都跟我的朋友到左邻右舍家里去要糖。夜色降临之后,同学们就装扮起来,有的装成天使,有的装成魔鬼,大家相约一起去要糖。

万圣节那天晚上,我们往往会得到几百颗糖果。有时到了第二年万圣节时,才刚吃完。而那时,第二年得到的糖果又接上了。我们家里好几年都没有断过糖果。

我刚来美国时,才 5 岁,都是大孩子带我们去要糖。到了在大使馆的最后一两年,就是我带头去要糖了。因为比我更大的孩子基本上都回国了或者上大学了,大使馆又多了一些小小孩。

在大使馆的最后一年,我和好朋友佳良带着住在附近的美伊和豆豆去要糖。他们才 5 岁多。那年我装扮成花仙子,穿了一条浅紫色的公主裙,裙摆上有许多小花的图案、一双白色的皮鞋,头上戴着我自己做的花环,手上提着一个南瓜样子的塑料桶。

4545 号公寓楼是我们要糖的第一个目标。我所住的 4601 号公寓

楼,禁止孩子们去里面要糖,所以每年,我们都是先去马路对面的 4545 号公寓楼。对我们来说,这已经是一个习俗了。我们决定从公寓楼的顶层开始要糖,然后一层一层地往下走。

我和佳良在最前面,蹦蹦跳跳地带路。我们急迫地寻找着门前摆着或者挂有万圣节装饰的公寓。只有那些有万圣节装饰的公寓和别墅才有糖。"前面有一个!"佳良叫道。的确是,那个公寓门前摆着一只南瓜灯。南瓜灯是万圣节的象征。万圣节这一天,鬼魂都会出现。人们认为南瓜灯会把鬼魂吓走。所以,庆祝万圣节的人一般都在自己的门前摆上南瓜灯。等其他小孩子跟上之后,我就使劲地按了一下门铃。

门开了——"Trick or Treat!"我们齐声大喊到。

"Trick or treat"的意思是:不给糖果就捣乱。要糖时必须要说这一句话,主人才会给你糖。当然,我们也不会真的去主人家里捣乱,因为只要主人准备了糖,他们肯定会给我们的。

主人笑眯眯地端着一碗糖果:"随便拿吧! 这里有好多呢!"这家算是热情的,有些人只让我们拿一颗或者两颗糖。很少有人允许我们随便拿。拿完了,我和佳良带头说:"谢谢。祝你过一个愉快的万圣节!"

我们急切地寻找下一个有装饰的公寓。

哇! 这个公寓的门上有这么多装饰! 有泡沫蜘蛛、有巫婆的贴画,上面还挂着一个牌子:"Enter…If you dare"(进去吧,如果你敢……)这次佳良按了门铃。里面出来了一个胖胖的中年女人。她身穿黑绒裙子,头上戴着宽宽的黑色巫婆帽,帽子上贴满了闪闪发光的羽毛。她的家里一团漆黑,没有开灯,只是在远处点了几个橙色和黑色的蜡烛。橙色和黑色是万圣节的传统颜色。因为南瓜是橙色的,夜晚是黑色的。"女巫"的客厅里也摆着很多万圣节的装扮。真恐怖!

但我并没有害怕。那个女人虽然装扮成了巫婆,但是她很热情。她其实很喜欢孩子。每年她都摆出同样的万圣节装饰,穿着同样的装扮。每年,到她家里要糖时,她都端出好几盘糖果。有一包包的玉米糖(这在万圣节是很受欢迎的)、大块大块的巧克力(跟语文书差不多大的吧)、棒棒糖等。我拿了一包玉米糖，几个棒棒糖。我看了看那个女人手中的巧克力。哇！有好多种呀。有牛奶巧克力，杏仁巧克力，黑巧克力。突然，我的视力落到了一块巧克力上。那是我最喜欢的：饼干渣白巧克力（是一种香浓的白巧克力里面嵌着奥利奥饼干渣儿）。我伸出手去拿。正在这时候，美伊也伸出手去够同样的一个巧克力。我先够着了，但是我想了想，还是把它给了美伊。谁让我年龄比她大呢？再说我都去要过好多次糖了，这才是她的第一次或者第二次。还是把这块巧克力让给她吧。

我们道谢之后，又去找下一个公寓……

有些人喜欢要一颗糖，吃一颗糖。大部分要到的糖都被他们在当天晚上就吃完了。但是我从来都不这样。我都是把糖攒着，可以吃一年。还是我的方法划算吧！

我们要到的糖太多了，我的南瓜桶很快就装满了。我们是在4545号公寓10层楼开始要糖。到了7层时，我的南瓜桶已经快拿不动了。别着急，我还有招儿呢——我妈妈。

每年，孩子们的妈妈都陪着孩子去要糖。我每一次都给妈妈几个纸袋，帮我提糖。其实，采用这样的方法，不光会让我省力气，而且还会帮助我要到更多的糖。

有的家庭的主人看你的南瓜桶已经装满了，他会以为你已经得到很多糖了，所以就不愿意给你很多糖，因为他想给其他的孩子留一些糖。所以，我的南瓜桶快满时，我就把一半糖果倒进妈妈的纸袋子里。这样，主人看我的糖不多，就会再给我很多糖。我很聪明吧！

我们在4545号公寓楼里面转遍了，就去外面小区的别墅里一家一家地要糖。

在外面要糖慢一些，因为你需要多走一点路，才能找到一家门口有万圣节装饰的房子。但是这样更好玩一些，因为外面是黑乎乎的，很有万圣节气氛。而且，别墅周围的装扮也可怕多了。

外面凉飕飕的。我的身上只穿了一条薄薄的裙子。我一边哆嗦，一边走。妈妈看我那么冷，就让我穿外套。万圣节本来就是该装扮成妖魔

鬼怪（女生也可以装扮成公主、仙子等），别人如果看不见我们的装扮，那还有什么意思？但是，外面太冷了，我只好穿大衣。

我们走到一个孤零零的房子前。房子前面的草坪上铺满了"蜘蛛网"。草地上还有一个血淋淋的"人"。那个人，手里举着一个匕首，凶巴巴地瞪着我们。

我们小心翼翼地走上别墅前面的台阶。忽然，那个举着匕首的"人"身体开始颤抖。它四处张望，好像是在寻找它的敌人。它挥舞着匕首，愤怒地吼叫着。美伊和豆豆吓得转头就跑。开始，我也有些害怕，但是因为我比他们大，还是得为小孩子们做一个好榜样。世界上没有鬼，我心想，那只是一个会动的机器人。我鼓起勇气，按了门铃。

丁冬！门开了。里面站着一位笑眯眯的中年女人。"Trick or treat！"我和佳良叫道。

"你好！"那位女士给我们各发了四五块糖。而且都是我最喜欢吃的。

道别后，我和佳良蹦蹦跳跳地离开了他们家。美伊和豆豆还在旁边躲着呢。

"嘿，你们快去要糖呀！这家发好多好吃的。"

他们连连摇头。

走着走着，我们又来到了一个别墅。这一家阳台上摆有许多"骷髅"、"蜘蛛"等可怕的装饰物。但是最有趣的是一只僵尸的手臂。那只"手臂"没有跟上体连接，就是一只单独的"手臂"。奇怪的是，"手臂"不是平躺在地面上，而是用5个手指当一个座儿竖立起来的。我们走进阳台，那只"手臂"就开始"走动"。支撑它的手指像腿一样，拖着它起来，到处瞎走。我惊讶地都说不出话了。突然佳良哈哈大笑起来。原来，那只"手"开始跳舞了，手臂到处摇晃，手指很有节奏的前后走动。

要完了糖，我到美伊家去，和她一起数糖。那年，我一共要到了462颗糖！即使在将来的一年中，我每天都吃一颗糖，还有一百多颗糖剩余。

而且我要的大部分的糖都是我最爱吃的：巧克力（牛奶巧克力、黑巧

克力、白巧克力、嵌有杏仁的
巧克力、嵌有花生的巧克力、
里面含有花生酱的巧克力
等）、有太妃糖（草莓、香蕉、
青苹果和葡萄味的）、奶糖、
软糖（草莓、芒果、樱桃、柠
檬、橙子、葡萄和巧克力味
的）、泡泡糖（原味、西瓜味
和青苹果味的）和硬糖（苹

这一家阳台上摆有许多"骷髅"、"蜘蛛"等
可怕的装饰物。

果、葡萄、柠檬、西瓜和蓝莓
味的）。有些糖我不怎么爱吃，比如说棒棒糖、玉米糖、含有椰汁的巧克力
和含有薄荷味道的巧克力，我就都给美伊了（她好像什么糖都爱吃）。

如果你哪一天去要糖，一定要先来找我。我有很多要糖的技巧，会使
你要到更多的糖。

（四）情人节

看到这个题目，可能有人会问，"情人节"是大人们的事，与小学生们
有关系吗？当然有关系。小学一到四年级在华盛顿默奇小学上学时，情
人节是学生们每年的一个重要节日。同学、老师都特别重视。

三年级时，离 2 月 14 日情人节还有一个多星期了。我放学回来后，
兴奋地对妈妈说："情人节快到了！班上要举办情人节聚会。"

在美国，情人节并不是男女情人独享的节日，而是人们表达爱、友情
和良好祝福的日子。夫妻、父母子女、亲朋好友、同事、同学等相互喜爱的
人之间会相互赠送情人节卡、鲜花、巧克力等礼物。每年情人节时，班级
里都有一个情人节聚会。同学们的家长会自愿送来蛋糕、饼干、果汁等点
心，同学们在享受甜美点心前，要互相赠送情人节卡，表示友情，祝贺对方
节日快乐。

班上同学有两个选项。一个选项是不给任何同学送情人节卡，另一

个选项是给班上每一个同学都送一张情人节卡,不管你和他关系怎么样。如果只送一部分同学情人卡,没有得到的同学就会难过。所以要送,就全都得送,要么就全部不送。

"现在就可以动手做卡了!"我从书包里掏出了一个单子,说:"这是老师发的,上面有班上全体同学的名字。"

我在学校里有许多好朋友。情人节一年就一次,这天,我当然想对同学们表示一下感谢。我这样一个十分友善的人,怎么可能单方面享受别人的友情和祝福而不给予回报呢?我毫不犹豫地决定参加发情人节卡的活动。

我在美国度过的前两个情人节,也都发了情人节卡。第一次,我的同班中国朋友月月的爸爸去超市给她买情人节卡时,顺便也给我也买了一套,我在上面写上送卡人和收卡人的名字就行了,很简单。第二次,我决定自己制作情人节卡。那一阵,我每天一放学回来,就趴在书桌上劳动。我用心形的小笔记本纸做贺卡,在上面写上同学的名字和"情人节快乐",还画了许多红心图案,花了我好几个晚上的时间。

今年,班上,不包括我,一共 19 个同学。再加上老师和别的班的好朋友,一共需要 30 张贺卡左右。如果自己动手来做这些卡,收卡人和送卡人姓名、"情人节快乐"和情人节经典图案——心形,必不可少。让我独自完成 30 张精致的贺卡,得需要多少时间?我和妈妈决定去超市看看,干脆买现成的情人节卡,这样就省事多了。

第二天,我和妈妈站在超市情人节贺卡架前,一排排的情人节贺卡展现在我们的眼前。它们色彩斑斓,各式各样,让人爱不释手。每一张都有自己的特点。有夫妻互送的、有送恋人的、有孩子送给爸爸妈妈的(及反向相送的),有祖父母送给孙子女的(及反向相送的)、有送同学的、有送好友的,等等。卡片上收卡人和送卡人分类非常细。

卡上印满了"情人节快乐"、"我爱你"、"你是我最好的朋友"、"祝你快乐每一天"、"你是明星"等亲切、温馨的话语。有单张卡、套卡、音乐卡、立体卡……颜色主要呈红色和粉红色系列,让人看得眼花缭乱。但再一看价钱,漂亮精致的单张卡最低价 3.99 美元一张,简单的套卡最低价也是 4.99 美元六张一套。要 30 张卡,至少得花 30 美元。这也太贵了。

在美国人看来,自己动手做的东西,因为投入了智慧、时间和精力,是独一无二、与众不同和个性化的,所以很受欢迎。而在商店买的卡,无论多么精美,多么漂亮,只要愿意多花一点钱就能买到,自己不需要付出心思,所以就不显特别、没有创意了。而且买商店里的卡很容易"撞卡"(跟别的同学买一模一样的卡)。我开始考虑是否自己动手做情人节卡,但这样得多费点力气。

时间不是很多。如果自己做卡要尽量少画、少写、少花时间。我并不追求完美,但贺卡还是要认真完成。

于是,我和妈妈决定把她过年时发剩下的新年贺卡改造一下,变成可爱的情人节贺卡。这样不会过多占用我的时间,卡也会很漂亮,还不需要花钱。

我和妈妈立刻开始工作了。我们先在信封上画上一大一小相交的心形,大心形涂上红色,小心形涂上粉色,写上收卡人的姓名,情人卡信封就做好了。我们给女生送艳丽多彩的牡丹花贺卡,男生送欢腾跳跃的骏马贺卡。贺卡里面的美术纸,用计算机打印出情人节祝福话语:"亲爱的某某,你很善良、友好。祝你情人节快乐!你的好朋友,若珈。"签名处由我亲笔签名。

自制情人节卡做好了,看上去精美、独特并充满情谊。我和妈妈都很满意。我们数了数,为本班同学做了 19 张,为老师做了 8 张,为别班的好朋友做了 3 张,一共做了 30 张。

情人节那一天总算到了!我提着一大袋贺卡来到了学校。情人节聚会在最后一节课开。聚会开始前,老师发给我们了一些白色的手工纸,教我们做纸夹子。做好了,老师就给大家发了粉色系列的心形小亮片、银光闪闪的亮粉和胶水。还给每一组发了粉色系列的彩色铅笔。我们轮流在夹子上写上名字,然后用亮粉和亮片点缀。我用红色彩铅端端正正地写上了"若珈"的英文字母。最后,在周围浇上胶水,洒上各种颜色亮片和

亮粉。这样就变成了一个漂亮的装情人节贺卡的大夹子。

　　"情人节聚会开始了!"老师高兴地叫到。班上的同学们大声欢呼。"现在,同学们可以互送情人节卡了。把卡放进收卡人的大夹子里就可以了。"同学们纷纷行动。大家都各走各的,把卡一张一张地放进收卡人的大夹子里。我们多像一群蜜蜂在"花"丛中快乐地采蜜。我们在这朵"花"上停一停,又飞到那朵"花"上转一转。我们飞来飞去,在每一朵"花"上都留下了一张贺卡。没有准备情人节卡的人几乎没有。做卡是一件高兴的事。别人得到你的卡时也会很高兴。

　　慢慢地,贺卡都发全了,老师让几位同学的家长给大家发点心。哇!小蛋糕、巧克力、饼干、果汁……真丰盛! 同学们一边快乐地吃着点心,一边把大夹子里的情人节卡都倒出来,一张一张地看。我得到了许多张贺卡,有在商店里买的现成贺卡,有自制贺卡。有的贺卡上洒满了亮粉,有的贺卡上贴有心形贴画,有的贺卡上画有许多图案……贺卡上写满了甜言蜜语,有"若珈,你很善良"、"若珈,你是我见过的最聪明的孩子"等。大家笑呀、说呀,都很开心!

　　放学之后,我在校园里找到了其他班上的朋友,把贺卡送给了他们。他们看见我的贺卡时,也都笑了。看见他们甜蜜的笑容,我也情不自禁地笑了。

　　情人节是关于爱和情意,注重友谊、注重感情的节日。只要我们在这一天中过得快乐、美好,这就算是我心中的完美的情人节!

六、自己动手

　　我从小就特别喜欢自己动手做事。无论在**哪里,无论**做什么,我**总是说**"我来","我来"都成**了我的**口头禅了。**当然**,很小的时候有许多事其**实我做不**了,不过,爸爸怕伤我的自尊心,要为我**做一件事时**,只要我说了"我来",他要替我做时,总**是说:"行,**你来。不过,让我帮你一下。"而不说替我做。到了美国之后,我也保留了这个习惯。下面是几件印象特别深的事。

(一)烤饼干聚会

2006年元月,寒假快结束的一天,晚上我跟爸爸妈妈从单位回来,一进门就看见电话机上的留言灯亮了。是我的好朋友希妮的电话留言。她说:"若珈,请你星期四上午到我家来玩,我家办一个烤饼干聚会。你回来后,请回电话。"我一听,就兴奋地叫道:"太棒了! 我去,我去。"只要是聚会,我都喜欢,更何况是烤饼干聚会! 我从来都没有去过这样的聚会。应该会很好玩!

吃过晚饭,妈妈给希妮的妈妈珍尼斯打电话,说:"谢谢希妮邀请若珈参加烤饼干聚会,若珈很高兴,迫不及待地要去呢!"珍尼斯一听,很高兴,说:"这么长的一个寒假,这些孩子都没有见面。希妮也很想若珈,今天跟我说:'妈妈,妈妈,给若珈打电话,请她来玩,现在就打!'"妈妈和珍尼斯说好,星期四,也就是寒假结束的前一天,上午11点珍尼斯在她们公寓大厅里等我。

星期四,一吃过早饭,我就穿上漂亮的衣服,准备了两份礼物。一份是一盒12色的彩色铅笔,送给希妮。另一份是新年挂历,送希妮家挂着用的。

来参加聚会的还有柔恩、夏洛特、克莱尔和伊丽莎白,都是班上的好朋友,加上希妮和我,一共六个女孩。珍尼斯已经准备好了一大块甜饼面团。她给每一个人发了几个切面团的模具。饼干模具有很多形状,有二十六个字母形、圆形、花形、星形等。我们轮流拿擀面杖擀面团,把面团擀成一张薄薄的大饼皮。接着,每个人拿一个模具在大饼皮上切出很多形状的小饼皮。我决定切花形、蝴蝶形、S形各一只和两只R形的小饼皮。R和S代表我的名字。每个人都切了五六只小饼皮,一共有30多只小饼皮。珍尼斯把小饼皮放进两只大烤盘,一只烤盘可以装20来块,再把两只烤盘同时放进烤箱。开始烤饼干了。

这时,珍尼斯准备买比萨饼作为大家的午饭,问大家想吃什么风味的比萨饼。我最喜欢奶酪了,便点了特多的奶酪,其他孩子点了意大利辣香肠。二十分钟后,甜饼烤好了,一拿出来,一股香甜味扑鼻而来。整个房子都弥漫着甜饼的香味。"哇!"孩子们异口同声地说。屋子里充满了欢呼声!大家找到自己做的甜饼,开始用巧克力酱、香草酱、奶油和五彩六色的小糖粒装饰饼干。我把自己切的饼干抹上巧克力,再撒上一些五彩斑斓的小糖粒,漂亮的甜饼干就彻底做好了。这时,香喷喷的比萨饼也送到了。大家胃口大开,吃得很香。边吃边谈刚刚过去的圣诞节以及新年和寒假过得怎样、得到了什么节日礼物以及最喜欢的礼物是什么。

吃完中饭后,大家开始品尝自己亲手做的甜饼。啊!刚出炉的甜饼还是温热的,我咬了一口。顿时,甜甜的味道在舌尖游荡。自己做的饼干比商店买的好吃多了!我自己吃了两块,把另外的三块装进塑料袋,带回去给爸爸妈妈欣赏。

最后,我们玩了过家家和侦探游戏。聚会结束时,珍尼斯说:"今天的聚会就算是你们寒假即将结束时的聚会吧!"

我回到家一看见爸爸妈妈,就高兴地说:"爸爸妈妈,你们看,这是我做的甜饼。好看吗?你可以尝一块,这是世界上最好吃的饼干。"这是我第一次全过程自己亲自动手做的饼干,当然是最好吃的了!

(二)组装家具

2009 年放寒假期间,我和妈妈从北京来纽约看爸爸。那时,爸爸刚到纽约工作,刚搬进新房子,里面什么家具都没有。我们来之前,爸爸已经把大部分家具买好了。有床、桌椅和沙发,至少可以过日子了。

有一天,妈妈说要在春节时请客人来我们家吃饭。可是椅子不够。爸爸就去附近的家具店买了两把塑料座椅和一把软绵绵的躺椅(为了休闲用)。回来后一看,爸爸带回来的只是三个扁扁的大纸箱。我问爸爸:"你不是去买家具的吗?怎么只带回来了几个纸箱?"爸爸笑了:"纸箱里面就是家具。"我迷惑不解地望了望纸箱里的木棍和塑料架子。我恍然大悟,原来我们要自己装家具呀。听上去很好玩! 我问爸爸:"我可以帮你装家具吗?"爸爸点点头:"当然了。"

我们决定先装躺椅。爸爸把纸箱子里的躺椅材料都拿了出来。有铁架子、木棍子、不同的螺丝钉、棉垫……看得我眼花缭乱。这比我想象的复杂多了,我想。爸爸从纸箱里拿出了一份安装示意图,说:"我们要按照这个示意图来装家具。"我们开始研究示意图。这个示意图也太不具体了吧! 我一边看一边想。第一步很简单,我们把一些铁架子插在一起,然后拧上螺丝钉。到了第二步时,我们怎么也搞不明白,直接把棉垫装在铁架子上了。后来,我们才发现,忘记把一只起支撑作用的布套从纸箱里拿出来了。这一步,我们应该装布套。可我们竟然把棉垫和布套搞混了。有点犯糊涂! 我们把棉垫摘下来,换上了布套,拧上了螺丝钉。接下来,就该给椅子装腿了……我们按照示意图,一步步地安装躺椅。等到安装完了之后,我们已经筋疲力尽了。谁知道装家具这么难呀?

休息了一会儿后,我们又精神起来了,开始安装塑料座椅。装塑料座椅的材料很少,没什么花样。就是几根铁棍子,一个塑料靠背,一个塑料椅座和一些螺丝钉。装这个应该简单多了,我想。谁知,虽然这个椅子的结构很简单,但是细节很多。比如说,有两根用来架椅座的铁棍子,都是弧形的。可是,有一根弯得少,另一根弯得较多。到底哪根装在哪儿呢?我认认真真地研究示意图。原来,弯得少的铁棍上有一个小圆点,是搁在前面的。弯得多的铁棍上有两个小点,是搁在后面的。椅子腿也不好装。腿的方向很容易搞混。我最终也弄明白了。慢慢地,我们把两张椅子都装好了。

椅子装好后,爸爸看我很聪明,很会研究示意图,就给我了一个任务。他指了指我卧室里的电脑桌,说:"这个电脑桌里应该有一个放键盘的推板。"他拿出了一个安装电脑桌的示意图和装推板的材料,说:"那一天我装时觉得特别难,最终放弃了。如果你能研究出怎么装这个推板,就算你聪明。"我现在已经有些经验了。把示意图仔细地看了几遍就明白了。我赶快叫爸爸过来,摆给他看。爸爸照我说的把推板装上了电脑桌,试了

试,装对了! 爸爸高兴地说:"还是你能干!"

家里的书很多,我们却没有书架。有一天,我和妈妈去"目标"(Target)超市买了一个 5 层的大书架。可是爸爸这时正好在其他国家出差,不能帮我们装。"还是等爸爸回来装吧。"妈妈说。

"不!"我坚定地说,"我们自己也能装。我来帮你看示意图。我告诉你怎么操作,你只需要按我指示的装好就行了。"

把装着书架的纸箱子打开之后,我才知道装书架有多难。纸箱子里一共有十多块木板,我看着就晕了。但是,我们一定要自己装好。让爸爸知道,我们女人也很能干。

我拿出示意图。天啊! 有 23 页哪! 我们要装到什么时候呀? 我心里很紧张,因为我的责任重大。研究示意图可不容易了,如果错了一小步,甚至错了一个螺丝钉,整个书架就完了。有些东西是可以凑合凑合的,但是装家具不能凑合,要不然后果会不堪设想的。

但是无论如何,我也想把书架做好。以前,都是我和爸爸两个人研究示意图。现在就是我一个人(妈妈对这一类的东西最不擅长了),我还要加倍地努力。

我们装得很成功。眼看就要胜利了,我才发现有一个部分不对。我恨不得当场就哭出来。我自己失误了我不怕,改一改就行了。但是这个书架是妈妈装的。她还要把整个书架拆开,重新做。我真对不起她。妈妈说没关系,这不是我的错。如果我不在,她更做不了。

我们把书架拆开,重新装。书架终于装好了。我和妈妈都特别兴奋。但是又仔细一看。书架一块木板上怎么穿出来了钉子。妈妈也很生气,因为这里本来应该用另外一个钉子来装的。反正,这是我们第一次装书架,犯一个错误也可以原谅。反正我们装好了,就算胜利!

装家具不简单,需要动脑筋,需要毅力。装家具虽然很累,但是你绝对不会白装的。能够用上自己装的家具是一种享受。你会很高兴,很舒服。另外,无论遇到什么困难,都要多想方法。只要多动脑筋,你最终会成功的!

（三）自己搬家

在 2009 年 4 月中旬,我和妈妈也从北京搬到美国纽约,住在皇后区的法拉盛社区。

我们住在 38 街的一栋公寓楼里。公寓很宽敞,两间卧室,一个大厅,还有两个厕所和一个阳台。房主是一位叫桑迪的女士。我们在那里住得很舒服。但是到了 7 月份,我们的房租到期了,所以我们准备搬家到 37 街上的一个公寓,也是桑迪的楼。

7 月份,我们一家打算搬家时,爸爸正好出差,只有妈妈和我在纽约,所以我们只好请一个搬家"公司"来帮我们搬。妈妈按网上搬家公司的广告订了一辆用来搬家的"货车"和一位为我们搬家的"搬运工"。

搬家日子到了! 我们家里的家具都被拆开了,到处都是包裹和装满杂物的塑料袋。九点钟左右,门铃响了。妈妈把门打开,外面站着一位中年妇女。"你是来搬家的?"妈妈好奇地问。她本来以为是一个健壮的男子来帮助我们,这样子应该会快多了。

"对! 车在下面呢!"她说道。

我们走到楼下,那里停着的是一辆……小面包车? 这需要多久才能搬完哪? 人已经来了,妈妈不好意思让那位中年妇女回去。"就先这么凑合着搬吧。"

首先,我们把家里的几十个包裹和塑料袋都拿到楼下。我帮着她们把东西送进电梯,然后帮助她们把电梯的门摁住,好让她们把东西拿出来。摁电梯上的按钮听上去是一件很轻松的活儿,但是根本就不是。我们这楼的电梯开门的按钮很傻。它不是很灵活,你必须要使劲把它摁到底,要不然电梯门就关上了。妈妈和"搬运工"动作有点太慢了。我使劲地用手指摁了电梯按钮半天,感觉手指都快要掉下来了!

妈妈、"搬运工"和我把所有的包裹、袋子都拿到了公寓外面。然后给我搬了一个椅子下去,在那儿守着袋子。这时,我才意识到我们家里有多少东西。在我们面前是一个塑料袋的海洋(我没有夸张)。我在那里

坐了大概两个小时。妈妈和"搬运工"把大件都拿了出来。

　　这时我们才刚开始搬家。我们把家具等大件先搬上"货车"，开到了37 街。然后，把东西抬到公寓楼的前厅里和公寓楼前面的人行道上。接着，搬运工又开着"货车"回到 38 街，再把零散的东西搬过去，放下后再回来……

　　我们就这么一趟一趟地把东西一点点地挪到 37 街。三趟后，东西总算到位了。但是这才是简单的部分呢。

　　我们需要把所有的物件都搬上楼。那时已经下午一两点了，我们还没有吃午饭。照这个样子，到了四五点可能也搬不完。那个"搬运工"打电话叫她的丈夫来帮我们搬家。我也开始帮助他们把东西抬上楼。人多力量大嘛！

　　但是妈妈就不乐意了。"是我花钱雇他们来的。应该让他们自己去干活！"

　　"你花钱雇他们，又跟我没有关系。反正我是免费服务。我好心地帮助他们把事情更快地干完，你还应该感谢我呢！"妈妈只好让我帮助了。

　　大人们要我扶电梯门时，我就帮他们扶（很奇怪，他们几个大人都扶不住一个电梯门，我就可以）。大人们需要我搬东西时，我就搬东西。有时，我一只手就需要提 10 公斤重的东西！

　　37 街的房子比 38 街的小。我们把家具什么乱七八糟的东西都搁在屋里后，东西堆得比我还高，都没有地方走路了。当时，我们就有些绝望。这么多东西，怎么清理出来？我们干脆先去吃饭（当时都 3 点多了）。回来后，因为我们搬家时把床拆开了，我们决定不管怎么着也要把床装好，这样晚上至少可以在床上睡觉了。

　　我和妈妈一起研究了示意图。然后，妈妈装家具，我当她的助手。大概用了 2 小时的时间，我们把床和沙发都搭好了，家里也空了好多。

　　第二天，我们把小物件都清好了，就是家里的书太多了，不知道摆哪儿好。所以，我们又去"目标"超市买了一个书架。

　　我们在 37 街的公寓楼住了不到一年，又打算搬回 38 街，因为那边的公寓大而且离校车站和爸爸上班坐的地铁站都更近。

这一次搬家,即使爸爸在家,我也主动提出帮助爸爸妈妈。但是妈妈说我什么都不需要做,大人搬家时只需要在家里看家。

当天,爸爸妈妈慢慢地搬(我也不知道细节,因为我一直都在家里待着),我也什么都不需要干,只是有时,在大人跑了一趟回来的时候,需要我帮助他们扶着家门,这样他们好把家具搬出去。

我在家里写作业,碰到了一个不会的问题。爸爸妈妈回来,我就开始问爸爸怎么做那道题。爸爸说:"今天搬家你可以想干什么就干什么,不用做作业了!"

"不!我总要把作业完成吧。我就是不知道怎么做……"

妈妈没有听见我们在说什么,以为我在抱怨作业的事情,就凶巴巴地说:"你的工作就是不要埋怨了。我们搬家很累,不需要你再给我们增加负担!"他们抱着家具,往电梯里摆。

"我怎么给你们增加负担啦?"我问。

但是,这时电梯的门已经关了,他们没有听见我的话。

"我到底做了什么呀?"热泪从我的眼眶里流淌出来。我"呜呜呜"地哭了起来。我不能平静下来,但是我知道既然是因为作业的事情给他们"增加了负担",我至少要把它完成,让他们知道,我没有白给他们"增加负担"。

中午,作业做完了,爸爸妈妈也搬完了。我们去一个中餐馆吃饭。妈妈看我很不高兴,就试图让我高兴起来。"我到底怎么给你增加负担了呀?噢,我愿意学习就是给你们增加负担?"我问道。

"哦……"妈妈安静下来了,"对不起,我没有听见你们在说什么!这样吧,我给你10美元补偿。"我立刻接受了她的道歉。反正,我都白白挣了10美元了,我还生什么气呀?

(四)采摘

当然,在自己动手的事中,最有意思的还是要数采摘了。2007年的

一个周末的早上,初夏的太阳火辣辣的,蓝蓝的天上没有一丝云彩。我和爸爸妈妈一起开车去农庄采摘。

坐了一小时车后,我们终于到了。一到农庄,我和爸爸去库房领了摘草莓用的筐,然后就去摘草莓。库房通往草莓园的小路上铺满了石子,白的、黄的、灰的、暗红的,像一条五颜六色的彩带。来到草莓园,我看到的是绿连着绿,到处都是矮小的植物。我发现这种植物的上面是绿绿的草莓叶,植物下面是红红的草莓。这些植物那么多、那么密,草莓园就像一张翠绿的绒毯。我开始摘草莓了。摘草莓时,必须把草莓上的叶子扒开,还要尽量挑又大又红的草莓,因为那种是最甜的。我摘了一个新鲜、艳丽的草莓一尝——哇!真好吃!草莓那甜滋滋、水灵灵的味道让我笑了起来。

摘了半天草莓后,我累了,坐在绿荫荫的树下乘凉。过了一会儿,我不觉得累了,就跟爸爸妈妈说:"我们去玩'侦险游戏'吧!"其实,"侦险游戏"就是去转一转,看看有什么好玩的。我把它叫做"侦险",是因为这是我第一次来农庄,不知道会发生什么。爸爸妈妈同意了。我带头走出草莓园,走向远方。过了不久,我们看到好几个稻草垛。稻草垛很高,跟我爸爸差不多高。爸爸把我抱到第一个稻草垛上,让我坐在稻草垛上面。开始我觉得有点害怕,后来就不觉得了。坐了一会儿,我慢慢站起来。我确定安全后,就小心翼翼地抬起腿跨到第二个稻草垛上。我差一点就滑下去了,真险!我松了一口气,接着跨到第三个稻草垛上。就这样,我一个一个地跨到了最后一个稻草垛上。然后,我又跨了好几个来回,跨得很熟练了,我甚至都能跳到下一个稻草垛上呢!最后,我们回到草莓园,买了自己摘下来的草莓回家了。

那天很热,但是我的心里却很凉爽,因为草莓园四周是连绵不断的绿色欲流的田野。

七、美式快餐

在中国，美式快餐馆十分受欢迎，特别是肯德基。2008 年我过生日，请全班的女生去肯德基吃饭，给每个人买了一个鸡肉汉堡套餐。她们都很高兴，因为对她们来说肯德基的鸡肉汉堡是一顿美餐。

在美国的快餐馆，吃的都很便宜，花样更多，而且做得也更好吃（可能中国人不会同意最后一点，因为他们都吃习惯了中国式的西方快餐）。在美国，肯德基并不多，我们家边上只有一个肯德基（到那里大概要走 10 分钟）。在美国，麦当劳（家边有三个）、赛百味（家边有两个）、汉堡王（家边有两个）和必胜客更受人们的欢迎，还有一个很常见的快餐馆叫"温蒂"家。

有一次，我在美国班上做了一个调查，问了 13 个同学他们最喜欢的快餐馆是什么。7 人说是麦当劳（54%），3 人说是赛百味（23%），2 个人说是"温蒂"家（15%），1 人说是汉堡王（8%），没有人说他们最喜欢肯德基（我也不是说肯德基坏话，就是用事实来证明在美国肯德基并不像在中国那么受欢迎）。我最喜欢的快餐馆是麦当劳和赛百味。

我感觉美国的快餐比在中国的西方快餐好吃多了（这只是我个人的意见而已）。本来中国是模仿美国的，肯定没有这边做得地道。我也不知道怎么描述，但是美国的汉堡、薯条什么的，就是做得更……像。相信我吧，只要你过来吃惯了这边的快餐，你就不会再觉得中国做的西方快餐有多么的美味了。

美国快餐馆的花样比中国多多了。在麦当劳里，汉堡、饭后甜点和

2008 年我过生日，请全班的女生去肯德基吃饭。

早餐的品种更多。汉堡有普通汉堡、奶酪汉堡、双层奶酪汉堡、巨无霸、鸡肉汉堡（光是鸡肉汉堡就有 6 种）、鱼肉汉堡、牛排汉堡，还有我最喜欢吃的：安古斯牛肉饼汉堡（光是这种汉堡就有 3 种：普通的、加火腿的和加蘑菇的）。很可惜中国麦当劳没有卖安古斯汉堡的。美国麦当劳卖的饭后甜点也更多，因为美国人有饭后吃甜点的习惯。除了中国也有的奶昔、圣代、脆皮甜筒、苹果派以外还有桂皮（香料）面包、巧克力豆饼干、葡萄干饼干，还有我每次都要点的："McFlurry"（也就是"麦旋风"），就是在香草冰淇淋里面搁上磨成碎块的奥利奥饼干，非常好吃！麦当劳还有丰富的早饭：松糕、煎饼、鸡蛋、奶酪和肉肠三明治、早餐卷、炒鸡蛋、比士吉、薯饼等（我说着说着自己都饿了）。

"汉堡王"的品种跟麦当劳的差不多，只不过我觉得它的汉堡比麦当劳做得差一点（还敢叫自己"汉堡王"），但它的薯条比麦当劳做得好一点。

谁说西式快餐都是垃圾食品？赛百味就是很健康的快餐。虽然，我没有吃过中国的赛百味，但是我可以保证美国的赛百味十分好吃。在赛百味快餐馆，可以自己搭配三明治。首先要选面包，有意大利面包、全麦面包、带有草本植物的面包等。我基本上都选意大利面包。接着挑肉食，可以选火腿、香肠、鸡胸脯、火鸡胸脯、叉烧鸡肉、金枪鱼和肉丸等。一般我会要火鸡胸脯、叉烧鸡肉或者是金枪鱼。如果要奶酪，有美国奶酪、瑞士奶酪等。然后，服务员就会问你要不要把三明治烤一下。只要我要的不是金枪鱼的话（因为金枪鱼应该吃冷的），我都会让他烤一下，这样面包会变得稍微有点脆，奶酪也都化了。接着选蔬菜，有生菜、芝麻菜、番茄、黄瓜、青椒、橄榄和泡椒等。我会加番茄、黄瓜和生菜。最后加调料，不管是什么三明治我都会加蛋黄酱，因为我感觉蛋黄酱与什么都好搭配。

美国的快餐十分便宜，汉堡、三明治基本上没有超过 5 美元的（大概合 30—40 元人民币），但是更不敢相信是比萨的价钱了。买一个中号的超级至尊多种馅料的比萨才 12 美元（大概不到 80 元人民币）。妈妈说，假如是在中国这样的比萨可能要 100 多元。

　　在美国,冰淇淋和冰棍是甜点中人人都爱吃的。

　　在北京时,放学回家,路过小天宇市场,我会到里面的小卖部,那里卖好几十种冰棍:可乐冰、牛奶冰棍、绿豆沙、红豆沙、水果味冰棍、绿舌头等,让我眼花缭乱,不知道到底选哪个好。中国的冰棍虽然味道丰富,但是冰淇淋可能只有不到十种味道。我知道的也只有香草、草莓、巧克力和香芋了。

　　但是在美国,冰棍的味道不多,而冰淇淋却有上百种味道:香草、草莓、巧克力、咖啡、花生、开心果、香草加巧克力豆、香草加花生酱、香草加巧克力饼干、香草加核桃、薄荷加巧克力豆、咖啡加巧克力豆、咖啡加糖浆等。你还可以买一桶香草和巧克力冰淇淋,或者是香草、草莓和巧克力。

　　美国有很多著名的冰淇淋牌子如哈根达斯、本和杰里、蓝兔子、火鸡山等。每过一阵子,超市里都有一个冰淇淋的牌子促销。本来冰淇淋就很便宜,一大桶 3 美元左右(大概 20 元)。常常有买一送一的促销,那就更便宜了。

　　我们学校的饭堂在吃饭的时候也卖冰淇淋和冰棍,有 Snicker 冰淇淋(是巧克力包着香草冰淇淋、花生和糖浆)、冰淇淋三明治(是两块巧克力饼干夹着一层香草冰淇淋)、3 色冰棍、4 色冰棍、5 色冰棍、盒装的巧克力和香草冰淇淋、带果肉的芒果、草莓、椰子或柠檬冰棍等,各卖 1 美元到1.5 美元。有一次,妈妈在商店里看到了 Snicker 的冰淇淋,买了一盒 24个才 11 美元。我告诉她在学校一个 Snicker 是卖 1 元,那 24 个就卖 24元,她感叹道:"学校真会挣钱!"

　　有一天,我们在英语课上看了一个关于本和杰里的"电影"(在我们班上,不管看多长或多短的影片同学们都叫它"电影")。后来,我跟爸爸说,假如我们去佛蒙特州,一定要去本和杰里的工厂,因为在那里我们可以免费品尝本和杰里牌冰淇淋。本和杰里牌的冰淇淋口味实在是太多了,在工厂旁,都甚至有一个"冰淇淋口味坟地"。因为,他们的口味太多了一点,做不过来了,不再制作的冰淇淋口味放到了"坟地"里!

　　可以免费吃名牌的冰淇淋这种好事不是哪里都有的,爸爸马上就同

意了。我相信，如果小孩子去本和杰里冰淇淋工厂，即使冰淇淋吃得太多了真的拉肚子了，也会不停地吃的！（其实，我认为冰淇淋吃多了，不会拉肚子的。我天天吃冰淇淋，有时吃不只一次，也从来没有拉过肚子。嘻嘻！）

八、阳光中文学校

我在华盛顿上学的时候，爸爸妈妈所在的中国大使馆有一个中文班。中文班在暑假期间也开课。我到美国时是 8 月底，那时中文班的一年级已经上了一段时间的课。我和几个同年龄的小朋友（当时都是 5 岁）也挤到教室里去听课。开始，我们没有学籍。中文班的负责人见我们都特别爱学习，就又为我们 5 岁的小孩专门开了一个班，学习一年级的语文。

那时候，班上有四个人，我、妞妞、戴安娜和杰妮。

妞妞很可爱。在班上，我们总是叫她妞妞，大家差不多忘了她的大名了。但是不要被她可爱的名字误导了，她可不是一个娇气、柔软的乖乖女。她在我们四个人中是最勇敢的。她很爱冒险，什么都不怕。有一次，我们一起去香南道国家森林公园参观。在一块岩石上我们看见几只手指般粗细的黑毛虫，妞妞毫不犹豫地把虫子抓在手上玩儿。

戴安娜是一个很文静的女孩。她比较内向，不爱说话。她不经常跟我们玩。但是要玩的话，也挺好玩的。她的爸爸是警察，个子特别高大。她像她爸爸，个子也很高大，但是其实她很文气。因为她长得很高大，有一次大人们表演合唱，她也混在里面参加了。

杰妮是我幼儿园同学。我们在两岁的时候就认识了。我们的爸爸妈妈也互相认识。她还是跟我坐同一个航班来美国的呢！刚开始，我们在当地公立学校也是同班同学。我们住得也很近。所以我经常跟她一起玩。我们最喜欢玩的游戏是捉人。玩的时候，我们经常唱一首英语歌，歌词只有一句："你抓不到我！你抓不到我！"

　　我的第一个老师是张老师。她原来在国内是一位小学校长，挺有教学经验的。她态度严谨，但是又从来不批评我们。我们一直很喜欢张老师。一年之后，她到非洲去工作了。

　　张老师走后，我们又迎来了羿老师。羿老师在国内是教高中的，还是一名高级教师呢！她其实跟我家早就是邻居，不过我以前不认识她。羿老师认为学习语文最好的方法是高声朗读课文。她每次都安排我们学生每人读一段课文。开始，我读得不好。主要是因为我有的字发音不是很准确，比如"金鱼"我总会读成"鲸鱼"。所以，我总是想读最短的那段。后来，我读得好起来，就想读长的那段了。

　　后来羿老师回国了。那时候，没有专业的老师来教我们，就请了我的中文班同学麦吉的妈妈陈老师来教。她在中国教过奥数。陈老师没教多久时，中文班又请来了一位——马老师。

　　马老师性格温顺，但是教书很利落。她是一位中国大学的文学博士研究生。不上课的时候，马老师就去华盛顿的几个大学图书馆查论文资料。她教我们的时间不长，因为她需要准备博士论文答辩，就回国了。

　　薛老师接了马老师的课。薛老师有一个小男孩，才两岁。每次上课，薛老师都带着她的儿子来班上，她的儿子很好动，很喜欢模仿我们大孩子的举动。但是不知道为什么，他从不模仿好学生，就模仿班上的调皮学生。

中国驻美国大使馆阳光中文学校的老师们和我。

　　薛老师教得不长，潘老师就来了。潘老师很年轻，才24岁。她是中国戏剧学院毕业的。在国内是剧院的演员。每节课她都会教我们一段绕口令。我们学的第一

个绕口令是："长蛇围着砖堆转,转完了砖堆,钻砖堆。"潘老师在华盛顿时,跟我住在同一个公寓楼里。有时,我去她家问作业,她会留我在她那儿吃饭。她的手艺很不错。

到了后来,许多我们年龄的同学都回国了。有一次,班上只来了两个同学,我和另外一个男同学哈里,潘老师就干脆带我们到她的家里去上课。上完课后,我们留在她家里吃饭。

吃完了饭,哈里还不想走。我们没事干了,我就跑回我的公寓,拿着我的游戏"生活"(有点像"大富翁"),到潘老师家,跟哈里玩。

后来,潘老师不教我们的时候,中文班又把以前那位薛老师请来了。那时,薛老师已经不把她的儿子带到课上了,因为中文班又开了一个幼儿园。薛老师来教课时,就把儿子送到使馆的幼儿园。这个幼儿园以前是我们"娱乐室",现在成了小小孩们的幼儿园了。虽然这些小小孩们很开心,我们大孩子失去了往日的"娱乐室",都有点伤感。

我们每周一、三、五上课。4 点上到 5 点半。中间有 15 分钟的休息时间。休息时,我们就玩会儿小游戏,然后又接着上课。到了 5 点半,家长们下班了,我们也放学了,大人、孩子一起坐车回家。

在阳光学校上学除了能和中国来的孩子们一起玩,学习中文之外,一个最大的好处就是能够参加使馆的演出。每到新年时,爸爸妈妈所在的大使馆,就会举办一次联欢晚会。每年使馆孩子们的阳光学校都会推出一个节目。

到大使馆后的第一个新年联欢晚会,我和同学们杰妮、妞妞和戴安娜表演了舞蹈"采蘑菇的小姑娘"。我们都穿着鲜红的丝裤和中间绣有红花

在阳光学校上学……一个最大的好处就是能够参加使馆的演出。

的青绿色肚兜,背上背着一个小竹筐。我们跳舞的动作像是在采地上的蘑菇。那年,我们还参加了一个模特秀。

在第二年的联欢晚会上,我们5个女孩、5个男孩结伴跳了新疆舞。学习新疆舞很不容易。开始,我不会扭脖子。后来,经过很长时间的练习,我扭脖子的动作终于像样了。虽然跳新疆舞很有乐趣,但是痛苦的是编小辫子的准备过程。阳光学校的舞蹈老师要求家长给所有跳舞的女生在头上编许多小辫子。因为,我们表演的那一天我还要上学,而从学校回来已经4点左右了,就没有时间再编辫子了。所以,我们只好在前一天晚上把准备工作做好。我的妈妈和姥姥同时给我的头发编了铅笔粗细的辫子。我十分配合地在她们前面坐了两个多小时。辫子编完了之后,我心里感到舒服多了。但是后来,我才发现头上编有27个辫子时,睡觉是多么不方便。整个晚上我都翻来覆去,不知道到底是因为头不舒服,还是太兴奋了。

联欢晚会终于开始了!当"我爱北京天安门"熟悉的乐曲响起时,我们跳着舞一对一对地入场。

我记得最清楚的一次演出,还是我四年级时演的话剧"龟兔赛跑"。我们提前好几个星期就开始排练了。整部话剧是潘老师编排出来的。我们刚开始排练的时候,老师还没有给我们分配角色。当时,我特别想当乌龟,因为谁都知道,最后是乌龟赢了比赛。大人也总是嘱咐我们要学习乌龟的坚忍不拔的精神。

结果,潘老师给我了兔子的角色。开始,我很不服气。兔子在"龟兔赛跑"的故事中被描写得又懒惰又骄傲。我为什么要当兔子?

我们5个女孩、5个男孩结伴跳了新疆舞。

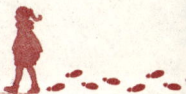

　　但是潘老师却说,她给我分配这角色是因为她觉得我会干得很出色。"出色演员不管他们被分配的角色是好人还是坏人,也不管这个角色跟自己有没有关系。因为,一上台后,我们就不是自己了。这才是好的演员。"

　　后来,我只好同意当兔子。

　　经过很久的排练,终于到演出的日子了。那天,我穿着一身白:白吊带背心裙、白衬衣外套、白鞋子,这就是我的白兔子装扮。整个故事是这样的:4个"兔子"们在一边臭美,特别骄傲;3个"乌龟"也慢慢地"爬"到了起点线。比赛开始了!"兔子"快乐地跳了起来,把"乌龟"们甩得老远。但是,不一会儿,"兔子"们就累了。最大的"兔子"(我),打了一个哈欠说:"要不然我们就在这儿睡吧。反正乌龟们那么慢,不会跟上的。"其他的"兔子"连连点头。我们在三棵"大树"下"睡着"了。兔子们睡觉时,"大树"们神奇地动了起来,开始进行对话。这时,"乌龟"们爬过了。"兔子"们总算醒了,伸伸懒腰,揉揉蒙眬的睡眼。他们突然意识到"乌龟"已经快到终点了,就马上弹起来,在后面追。虽然他们跑得很快,但还是没有赶上"乌龟"。结果大家都知道,"乌龟"们胜利了,喜出望外,"兔子"们倒在一边"哭"了起来……

　　阳光中文学校的孩子有时还参加一些中国大使馆的外事活动呢!每年春节前后,中国大使馆都要为收养了中国孩子的美国家庭举办一次聚会。阳光学校的孩子们也都参加,主要是和这些来自中国的美国孩子玩,表演一些节目。目的要让这些被美国家庭收养的中国孩子多感受一些中国文化,让他们知道自己的根在中国。(其实在这里我应该用"她们",因为这些被收养的孩子几乎全部都是女孩。)

　　阳光中文学校是中国驻外国的大使馆开办的第一家中文学校。中国驻美国大使馆的孩子都特别热爱这所学校,大使馆的叔叔、阿姨也特别关心这所学校。记得刚到那里上课时(那时叫"使馆中文班"),条件不是特别好,有的教室里两个孩子共用一张桌子。但是,在乐校长(是中国驻美国大使杨洁篪的夫人)的努力下,条件很快改善了,除了教室之外,学生们甚至还有了一间专门的活动室。有一次,乐校长陪周奶奶(钱其琛副总理的夫人）来看我们，我和班上其他三位同学：妞妞、戴安娜和杰妮，还和她们一起合了影。

阳光学校老师和孩子们的感情也都挺深的。我离开华盛顿回北京上学前一天，谢校长和她的先生（当时的中国驻美国大使周文重）还到我们家来给我送行。我特别高兴。

2007 年底我快回国时，和我同年龄的孩子们都已经回国了。比我小一点的朋友，像凯钰、雨宁、宇菲、诚诚和末末，都还在使馆中文学校学习。

2007 年 12 月我离开中国驻美国大使馆阳光学校，回国前谢校长向我颁发优秀学生证书。

第四章　北京一年

2008 年回国的一年赶上百年盛事北京奥运会。

一、"同心结"之旅（我与奥运之一）

在北京举办奥运会，对于全中国人民来说都是一个千载难逢的机会。我 2008 年回国上了一年学，正好赶上奥运会。

在奥运会开始之前，我就参加了许多有关奥运会的活动，其中包括我们团结湖小学和马尔代夫的交流活动。

北京奥组委在举办奥运会前，举办了一项奥运文化国际交流活动，从北京市 2000 多所中、小学中选了 200 多所学校，分别和 200 多个国家和地区的中、小学建立了一对一的联系，并开展各种活动。这项活动有一个很好听的名称，叫做"同心结"。我所在的小学和马尔代夫的加马鲁丁学校建立了联系。

学校在四至六年级学生中挑选十几名优秀学生，作为"奥运形象大使"，去访问马尔代夫共和国（费用自理）。我

"同心结"之旅。

也被选上去参加这次活动了（爸爸妈妈也愿意为我出这笔费用）。

4 月的一天，刚准备放学，就听见了广播通知："请去访问马尔代夫的同学来校长室开会。"

我兴奋地跑到校长室。赵校长、教导主任王老师和大队辅导员余老师已经在校长室里等我们了，另外还有好几个同学也在那儿坐着等了。同学们都到齐后，赵校长说：

"这次访问非常重要。马尔代夫是个美丽的国家，可你们不是单单去那里玩的，而是去进行文化交流的。我们学校和那里的加马鲁丁学校建立了联系。加马鲁丁学校已经做好接待我们的准备，并且已经安排了一些接待家庭。你们到了那里，将会分散住在那些接待家庭里。"

嗬！住外国人家里，对我来说还不是小菜一碟嘛。我在美国上二年级时，就开始在美国同学家里过夜了。

校长接着说："为了这次访问，我们要做好充分的准备。学校将对你们进行培训。你们要学习中国的文化、有关马尔代夫的知识，还有一些英语日常用语。

"另外，这次访问是代表我们小学，是代表北京市，更是代表中国。我们要注意形象，要把'谢谢'这句话挂在嘴边。一定要注意文明礼貌。

"没有护照的同学，现在就要家长去办。我们 5 月 9 日出发，如果在这之前一个星期还没办好，就去不成了。明天请早点到校。上课前就来校长室开会。请不要忘记。好，散会。"

第二天一大早，我就赶到学校。在班里放下书包，就冲到校长室里。屋里堆放着好多购物袋。

余老师拿着几个购物袋，带着男生去了另一间屋子。

男生走了后，校长和王主任从剩下的购物袋里拿出来好多衣服。然后给我们每人一件带有"水立方"图案的衣服让我们试。

哇！好漂亮。衣服上面除了"水立方"花纹外，右下角还有一个福娃贝贝的图案。衣服是用化纤做成的，上面还有许多小网眼，穿上去感觉很滑溜、很凉快。

校长又让我们试了带京剧脸谱图案的衣服和带着中国水彩画的衣服。我们都试好了,王主任给了我们一人一套衣服,还给了我们一个有贝贝图案的蓝色书包、一个带有奥运火炬传递图案的帽子和一个奥运福娃挂牌。我把衣服、帽子和挂牌小心翼翼地放进书包里。

"我们今天给你们的东西都是访问马尔代夫时用的。不要弄丢了。你们回班吧。"我拿着贝贝书包回到了班上。

中午刚打到饭,又来了一个广播。"请去马尔代夫的同学到教导处开会。"哎,我叹了一口气。怎么又开会? 我还没有吃饭呢。没办法,我只好放下饭盒,赶到教导处去。

一进教导处,王主任就给我们每一个人发了一个培训活动表。

体育课　时间:上学前 7:15　地点:操场

音乐、舞蹈课　时间:每天早、晚操　地点:音乐教室

英语课　时间:周一、二、四、五午饭时间　地点:语音教室

社会课　时间:周三午饭时间　地点:科学教室

剪纸课　时间:周二、四管理班　地点:美术教室

天啊! 这么多课程,怎么学得过来?

"这些课程明天就开始。体育课的吴老师会教你们怎么抖空竹和踢毽子。所以没有毽子和空竹的同学,要赶快去买。另外,我要提醒你们,期中考试马上就要开始了。虽然你们要准备这次访问,但是成绩不能受影响。行,今天会就开到这里。"

在接下来的两个星期中,我们学会了踢毽子、抖空竹,掌握了有关马尔代夫的知识,学会了跳新疆舞、傣族舞、藏族舞以及如何唱一些手语歌。我们在英语课上也学会了一些英语日常用语,还学会了唱一首描写雨景的马尔代夫歌曲。多数课程都不难,我学得也很快。不过马尔代夫歌曲还是挺难的,因为它的歌词既不是中文,也不是英文,而是迪维希语(马尔代夫的当地语言)。

行前,我们应邀去马尔代夫驻华大使馆与大使见面。大使和我们交谈时,突然问道:"曾有一位同学的妈妈给我打过电话。"

"是我妈妈。"我答道。原来,我妈妈在瑞典留学的时候,有一位来自马尔代夫的同学,而大使是这位同学的好友。

经过两个多星期的准备,我们终于出发了!

5 月 9 日一大早,我们都来到校长室集合。每一个人带着一个行李箱,背着学校发的贝贝书包。老师还给每个人发了一个纸袋和一瓶水。纸袋子里装着我们的午饭:肯德基的鸡肉汉堡。

上操铃响了。校长带着我们排好队,走到楼下。我们走上操场的主席台,举着一个牌子,上面写着"团结湖小学马尔代夫交流活动形象大使"。先由校长发言,然后同学代表宇涵同学发言。

下操了。我们背着书包,拖着行李直奔机场。一共有赵校长、王主任、于老师、孙翻译和 16 名"形象大使"。我们上了巴士。现在不能回头了。我肯定会想爸爸妈妈的,但是我的主要感觉是兴奋,因为这是我第一次一个人出国,我在我们家里也是第一个去马尔代夫的。

到了机场,我们托运了行李,看时间还早,就把午饭吃了。没想到,过安检用了很长时间。邵一田同学带了一把水果刀和一瓶香水,被安检拦住了。我、王主任和其他一些同学先进了候机室。那时,机场的大屏幕用英文打出了"last call"(登机最后通知)了。我一看,急了。如果我们来不及登机怎么办呢?但是什么时候登机不是一个小孩该管的事情。我犹豫了一下。我们几个人里,只有我一个人是完全懂英语的(孙翻译还没有通过安检)。无论如何我觉得也有我的一部分责任吧。我赶快告诉王主任说我们现在必须要登机了,因为再等就来不及了。这一说,还真有用。王主任赶快去催邵一田他们。过了几分钟,我们登上飞机了。哎,好险呀。如果这次飞机没有赶上,那要耽误多少事呀!

我向空姐出示了登机票:15J。找到座位之后,我看到坐我旁边的是好朋友周欣研。我们坐下后,就系上了安全带。"飞机起飞可怕吗?"同学欣研问。

"不可怕呀,挺好玩的。你没有坐过飞机吗?"

"没有。这是我第一次。"

"是吗？"

我好惊讶。我都坐过十多次了。"坐飞机没有什么大不了的。第一次可能有点害怕,坐几次就好了。"

过了一会儿,飞机起飞了。飞稳定之后,飞机上的服务员给我们送来了午饭。

欣研正跟我聊天呢,突然,她的手不小心碰到了她的橙汁,把橙汁打翻了。橙汁洒到了我和欣研的身上。"啊!"我赶紧拿纸巾,把身上的橙汁擦干了。

"对不起。"欣研皱着眉头地说。她又要了一杯可乐。

结果,她把可乐也打翻了。我的裤子上又溅了可乐。"'好事'成双。"我哭笑不得。

我们两个聊了好久。飞了六七个小时,飞机开始降落了。我们落地后,校长说:"同学们,不要下飞机。我们再坐一站。"

飞机再一次起飞了。飞机飞稳了之后,灯都关了。我看了看手表,可不是,都晚上 8 点多了。今天一天可真累啊。我刚打算睡觉,坐在我们前面的同学幸雨说:"哎,若珈,欣研,你们每个人前面都有一个电视屏幕。上面还有好多游戏呢。"

"是吗？"我突然兴奋起来。果然屏幕上有好多游戏。虽然都不是我很爱玩的,但是也挺有趣的。我津津有味地玩了起来。

玩着玩着,飞机到了,这时已经 11 点多了。我还没有来得及睡觉。算了,我想:过一会儿再睡吧。我们收拾好东西,下了飞机。但我们还要再转一站。本来我们是在候机室等下一趟飞机的。但是,太早了,候机室还没有开。我们坐在候机室外面等。何润遥拿出了他的摄像机,给我们拍录像。他拍的录像很好玩。我们看得哈哈大笑。真有趣!我也拿出相机拍录像。不过一会儿,带着相机的同学都开始拍录像了。

候机室终于开了。这时都快半夜 12 点了。啊! 好困呀。一般我 9 点半就睡了。但是,我现在睡也睡不踏实。怕一睡就睡过了,要睡只能在飞机上睡。

等了一会儿之后,老师宣布:"把东西收好。我们要登机了。"我打了一个哈欠,看了看手表,都凌晨1点了。总算可以登机了!

我上了飞机,倒头就睡。这段飞机坐的时间短,只睡了一个小时,就被飞机广播吵醒了。"烦死了……"我喃喃道。但是想到我们到马尔代夫了,我又兴奋起来了。

下了飞机,感觉外面又闷又热。可不是嘛!马尔代夫是热带国家,降雨也很多,所以感觉特别闷热、潮湿。我们去领了行李,一出机场大门,就看见加马鲁丁学校的接待家庭。接待家庭的孩子们每人拿着一个花环,出来一个中国同学,他们就往同学们的头上戴一个花环。我们都带上自己的胸牌,好让接待家庭认出我们是谁。

我的接待家庭是哪一个?我急迫地寻找着。突然,有一位高大的女人问我:"你是若珈吗?"

"哦,对。"我用英文说,"叫我珈珈好了。"

"我是哈斯玛的妈妈玛丽琳。哈斯玛本来要来这里接你的,但是后来实在太困了,就提前睡着了。真不好意思。"

"哦,没事。我可以理解,现在已经很晚了。"我们两校的同学以及校长(还有王主任和余老师)一起合了影。然后我们坐着一条船去马尔代夫的首都马累岛。马尔代夫的小孩告诉我这种船叫"多尼",是用椰子树做的。

到了马累岛,我坐进玛丽琳的车,我刚想从右边上,又发现驾驶座在右边。呵!跟中国正好相反。我从左边上了车。在车上,我们左拐右拐。这里的街道都窄,因为马累岛本来面积就不大。有些小路是用石头块砌成的。开了10来分钟,玛丽琳停下车,带着我走进一条小胡同,进了一座楼。

他们的房子还不错,跟我们家在北京的房子差不多大。我说:"我先冲一个澡吧。"玛丽琳同意了。她说,哈斯玛的卧室里带有一个卫生间。我进了哈斯玛的卧室,里面有两个小床,拼在一块。哈斯玛已经睡得很香了。我轻轻地从行李袋中拿出睡衣、内衣和浴巾。然后走进了卫生间里。

我打开水,从淋浴头中喷出来冰凉的水。天啊!我赶快调水温。咦?从哪里调?难道不能调?我想起来了,马尔代夫是热带国家。一年四季都是夏天,没有冷的时候,各家各户也就没有热水。我洗热水澡洗惯了,再洗冷水澡,怎么适应得了?凉水哗哗地往身上冲。我哆哆嗦嗦地冲了一下,也顾不上打肥皂,就把水关了,裹在浴巾里。这里的水那么凉,我都不敢冲了。

我穿好衣服,来到了客厅里。哈斯玛家的保姆给我做了小三明治当夜宵吃。一般这个时候,我都不想吃东西,但是,我都坐了一整天的飞机了,比较饿,就吃了一点。玛丽琳也跟我一起吃。

我一边跟玛丽琳聊天,一边吃。突然从墙角中爬出一个蟑螂。我的眼睛睁得大大的。"那儿有一个蟑螂!"我叫道。

玛丽琳一转头,也看见了蟑螂。蟑螂躲到了烤箱的后面。她从茶几上拿出一瓶杀虫剂,在烤箱边上乱喷一阵。

"太对不起了。"玛丽琳向我道歉,"不要担心。我们家里很少来蟑螂的。"我还是不很放心,因为我最怕虫子了。

吃完了夜宵,我就刷牙睡觉了。这时已经很晚了,我很快就睡着了。

做饭的声音把我给吵醒了,我揉了揉蒙眬的睡眼,刚想叫爸爸,才想起自己是在马尔代夫。在我旁边的床已经空了。

洗漱完了,我走到客厅里。"早上好,哈斯玛。早上好,玛丽琳。"哈斯玛是一个长得很健壮的女孩。她虽然比我小几个月,但是比我高许多。

"早上好,珈珈。"玛丽琳说道。哈斯玛家的保姆端出来好几盘菜。有肉肠、饼和鸡蛋等。

吃完早餐,我拿出日程表。今天没有学校的活动,让我们跟接待家庭熟悉熟悉。哈斯玛在旁边玩气球,问我:"你玩吗?"

"好吧!"

玩气球听上去可能挺幼稚的,但是实际上非常好玩。我们像打排球一样,一个人打给另一个人,这样来回打。玩累了,哈斯玛从衣橱里拿出了好多游戏。

"咱们玩大富翁吧。"哈斯玛说。

"好呀!"

我们拿出游戏开始玩。正玩到最精彩的一部分,玛丽琳走进我们的卧室。"孩子们,今天我带你们去住旅馆吧。"旅馆? 我最喜欢住旅馆了。"好呀!"我们兴奋地说。

哈斯玛的爸爸开车,到了一家旅馆。哇! 好高级呀。登记好了之后,我和哈斯玛在旅馆里玩。

到了午饭点,我们去了旅馆一层的餐馆吃饭。我们吃了三明治、意大利面、薯片等。哇! 好好吃! 我觉得很美味,因为好久都没有吃这么地道的西餐了。

下午我们玩了一会儿之后,玛丽琳说:"你们要不要去游泳。楼下有一个露天泳池。"

"要!"我和哈斯玛异口同声地说。这么热的天,正适合游泳。我穿好泳衣和哈斯玛一家去楼下游泳。玛丽琳和哈斯玛的爸爸都没有下水。就是我和哈斯玛游。

我跳进水中。呀! 好冷。真爽啊!

外面太阳暴晒,虽然我已经抹过防晒霜,但是我们还是尽量找没有太阳的地方游泳,因为阳光实在是太强烈了。

我们在泳池里比赛游泳。我还在泳池里翻跟头。

我们在水里玩呀玩,一直玩到吃饭时间。我们回到屋子里,洗了澡,换好衣服,然后去吃饭。

吃完饭已经很晚了,我们开车回家。在路上时,我望着天空,啊! 我屏息凝视。碧蓝的天空上闪耀着上千个星星。那景色美妙得无法用语言来形容。

第二天我们去参观马尔代夫的美丽景色。上午我们去了一个教堂,一个庙,还有一个美术馆。接着,我们去了一个当地的鱼市。马尔代夫的鱼和其他海鲜都很新鲜,鱼市也不少。

我们去哪儿都要坐船。马尔代夫本来就是一个岛国,而且每一个岛

都很小。就连首都马累都很小，沿着它的海岸线走一圈只需要 40 多分钟!

中午，我们回到自己的接待家庭。我吃完午饭后，哈斯玛的爸爸带我去买纪念品。街上的商店好多呀! 可以买的纪念品太多了。我买了几个吸铁石饰品和一个里面有海豚的雪花玻璃球。有一次我在一个店里买了一个吸铁石饰品，店主看我是来马尔代夫的游客，就又外加送我了一个吸铁石饰品。马尔代夫人用的钱叫"拉菲亚"。但是店里也直接收美元。买完了东西，我跟哈斯玛的爸爸说我喜欢收集硬币，他就从家里找出了几枚马尔代夫的硬币(叫"拉列")给我。我很高兴。在这之前，我收集的硬币都是妈妈送给我的。这是我第一次在这方面做出自己的贡献。

下午四点多，我们去参观另外一个岛。带队的马尔代夫朋友没有告诉我们这个岛的名字，但是它的风景却至今依然留在我的心里。

我们是坐快艇去的。快艇开得飞也似的，海风飕飕地吹着我们。"好爽!"同学们在船上兴奋地叫着。过了大概半个小时，我们就从马累"飞"到了"无名岛"。

岛上的树真多呀! 就像一个翠绿的碟子。码头是一座用原木搭成的长长的栈桥。栈桥的顶端是一座小草屋。穿过小草屋，就钻入了秘密的热带雨林。沿着弯弯曲曲的林间小路，我们来到了一个儿童游乐场。玩了一会儿，我们钻出密林，来到了海滩。远远望去，在落日的背景下有一艘小帆船泊在碧蓝、清澈的海水中。哇! 我们不约而同地拿出相机，"咔嚓! 咔嚓!"地拍照。随后，我们脱下鞋在海水里嬉戏、追逐，在沙滩上写字，看着海浪慢慢地把字迹抹去。可惜忘带泳衣了，没有游成泳。

第三天，我们坐海船去了另一个岛。这次我们都带上了泳衣。在岛上，我们直奔沙滩，争先恐后地冲进层层海涛之中。好久没有在海里游泳了。温暖的海水让我想起了从美国返回中国途中在夏威夷海滩游泳的情景。

顺着沙滩，我们又来到了一片长满珊瑚的浅滩。珊瑚很割脚，我们穿着塑料凉鞋下海。海水清澈见底。粉色、棕色、翠色的珊瑚在海水里微微摆动，好像在欢迎这些来自中国的客人。

上岸后，在沙滩漫步，一边走一边捡贝壳。贝壳有的像蒲扇，有的像螺旋。有的比半个手掌还大，有的比指甲盖还小。同学们比来比去，看谁找到的贝壳最漂亮、最别致。游览结束时，我们又把贝壳放回去了，因为这些是马尔代夫的财产。

第四天上午，我们去参观加马鲁丁学校。参观过程中，马尔代夫的老师介绍了学校的设施。我为同学们翻译。教学楼很像一座城堡。里面有30多间教室，一间很大的图书室，还有一间专门给聋哑学生上课的教室。给聋哑学生上课的老师还教了我们一些手语："你好"、"谢谢"、"爱"和"再见"。

中午我们去拜会了马尔代夫教育部长。部长和我们校长交谈后，还问了我对马尔代夫的印象以及生活是否适应等等。我用英语一一作了回答。

下午，我们有文艺演出。离开部长办公室后，我就赶到孙翻译屋里去写英语开场白，还为每个节目写了一段简单的英语介绍。匆匆忙忙写完后，就赶紧上车，前往加马鲁丁学校礼堂。

文艺演出开始了！马尔代夫同学先跳了一种当地民间舞蹈。接着，由我代表团结湖小学发言。我用英语说："北京奥组委开展了'同心结'文化交流活动。从北京2000多所学校中，选择了200多所学校与参赛的国家和地区建立了一对一的联系。我们学校非常有幸和美丽的国家马尔代夫共和国建立联系，我们又有幸和贵校建立了'姊妹校'联系。这次文化交流活动使我们增进了解，是我们友谊的新起点……我们相信，通过交流，我们之间会更加了解，我们的友谊会更加深厚。"然后，我受全校师生的委托，邀请加马鲁丁学校的师生在奥运会期间，到中国、到北京、到我们的学校做客，一起分享奥林匹克的快乐。礼堂里一片掌声。

接下来，中国小朋友表演节目。我是活动的主持人。

"微笑是世界上通用的语言。请欣赏手语歌'歌声与微笑'。"我对着话筒说。我们站好队形。听着音乐，一边唱歌一边做手语。

　　第二个节目是舞蹈。听着那耳熟的"哇哈哈"歌曲,我们跳起了新疆舞,又是翻手腕儿,又是扭脖子。"哇哈哈"歌曲结束了,"金孔雀"的音乐又响起。我们围成一个半圆,中间三个团里的女孩跳着模仿孔雀的傣族舞,围着圈的人唱歌。"孔雀们"一会儿展翅飞翔,一会儿伸着脖子东张西望。她们婀娜的舞姿伴着优美的音乐真是美妙。后来,我们还跳了藏族舞和一个奥运集体舞。然后是手语歌"超越梦想"和一首奥运手语歌。

　　接下来,我们唱了那首讲雨景的马尔代夫歌曲。我们还请了马尔代夫同学上台,和我们一起唱。最后一个节目是抖空竹和踢毽子表演。只有几个练得最好的同学在台上表演。其实我空竹也抖得不错,还会"蚂蚁上树"(抖空竹的一种动作)呢。不过,老师没有选我去表演,可能是因为我已经做了很多事了(又是演讲又是主持),老师想给其他同学一些机会。我们也请马尔代夫同学们上台,教他们怎么抖空竹和踢毽子,然后把空竹和毽子送给了他们。演出结束时,马尔代夫同学们发言说他们很喜欢我们的表演,很喜欢知道中国的知识。

　　当晚,加马鲁丁学校的老师与同学给我们举办了告别晚会,向每位中国同学赠送了一张装在镜框中的合影、一条马尔代夫风光浴巾和一瓶当地风味的辣酱。

　　回到住处,我妈妈的马尔代夫同学来看望我。他给我带了一包纪念品,里面有一面马尔代夫的国旗和一个袖珍旗杆座,一件印有马尔代夫地图的 T 恤,还有一条毛巾,上面印着一条五彩斑斓的热带鱼。

　　好多礼物呀!我原来的行李箱根本装不下。接待我的家庭一看,又送我了一只小行李箱。

　　要走了!真舍不得。在机场,我们依依不舍,有的同学忍不住哭了。

　　马尔代夫电视台的记者也赶来了,拍摄我们告别的情景。一位记者采访我,问:"你对马尔代夫有什么印象?""这儿很好,风景很美,接待家庭对我们也很热情。给我们留下了深刻的印象。"记者听说我们学会了一首马尔代夫的歌曲,就让我们唱。我把同学们聚集起来,又一次唱了那首描写马尔代夫雨景的歌。

最后，我们和马尔代夫朋友相约在北京再聚！

北京奥运会期间，许多这次结识的马尔代夫朋友真的来北京观看奥运会，并参加其他和奥运会有关的活动。

二、迎奥运英语演讲比赛
（我与奥运之二）

2008年，为了迎接奥运，我家所在的社区组织了一次英语演讲比赛。学校的余老师让我代表我们小学参加这次演讲比赛。

余老师通知我参加迎奥运演讲比赛是在学期结束前的星期五，而比赛的日期是下一个星期二，比赛前一天还有一个排练，每个参赛的人都要试讲一遍。只有4天了，我没有时间赶写演讲稿。余老师也意识到了时间的紧迫性，就为我准备了两份讲稿供选择。第一篇是一位小学生写的，很简单，题目是"我的2008"。第二篇是一位高中生写的，很长，用的词句也比较复杂，但是对于我来说也并不难，题目是"绿色奥运我参与"。如果我选第一篇做我的演讲稿，就不需要花很长时间准备，10分钟就背熟了。可是它太简单了，不能完全发挥我的英语特长。评委也不太可能给我打高分。可是第二篇又太长了，一共有620个单词，我一看它就眼花。这么长的文章我需要多长时间才能背下来呀？而且这周末，我和爸爸妈妈计划还要出去玩的。但是，仔细一想，这篇文章对我来说也不难，只不过是需要多一点的准备时间。琢磨来，琢磨去，最后我还是选择用第二篇："绿色奥运我参与"。因为，第一，这篇文章思想很成熟，里面的内容也很实在。第二，它的主题很好，绿色奥运也是我非常关心的一件事，环境保护很重要。第三，文章比较难，也很长，虽然需要多花一点时间来背，但是也划得来，因为到比赛的那一天，我可以发挥出我真正的英语水平，让社区的人们看一看我的英语有多好。

这个周末，我们全家早就准备去北京市郊平谷区的京东大峡谷和京东大溶洞玩，并在那里的旅馆过夜，庆祝我在中国上学的第一个学期的结束。回来，就是星期一了。我就没有时间再背诵演讲稿了。所以，只能把

稿子带去,在旅馆里背诵。

余老师把两份演讲稿都发到了我的电子邮箱里。晚饭后,我就在电脑上对第二篇演讲稿作了修改。这篇演讲稿写得不错,但是有些地方有些重复、啰唆,有些英语用词和句子也不是很地道。改完后,我想起我们家里没有打印机,如果想把稿子带到旅馆,就只能自己用手抄了。哎!我拿出一个小本,开始抄。

我花了整整一个晚上来抄这篇演讲稿。抄着抄着,我开始有些绝望。"这么长的演讲稿我怎么才能背下来呢?"我自言自语地说。

这句话被爸爸听见了,他说:"我会帮你的。我保证等我们这次出游回来时,你会把它背得滚瓜烂熟的。"

第二天,我们在平谷风景区玩了一天。真高兴!可是一到了旅馆,我想起了演讲的事情,就烦恼起来。我倒在旅馆的床上,拿出小本。可是这时,我不知道该怎么做了。这么长的演讲稿到底怎么背最快、最好?一般背古诗,背课文,都是一句一句或者几句几句地背。可是这篇文章那么长,至少有八九十个句子。照这样子背,我要背到何年何月呀?不行,太麻烦了。

我又想起老师说的:如果一篇文章读到一定的程度,就会自然而然地背下来了。这个方法不错,可是这个演讲稿那么长,读了 50 遍我也不可能一个字、一个字地背下来呀。

我左思右想,这篇文章怎么背都不太方便。

后来爸爸提议:"你一段一段地背。一个段落读了两三遍后,你就试着背。想不起来了,没关系,你看一眼文章就可以了。这样你试着背几次,就背下来了。"开始我觉得这样子不太可能,一段读一两遍怎么能背下来?整篇文章有 6 段,一段大约有 100 个词。

爸爸说:"我没有要求你背几次就背下来呀。你忘了可以看的。这样的话,如果你忘记了一点,看了之后,印象就会很深刻。很快就背下来了。"我刚想争辩,但是又没有开口。因为,细想一下,爸爸提议的这种办法也许不错。至少比我的办法好些。我便开始用他这种办法去背诵。

　　我将第一段读了两遍，然后就不看我的本子开始背。虽然不能完全记住那段话，但一忘词，我就瞥一眼那一段，这样，没几分钟我就背会了第一段……

　　整篇文章我用 20 多分钟就背会了。当时，我又兴奋又惊讶。我连自己都不知道我能背得那么快。要知道整篇文章背诵一遍，就需要五六分钟，可是，我真正用来背会它的时间才 20 分钟！

　　星期一，我和妈妈到社区礼堂参加排练。

　　到了决赛那一天，我一大早来到社区办事处的会议大厅。参赛选手除了我以外，全部都是大人，一个孩子也没有。这些大人很多都是学英语的……更奇怪的是，他们都是通过了预赛和半决赛才有资格参加决赛的，而我直接进入了决赛。我心里感觉特别骄傲。可是，他们学英语都有那么多年了，会不会比我更好？

比赛的主评委是北京外国语大学的陈琳教授。

　　比赛的主评委是北京外国语大学的陈琳教授，他是中国最有名的英语教授，我爸爸妈妈学英语时就学过他写的书。评委中还有几位从美国来中国教书的英语教授和一位中国原来驻外国的大使。

　　奥运英语演讲比赛开始了！我第三个演讲。前面两个选手演讲时，我什么也没有听到，只是默默地想着我的演讲稿。

　　该我演讲了，我走上台，心怦怦直跳。好紧张啊，如果我在演讲中忘记演讲稿该怎么办呢？我把这些想法推开，现在没有退路了，我已经站在演讲台上了。我深深地吸一口气，心里想：我这次一定要得一个一等奖，为我们学校争光。

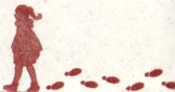

"尊敬的各位评委、女士们、先生们：大家好！"我用英文说。

"今天我演讲的题目是'绿色奥运我参与'。

"绿色奥运是 2008 年北京奥运会的三大理念之一……实现'绿色奥运'仅仅靠政府是远远不够的，作为北京的小学生应该积极地投身到'绿色奥运'的建设与宣传当中去。从我做起，从我的家庭做起，从我身边的朋友、同学做起。

参赛选手除了我以外，全部都是大人，一个孩子也没有。

"以前，我有一个不好的习惯，每天冲澡时冲洗的时间特别长，有点浪费水。一天，我在《北京日报》上看到了一则关于北京水资源短缺的文章，说北京市每年用水量大概是 3.7 亿立方米，而密云水库的蓄水量仅有 7.7 亿立方米，官厅水库的蓄水量仅有 1.9 亿立方米，水资源的供需矛盾十分尖锐。看到这则报道后，我开始改变习惯，每天洗澡时，尽量在很短的时间内洗完。我算了一笔账，每人每月洗澡节约一吨水，北京市 1400 万人口将节约 1400 万吨水……实现绿色奥运就是应该从身边的这些小事做起。

"'绿色奥运'应该从点滴做起，从我做起，从我周边的人做起。弘扬奥林匹克精神，宣传绿色奥运理念，让 2008 北京奥运真正做到'绿色奥运'。这正是每一个爱好和平、追求和平的人义不容辞的责任，也是我们每一个小学生的思想境界和追求。谢谢大家！"

演讲结束，我得了一等奖。除了一个证书之外，还得到了一套奥运吉祥物福娃。我把奖状和奖品拿到校长办公室，校长非常高兴，说："奖品你拿回家，奖状留在这里，我要在下次全校学生集会上发给你。你获得演讲比赛一等奖，是我们学校的荣誉。"

三、升旗、观赛和参加闭幕式（我与奥运之三）

2008 年 8 月 8 日，北京奥运会开幕。第二天，因为我们学校跟马尔代夫的一所学校在 2008 年北京奥运"同心结"活动中结成了姐妹学校，马尔代夫驻中国大使邀请我、惠玉和研硕三名同学去奥运村参加马尔代夫奥运代表团的升旗仪式。

下午，我们在学校集合。人都到齐后，我们上车，出发！坐了差不多一小时的车后，我们到了另一所学校。走进了那所学校，带队的老师对我们说：我们的任务是让参加奥运会的运动员在我们学校的两把扇子上签名。我还有一个任务，就是把一份礼物（一个陶瓷做的奥运盘子和几本有关奥运的书）送给马尔代夫奥运代表团团长。等了半个多小时，我们跟着许多别的学校的同学和老师一起上了大巴，准备入村。

过了 5 分钟左右，我们就到了奥运村门口。老师发给我们每个人一个能够让你进村的牌子。过了安检后，我们就进了村。奥运村真大，一眼望不到头。村里有很多楼房，我知道它们都是运动员住的房子。在通往升旗广场的路上，我们遇到了很多国家的运动员。我和研硕轮流用英语向他们要签名。开始，我有点害怕向运动员要签名，因为，这是一次全新的体验。不过，运动员们对我们都很友好。他们总是笑眯眯的，而且都很愿意给我们签名。没一会儿，我就不怕了。每次要签名时，我都要提醒自己要热情、大方，微笑地面对他们。我一定要让他们知道，北京非常欢迎他们，北京希望他们能在奥运会中取得良好的成绩。我们向运动员们一个一个地要签名，不知不觉地走到了升旗广场。升旗广场很大。一进去，

上百个国家的国旗呈现在我们眼前。它们在空中飘扬，每一面国旗都那么鲜艳！每一面国旗都不一样，都有自己的风格，自己的颜色。那么多面国旗在一起，我觉得我们就像是在一个大家庭里，心里有一种平和的感觉。我看着、看着，就不知不觉地笑了。

我们坐在座位上，等着升旗仪式开始。几个国家的代表团和官员都到齐了，解放军仪仗队战士拿着国旗进来了。他们把国旗挂在旗杆上。升旗仪式就要开始了！两个主持人站到台上，开始讲话。他们先请北京奥运村负责人讲话。然后就开始升旗。升的第一面旗是奥运五环旗。然后，升马尔代夫国旗。主持人请马尔代夫奥运代表团团长站到台上。马尔代夫的国歌非常优美。马尔代夫的国旗也很漂亮。那红边、绿底、白色新月的国旗在空中飘啊飘啊，逐渐地"飘"到了旗杆的顶端。后来又升了四面其他国家的国旗。在升国旗过程中，还演奏这些国家的国歌，我们都站了起来。气氛很庄重。

用英语向他们要签名。

升旗仪式完了之后，我们和马尔代夫奥运代表团团长、马尔代夫驻华大使一起照了相。我把那份礼品送给了他们。送礼物的时候，我心里美滋滋的。因为，我觉得这个任务非常光荣，很少有人有这样的机会。接着，马尔代夫驻华大使还回赠了我们学校一份礼物。我也很高兴地收下了他们送给我们学校的礼物。下一场升旗仪式快要开始了，马尔代夫代表团和其他国家代表团都回到自己的住处去了。后来，我们又看了三场升旗仪式。

送礼物的时候，我心里美滋滋的。因为，我觉得这个任务非常光荣。

参加升旗仪式让我觉得很光荣。因为我知道这是特别难得的机会。在各国运动员和官员之外，能够进奥运村参加升旗仪式的人不多。在北京参加其他国家代表团的升旗仪式，让我感觉到了奥运会大家庭的温暖和各国人民之间的友好。奥运不光是一种比赛，它也是全世界人民友谊的桥梁。

参加完升旗仪式后，最让我兴奋的就是观看奥运会比赛了。为了能够看上北京奥运会的比赛，奥运会前一年，我们还在美国时，爸爸就在网上订购比赛门票了。想看奥运会比赛的人太多了，订了比赛门票之后，还要抽签决定谁可以得到门票。每一个人可以订八场比赛的比赛票，我爸爸订了七场比赛的票。结果七场比赛中抽中了五场。分别是女子体操、沙滩排球、女子排球、游泳和垒球。另外，爸爸的一个朋友送了我们两张网球赛的票。

开始我有点失望，因为有两场比赛看不成了，但爸爸却说这已经算幸运的了。爸爸说他有一个朋友，他们一家八口人，每个人都订了八场比赛。八八六十四，他们一家一共订了六十四场比赛的票，但是结果一场也没有抽中。

在这几项比赛中，最有趣的是女子排球。那天我们正好赶上了中国对日本。去看比赛前，我在脸上贴了一个中国国旗的贴画，表明我是为中国队加油的。

排着长队，我们终于进了体育馆。比赛开始了！第一次发球，中国队就赢得了一分。观众们大声欢呼！每一次中国队得分，全场就人声鼎沸，

大喊："中国队加油！中国队加油！"只有一小片人是为日本喝彩，他们的声音基本上都听不见。最后，中国队 3 比 0 获胜！观众一片狂欢。

有一次，我们去看沙滩排球。虽然沙滩排球场就在我们家不远处的朝阳公园，但是步行也稍微远了一些，所以我们就决定坐出租车去。进了公园的正门，大概还要走 20 分钟才能到沙滩排球的比赛场地。

沙滩排球挺精彩的。因为每个队只有两个成员，所以运动激烈。开始看得挺好的，但是后来下起雨来了。沙滩排球在下雨时也会继续进行，我们也继续看。雨越下越大，穿着雨衣看，十分不舒服。最后，我们决定即使沙滩排球的比赛没有看完，也先回家了。

雨下得很大。我们出了场馆后，就发现了一个侧门。这时，我们面临着一个选择：假如我们从这侧门出去，就不需要淋着雨一直走到远一些的正门；但是，从侧门出去，外面是高速公路，可能不好找到出租车。而且，一旦从侧门出去，就再不能进来了。假如说真的找不到车，就只好绕到公园正门，则需要走更多的路了。

最后，我们还是决定冒个险，从侧门出去了。结果等了大概 5 分钟，来了一辆"黑车"，我们就打"黑车"回家了。虽然稍微被雨淋了一点，但是我们走运了，至少比选择从正门出去少淋了一点雨。

除了女排、沙滩排球外，在体操比赛中我们看了女子团体，其中有最终获得金牌的中国队出赛；在网球赛上，我们看了当年排名世界男子第一和第二的费德勒和纳达尔（不过不是他们两人之间比，因为不是决赛）、排名世界女子第一的杨科维奇和中国最有名的选手李娜和郑洁；在游泳比赛中，我们看了菲尔普

我在脸上贴了一个中国国旗的贴画，表明我是为中国队加油的。

斯(不过也不是决赛)。垒球比赛的票不是特别热门,主要是因为在中国几乎没有人玩垒球,而这种球的规则又特别复杂。不过在美国,垒球和棒球(两种球几乎是一样的,不过男生玩的叫棒球,女生玩的叫垒球)是最风行的体育运动之一。几乎每个社区都有棒(垒)球场。我对它的规则也挺熟的,就和爸爸去看了。

除了这六场比赛之外,我还去看了女子马拉松比赛。马拉松就在大街上跑,随便看,不用门票。对爸爸和我们一家人来说,去看马拉松比赛有特别的含义,因为以前爸爸跑完过马拉松(2002年的北京马拉松),当时我还在路边给他加油呢。

我们一早就到了一个路边观看女子马拉松比赛的地点,因为运动员们只会跑过一次,如果错过了就再也看不到了。那天,我还在脸上贴了一个中国国旗的贴画。爸爸穿着他当年跑马拉松时发的运动服。

等了一会儿,一位马拉松运动员跑了过来。咦?我想。怎么就一个人呢?后来,爸爸跟我说,他相信那是一只"兔子"。"兔子"的任务就是一开始就跑得特别快,让其他的运动员跟着她。但是到了最后,那些开始跑得快的运动员们就没劲再跑快了,然后后面跑得慢的运动员就追上来超过了她们。说到这里,你该明白了吧,"兔子"的任务实际上是打乱竞争对手的计划,帮自己的队友取得好成绩。

"兔子"跑过之后,大概过了几分钟,剩下的运动员才跑过来。看来,她们都没有上当,没有跟着"兔子"跑。

后来,我们到家后,看了新闻才发现,那只"兔子"其实根本就不是"兔子"。她本来就是一个跑得很快的运动员。她一直都跑得比较快。到了她快要胜利的时候,别的运动员才发现她其实不是一个"兔子",但是这时她们已经追不上了,于是她就赢得了第一名。从新闻里还知道,跑第三名和第四名的都是中国运动员。马拉松要跑42公里多,一口气跑完这么远就很不容易,要在奥运会上取得奖牌就更不容易了。

奥运会之后就是残奥会,我去"鸟巢"看了田径比赛。这是我第一次进"鸟巢",觉得特别壮观。

整个奥运会和残奥会的最后一场活动是残奥会的闭幕式。那天是2008 年 9 月 17 日，我和妈妈作为国际残奥委会主席克雷文先生的客人，去参加了闭幕式。我爸爸当时在北京奥组委工作，是克雷文先生的联络官。我们坐在观众贵宾席的第一排。坐在我们前面的就是参加残奥会的中国队运动员。我们正对着奥运火炬。每位观众的座位上都有一只礼品袋，袋里有一支特殊的手电筒（它射出来的光是银白色的）、一套微笑圈、一条残奥会丝巾、一面中国国旗和一面国际残奥会会旗。

闭幕式开始时，主持人先向我们介绍礼品袋里的每一件礼品各是干什么用的。说到手电筒时，他们让我们把手电筒拿出来，打开开关，然后绕着圈照。顿时，整个鸟巢暗下来了。大家按照主持人说的，开始照。哇，好漂亮！我们四周好像洒满了数不尽的星星。星星像透明晶亮的小宝石，每一颗都发出了星星点点的光。

演出开始了，先升中国国旗，奏中国国歌。然后，奥运志愿者们举着参加残奥会的国家的国旗，在鸟巢里绕场一周。接着，给顽强拼搏的运动员们颁发奖牌，给志愿者代表颁发鲜花。文艺表演"给未来的信"开始了。第一个节目叫"香山红叶"。许许多多穿着黄、橙、红色裙子的跳舞演员跑进场内，随着歌声跳起舞来。成千上万片红叶从鸟巢上方飘了下来。飘落下来的红叶跟演员们婀娜的舞姿相配在一起，简直太美了。红叶不停地往下落。落呀，落呀，地上到处都是红叶，好像铺了一层厚厚的红地毯。舞蹈演员们排着整齐的队，在鸟巢里围成了一个大信封的样子。接下来的节目是"播种"、"浇灌"和"欢庆"等。最后一个节目也很不错，叫"寄往未来"。一些演员打扮成穿银色服装的邮递员，慢慢地从鸟巢两边"飞"了起来（是用绳子吊起来的）。他们在空中翻跟头，一会儿"飞"起来，一会儿又降落到地上。还有一些演员打扮成云朵，在鸟巢中间的空中"飘"（也是用绳子吊起来的）。他们悠闲自得地在空中"飘"着，真像是朵朵白云。文艺演出结束了。北京奥组委主席和国际残奥委会主席上台演讲。当残奥委会主席说道："这是历史上最好的一次残奥会"和"谢谢，香港！谢谢，青岛！谢谢，北京！谢谢，中国！"（第二句话他用中文说的）

时，整个鸟巢响起了热烈的掌声。然后，降残奥会会旗。北京市市长和伦敦市市长上台，和残奥会主席做了交接旗仪式。来自英国伦敦的演员们表演了接旗演出。接着，就要熄灭圣火了。一个聋哑女生用手语跟圣火说再见。说着，说着，圣火就慢慢灭了。突然，啪！啪！啪！鸟巢旁响了三声。我们转头去看到底是什么。啊！原来是礼花。礼花像盛开的菊花，五光十色，绚丽多彩。残奥会闭幕结束了。

在闭幕式上，当我听到残奥委会主席演讲时说"谢谢，香港！谢谢，青岛！谢谢，北京！谢谢，中国！"时，我特别地高兴。因为，全中国的人多多少少都为奥运会和残奥会做了贡献。其中，我参加了奥运"同心结"国际文化交流活动和社区奥运英语演讲比赛。"谢谢，中国！"说出了各国朋友对我们大家努力的感激之情。让我特别高兴的另外一个原因是，"谢谢，香港！谢谢，青岛！谢谢，北京！谢谢，中国！"这句话是我爸爸帮残奥委会主席编的。

四、"希望号"奥运星搭载活动

2008 年 5 月的一天，学校老师向我们同学们介绍了"希望号"奥运星的搭载活动。老师希望我们每一个同学都试着提出一个搭载方案。当时，我没有完全理解这个活动的意义，所以对它也没有什么兴趣。而且，我那时太忙了，没有时间做这个项目。

6 月的一天，快放学的时候，我们班的科学课老师宋老师跟我说："我们学校提出的两个'希望号'的搭载方案在全国的 105 个方案中被选中去西昌参加答辩。被选去参加答辩的 44 个方案中，将有 4 个方案被专家评为一等奖，剩下的就得二等奖、三等奖和优秀奖。最后还会有一个方案被搭载到'希望号'卫星上，发射到外空。我想各找 3 名同学来代表这两个方案参加答辩。你愿意作为'微重、强辐射对秋茄树种萌发的影响'方案的代表去参加答辩吗？这个方案是子萱同学提出，子萱自己也要参加答辩，另外一位参加答辩的是子毅同学。"

虽然，我不太懂这个活动，但是我明白这可是一个来之不易的机会。所以，我就立刻同意了。

放暑假了！我们终于可以随意地玩啦！但是，我好像高兴得太早了一点。刚放松不久，宋老师就给我打了一个电话，通知我和其他参加答辩的同学，来学校参加答辩培训。所以，我只好在朋友们都去团结湖公园玩水的时间，待在闷热的教室里学习。

在去西昌前的一周，我、子毅、子萱和另外一组答辩的同学欣研（她和我一起去了马尔代夫）和祎婧每天上午都来到科学课办公室，与宋老师和另外一位科学课老师刘老师进行答辩培训。因为我们去西昌参加答辩时需要向专家们介绍我们的搭载方案，还需要回答专家们提出的有关我们方案的问题，所以宋老师先要求我们把方案读熟。子萱和子毅很快就把方案读熟了。而我呢，当时刚从美国回到北京不久，说中文不是很利落，朗读段落也比较吃力，练了一段时间，还是读得磕磕巴巴的。我艰难地读了一会儿，就读不动了。宋老师看我这样，教育我说："想把语文学好，就是靠高声朗读。要不怕艰苦，想把这个方案读熟，每天就朗读……20遍！"

20遍！我当场就快晕过去。但是，我知道宋老师是为我好，所以，参加训练的第一天中午，吃完了学校食堂的饭（不知道为什么学校在放暑假的时候还有厨师在食堂里做饭），我就开始朗读方案。那个方案大概有三四页纸长，我读了一个多小时，才读了10遍。后来到家吃晚饭后，我又读到了8点多，才把20遍读完了。

但到了后来，我也坚持不下去了，一天读到5遍，我就读不下去了。因为，那个方案我已经读了太多遍了，我甚至都能把这个方案一字不差地背下来。再读那个枯燥的方案，我就真的要晕过去了！

每天，我们参加培训时，宋老师和刘老师都会问我们一些专家可能会提出的问题，考考我们。每逢我们回答不上来的时候，老师就教给我们答案，让我们使劲地背。

可是，因为一个小失误，我差点就没有去成西昌。放假前，老师让同学们把自己的联系电话告诉她。有特殊的消息,宋老师会给我们发短信或打电话。因为,我的手机在放假时总是开着的,所以我就把自己的手机号给了宋老师。开始,老师给我发的几个短信我都收到了。后来,放假的一天我赶到学校去做马尔代夫交流活动的事儿(那时,还没有开始培训),我正好碰到宋老师。

她对我急促地说:"哎哟!你怎么不开手机呀!我给你打了几个电话都不接。我要通知你的是订机票的事。所有人员的机票都订好了,就差你啦!"

还好,我碰到宋老师正是时候,我的机票最终还是订到了,就是比其他人的贵一些(其他人的机票都打 3 折,我的是 5 折)。我当时有点纳闷儿。我记得我的手机是开着的呀!一问才知道,原来是妈妈把我的手机关机了,害得我差一点没有买到去往成都的机票。

盼望已久的出发日子终于到了,宋老师、刘老师、我、子萱、子毅、欣妍和祎婧来到了北京首都国际机场,乘坐前往成都的航班。

我们的航班大概在上午 11 点到达目的地。我背着大书包,一走出机场,闷热的空气向我们迎面扑来。四川的天气真是不好受,不仅温度高,而且外面很潮湿,不透气。现在我知道为什么四川人那么爱吃辣椒了。爸爸教过我一个成语——以毒攻毒。在四川,他们不是以热(辣)攻热吗?

我们在成都的大街小巷逛了一会儿后,已经是吃午饭的时间了。我们投票决定先去吃饭。

我们在街上找到了一个四川小吃馆。那里的食物好丰富。但是,大部分都挺辣的。老师点了七八样小吃,有粘糕、凉粉、春卷、泡菜,还有各种汤等,每样要了 4 份。听上去很多,但实际上并不多,因为我们一共有 7 个人,再说,小吃都是一小碟一小碟的,分量很少。

我们吃完午饭,就坐出租车去参观杜甫草堂。我们人太多了,就分着两组坐出租车。我和刘老师一起坐。我们花了 15 元,但是宋老师他们坐出租车才花了 12 元,虽然我们行走的距离一样。真是毫无道理!

　　杜甫草堂是中国唐代伟大的现实主义诗人杜甫(课本中有他写的诗)流寓成都时的故居。草堂里有许多美丽的景观。

　　但是,因为那天天气实在太热了,我们同学们没有顾得上欣赏景观,都跑进带有空调的杜甫博物馆里去了。当时,我就有点后悔没有带我的拉杆书包。往常,我觉得上学背的书包就够重了,但是我那天带的书包(其实也是我的全部行李)可能要比我上学的书包重两倍,都快把我的肩膀压垮了。

　　后来,实在太热了,我们就离开了杜甫草堂,到了一个超市。我们把书包存起来,在超市里面的饭堂买了我们的晚饭:牛肉面。我们还在超市里买了冰淇淋和饮料。

　　吃了晚饭,我们来到了火车站。我们到得比较早,火车还有两三个小时才出发,我们就在附近的麦当劳里等着。

　　9点多,我们登上火车,在火车上睡了一宿,路上走走停停地到了西昌,然后坐巴士去旅馆。

　　当天晚上我很高兴,以为总算能踏踏实实睡一觉了,可根本就不是这么回事。我们的旅馆房间里面又是蚊子又是蟑螂,特别烦人。每一次我快要睡着了,蚊子"嗡嗡"的叫声又把我吵醒了。后来,我看真的睡不着,就干脆不睡了,把灯开了,起来看电视。但是和我睡在同一个旅馆房间里的子毅就正相反。不知道怎么着,她一直就在电视声中呼呼大睡。我怎么推她,都不醒。

　　第二天,我们就参加了答辩。首先,子萱在多媒体上放了一个关于秋茄树的幻灯片,一边播放,一边为专家们讲解我们的方案。

　　"我们希望能够找到一种有价值的植物的果实,它具备种子和幼苗的双重功能,我们通过网络搜索发现,胎生植物可以帮助我们实现这些功能。因为胎生植物的种子成熟以后,既不脱离母树,也不经过休眠,而是直接在果实里发芽,吸取母树里的养料,长成一棵胎苗,然后才脱离母树独立生活。那么,我们选择一个什么样的胎生植物呢?

　　"胎生植物,有很多种类,初步搜寻,发现秋茄、木榄、桐花树等有'胎生苗'的特别生长功能,它们的果实还挂在树上时,种子已长出胚根了。选谁呢?通过这些胎生植物的对比,我们选择了秋茄树的果苗作为我们推荐的航天育种胎生植物。

"我们选择秋茄树果苗的理由:1.秋茄树作为一种植物,有中药材功能:叶子能止血疗伤,杆可以治疗风湿性关节炎。2.生长在海水和淡水衔接处的秋茄树,对保护围堤和控制水土流失都有保护环境的功能。3.秋茄树具有海水淡化功能,它可以吸收海水,将盐类物质通过叶子排到植物体外,保留淡水作为自己生长所需。

"我们的航天搭载方案:微重、强辐射对秋茄树种萌发和初长的影响。搭载目的:了解秋茄树果苗在微重力和强辐射状态下的生长和变异情况。

"观测内容:1.太空种苗与地面种苗的外形比较。秋茄果苗在太空受到宇宙强射线、微重力、重粒子、高真空、交变磁场等后它发芽会怎么变化?根向哪个方向扎?芽向哪个方向长?是长得壮了还是弱了?生长速度快了还是慢了?会不会发生基因突变或染色体变异?2.失重后的秋茄树的根、芽是否短而粗壮?也像其他太空搭载的植物种子一样回到地球植物体会长得更高,果实会更大?如果它们的植株高度翻两番达到20~30米,再加上秋茄树本身树冠大,树叶大而革质坚挺。那么,它的防风防潮保护堤岸的能力可就更强了。"(因为我们的方案很长,我就先讲到这儿。你可能觉得上面的内容也挺难的吧,不像是小学生的作品。其实在准备阶段,老师和家长都花了很多心血。)

……

做完了介绍,我们就仔细地回答了专家们给我们提出的每一个问题。答辩过程很顺利。专家好像对我们的方案很满意。

到了颁奖时,我们的方案得了小学组的第二名!我真是太高兴了!虽然不是第一名,但是我们已经获奖了。而且,这是一个全国范围的选拔,来参加这个活动本身就是一种荣誉。除了得到了一个第二名的证书,我们还得到了几个西昌的纪念品,比如说一个火箭模型和一套卫星发射的邮票。我们学校的另外一个方案得了三等奖,也不错。

接下来的几天，我们还去参观了一些航空博物馆。最有趣的是走的前一天，有一个篝火晚会。我和欣研英语都挺好的，唱歌也不错，所以决定在篝火晚会上唱刘欢和莎拉·布莱曼的《我和你》。这首歌很优美，而且在这里唱比较合适，因为这也是一个与奥运有关的活动。

我们的方案得了小学组的第二名。

开始，我有点紧张，因为我不喜欢在观众前表演。但是因为是欣研跟我合唱，所以稍微好一点，因为观众不会总是听着我的声音。音乐奏起后，我们开始唱歌。"我和你，心连心，同住地球村。为梦想，千里行，相会在北京。来吧！朋友，伸出你的手。我和你，心连心，永远一家人。You and me, from one world, we are family. Travel dream, a thousand miles, together in Beijing. …"唱了一半，我们听说一个专家也会唱这首歌，就邀请他和我们一起唱……虽然我们可能不是世界上最好的歌手，但是重在参与，所以我很高兴能有这个机会在篝火晚会上唱歌。我们都得到了一个QQ企鹅靓仔的毛绒玩具作为参与的奖品。

关于这次西昌之行，我有太多的话想说！第一，我为自己感到骄傲，因为，为了做好这个项目，我刻苦学习，尽了自己最大的努力。同时，我也为自己战胜了想家、适应了西昌生活感到骄傲。第二，我们的项目获得了二等奖。这是我们刻苦努力的结果，特别是宋老师刻苦努力的结果。我懂得了无论做什么事都要刻苦、都要努力、都要坚持。第三，我很高兴自己学会了克服紧张，敢于上台答辩和在篝火晚会上表演节目。最后，我学会了与团队里的老师和同学们合作。我遇到困难时，他们帮助我；他们有困难时，我去帮助他们。我懂得了和朋友们、老师们在一起就要像我们是一个大家庭一样,我们之间要像家人一样互相关心。我觉得,虽然去答辩、争取获奖是我们去西昌的主要目的,但是,学会与老师和同学们合作也是非常重要的。

在这一次活动中,我交了许多新朋友。子萱是我们五人中最大的一个,她马上就要上初中了。我们人人都喜欢她,因为她很聪明也非常乐于助人。第一天在火车上,子萱给我们讲了很多可怕的鬼故事,但是她一般都比较安静。

大队委子毅很友善。她 11 岁,也是上六年级。她留着短短的头发,如果你不认识她的话,可能会误以为她是男孩子呢!子毅学习刻苦,也很聪明。在这次活动中,就像我们的姐姐一样。

欣妍 10 岁,和我同年。我们 5 月份一起访问了马尔代夫,所以也不是新朋友了。在这 5 人小组中,我们两个可能最亲近,在学校我也经常见到她。欣研有点淘气,但是要没有她参加,可能这次西昌之行就没那么有趣了,因为她总会让我们笑。她歌唱得很好,是五(2)班的英语课代表。不过轮到她登台答辩或表演时,她吓得要命。

祎婧也和我、欣研一样,上五年级。但是在我们这组人中,她是最小的一个,才 9 岁。大多数情况下,她静悄悄地,很听话。但是因为她不太说话,我们也不太接触。不过,这次活动结束后,我们经常在学校见到对方,因为我、欣研和祎婧都是英语课代表,有时都需要去向英语老师汇报,而且我和祎婧也都是卫生委员,每天都一起检查其他班级的卫生。

除了同学外,当然我不会忘记我们的老师。宋老师是个非常好的老师。她很关心人,对我们每一个人就像是她自己的女儿一样。她辛勤工作,又很宽厚。有一天,我们出外活动,又累又饿,饿得肚子都疼了,但还不可能马上吃午饭。看到街边有小贩卖凉粉和果冻,根本不管它是不是干净,就想吃。可宋老师考虑到了卫生问题,没有让我们吃,而是用最快的速度走到最近的一家商店,给我们买来了两大袋饼干。

刘老师不光是我的老师,他也是我的朋友。因为他是我们学校新来的老师,所以当时我不认识他。但是我们很快就变成了好朋友。在从成

都回北京的航班上，刚好我和刘老师坐在一起。我们一路上说笑个不停。他很有爱心，我们在机场和火车站等候时，或在公交车上乘车，只有五六个座位，刘老师总是站起来，把座位让给我们和宋老师。到了五年级，他正好当上了我的科学和书法老师。

五、十渡之行

回国一年，去北京周边的许多地方玩了，其中印象最深的是 2008 年国庆节去十渡风景区玩的事。

到十渡之前，我们先参观了周口店北京猿人博物馆。从周口店出来，我们在边上的一个餐厅吃了午饭。餐厅设在一条长长的人工隧道里，每一个包间就是一个小山洞。不知道这么设计是不是和周口店曾经生活过"山顶洞人"有关系。

午饭后我们就去十渡。从周口店出发开车需要一个多小时。可能是有点累了，我一会儿就在车上睡着了。"你看这儿，风景多美呀。真是山清水秀！"妈妈的声音把我从梦中唤醒，我向车窗外望去，哇！一座座高山呈现在眼前，从水面向上，像刀削出来的一样，笔直而光滑。它们的形态也是各种各样的，有的像小孩，正在弯腰玩捉迷藏的游戏；有的像骏马，昂首嘶鸣，跃跃欲试，准备启程奔向远方；有的像仙人掌，一节连着一节。岩石上的小松树，就像是仙人掌上的刺。有一些山上凸出了方方正正的石块，真像有人在山腰上插了一块块砖头。十渡的水也与众不同，在每一个渡（其实就是过河的小矮桥）的附近，当地农民都修筑了水坝。水从坝上流淌下来，像一个小瀑布，水花四溅，白浪翻腾。在每座水坝的上游形成了一个小湖。湖面水平如镜，映着山的倒影。每一个湖都被当地农民开发成了水上游乐园。有的能玩空中飞人；有的能玩水上气球；还有的能玩蹦极。而每一个湖都能划竹排。

我们到了第十个渡，打算从后往前玩（也就是从十渡往一渡玩）。十渡可热闹了。那儿有各种各样玩的项目，还有一个卖土特产的集贸市场。

我们决定划一次竹排。坐在竹排上，爸爸开始划。划了一会儿，爸爸让我跟他一起划，我们划得挺好的，竹排特别听我们的话。后来我跟妈妈一起划，掌握不好方向。我们想直着划，竹排非要往左边走，我们想往右边划，但它非要往前走，好像在跟我们较劲。妈妈说她想自己一个人试一试，我同意了。她一会儿到竹排的右边划，一会儿到竹排的前面划，一会又到竹排的左边划。在这儿划，觉得这儿不对，换了一个地方还是觉得不对。她始终不知道在哪儿划。她手忙脚乱，但竹排却没动多少，把我和爸爸逗得哈哈大笑。该我一个人划了，我划得也不是很好。但是至少能朝自己想去的方向走。时间快到了，爸爸把我们划回码头。他划得很熟练，方向也掌握得很好。还是爸爸划得最好。

九渡、八渡、七渡、六渡……坐了很长时间车，我们终于到了五渡。我和妈妈刚下车，就有一位中年女士热情地对我说："孩子，你想不想骑马呀？"我犹豫了一会儿，就同意了。我骑的是一匹黄鬃的棕色小马。它非常可爱。但上马可不容易了，先用右脚踩住右边的蹬，然后再将左脚跨过马背，踩到左边的蹬上。踩稳后，用手抓住马鞍上的把。马夫就开始牵着马走了起来。我在马背上，一上一下，一前一后地摇摆着，非常好玩。心里一点儿也不害

该我一个人划了。

怕。走了两大圈，花了 20 块钱。我觉得不便宜，但也不算很贵。

平时，我都在家里读书（写作业和读课外书），很少出来玩。这一次国庆节，我有机会出来玩，玩得很开心，了解了祖国的远古历史，观赏了祖国的大好河山，还学会了划竹排和骑马的技能。我觉得这是一件很有意义的事。正如古人所说的：要"读万卷书，行万里路"。

六、秋游记趣

　　秋天到了，学校组织全体同学去"丛林总动员"秋游。"丛林总动员"是一个森林。我们去那儿的任务是"闯关"。一至三年级由老师带着闯关。四至六年级每个班分成两三个团队，独立闯关。每一个团队都发一张"丛林总动员"的地图。地图正面标出金镇、木镇、水镇、火镇和土镇五个关，背面有闯关规则和一个闯关表（每闯完一关，辅导员们就在表上注明我们过关了）。每关有两个游戏，两个游戏都完成了才算过关。团队里所有的队员都要参加游戏。最快闯完所有关的三个队将得到奖杯。如果没有队闯完所有的关，就由闯完最多关的三个队得奖。

　　在起点处集合后，我们班分成了三个队，我在第三队。只听一声哨响，出发啦！可大家挤来挤去，谁都不知道往哪个方向走。后来，我们决定跟着六年级的大孩子走。跟着跟着，我们到了一个分叉点。左边、右边都有道路。不知道谁决定的，不走平坦的道路，偏要穿越前面的森林。森林虽然漂亮，但是路不好走。地上有许多坑，一会儿上，一会儿下。我们跑呀跑，终于到了一个关——金镇。我们赶快到那儿去闯关。谁知，闯关要有顺序，必须按地图后面的表一个一个地去闯。金镇是我们要闯的最后一个关，火镇才是我们第一个要闯的关。我们垂头丧气地离开金镇，去找火镇。我们找了半天也没找着。刚要放弃时，我们看见了一位叔叔，并问他："叔叔，请问您知道火镇在哪儿吗？"叔叔考虑了一会，说："这……我不太懂。我只知道这边有一个镇，那边也有一个镇。"他一边说，一边指左边和右边两个道路。右边是我们刚才过来的路，左边是我们没有去过的。我们走了左边的路。走了 20 分钟，我们还没有到火镇。当我们快要没耐心时，陈昕突然喊："看，那边有一个镇！有可能是火镇。"我们开始往那边跑。果然是火镇！我们高兴极了。同学振晓读了火镇的闯关规则。第一个游戏很难，规则是：火镇的辅导员给我们一张纸和一个剪刀。我们要用纸剪出一个封闭的圆。团队里所有的人要能够站在这个圆里。

这真是一个难题呀！辅导员只给我们了一张普普通通的报纸，而我们团队里有 14 个人。我们想了半天也没想出来怎么剪。辅导员看我们想不出来了，就给我们了一个提示。她在纸上比划了一下怎么剪。我们马上就会了。我们的圆剪好了，但是我们团队里的人太多，不能都站进去。辅导员还是算我们过关了。下一个游戏比较简单，规则是：辅导员在森林的地上放一样物品。团队里一个人要用布蒙上自己的眼睛，剩下的人要用不是语言的声音指挥蒙着眼睛的队员去捡起那件物品，然后返回游戏开始的地方。我们决定让陈昕去捡物品，选择用动物的叫声来指挥。开始一切顺利，陈昕捡到了物品。后来，不知道是陈昕记错了，还是我们说错了，我们让陈昕后退（鸭子叫），他却往前走了。后来我们学羊叫，他终于后退了。我们过关了！

下一关是水镇。谁也不会用地图。我们犹豫了一会儿，不知道往哪个方向走。后来，我们随便走了一个方向。走呀走，我们已经不在森林里了，我们到了沙滩上。走了好一会儿，我们一个关也没看见，却看见放羊的了。我想：坏了，我们是不是出了"丛林总动员"的地盘？突然有人指着铁丝网，叫："你看铁丝网的那边。好像有一个关。"我们想穿过铁丝网，但是铁丝网和我们在的地方之间有一个洼地。我们不知道怎么过去。后来，我们找到了一个地比较平的地方，从那儿下去了。开始，我们都不敢上有铁丝网的小山坡，因为那座小山坡上长满了一种扎人的植物。后来，我们小心翼翼地爬上了山，越过了铁丝网，迅速地跑向那个关。"是水镇！"我叫道，高兴得一蹦三尺高。

第一个游戏是在砖块上走和跳，很简单，我们很快就通过了。第二个游戏可不容易了，规则是这样的：两个人背对背，胳膊挽着胳膊坐在地上。两个人必须同时站起来。站成功了，就再加两个人。直到团队里的人能一起站起来。我们试了半天，也没成功。当时，已经 12 点了，我们打算吃完饭再试。吃完饭，我们又试了好几次，还是不能一起站起来。12 点半，所有的关就要关门了，我们快没时间了。最后，我们实在起不来了，就跟那儿的辅导员说我们不做了。辅导员对我们说："你们这是要放弃吗？你

们不想再试一次？反正还有时间。"我们商量了一下，最后还是决定再试一次。太棒了，8 个人可以同时站起来了！这比以前的成绩好多了。虽然我们没有都一起站起来，但是辅导员看我们努力了，而且没有放弃，就算我们过关了。耶！我们一共过了两关！下一关是土镇，离水镇不远。但是刚找到，时间就没了。我们闯不了了，就干脆高高兴兴地回到了起点处。

虽然，我们只闯了两个关，没有得奖杯。但是，我们玩得很快乐，而且学会了合作、学会了不要放弃的精神，这比得一个奖杯重要多了。

七、购物和拍大头贴

在美国的时候，法律规定小学生这么大的孩子不能自己出门。购物什么的总是由爸爸妈妈带着。回到北京，就没有这么多规矩了。很快，我就开始试着自己一个人或者和班上的好朋友一起去购物或者干点别的事。

我家楼下有一个市场叫"小天宇"。这个市场的正式名称叫"天宇市场"，而且我觉得它挺大的，其他的同学都叫它"小天宇"，我也学着他们这么叫。

小天宇里什么都有卖的，其中文具的品种特别的多。不过，小天宇的商品都不是明码实价，是要砍价的。我不善于砍价，因为我的心太软了。每次店主同意便宜一点点，我就接受了。我妈妈可是"砍价大王"。只有等到店主同意按妈妈心中理想的价钱卖，她才会买。否则，妈妈一律不买。

妈妈总是教我："如果店主出的价钱不是你脑子中想要的价钱，就不要去买。大胆一点，说出你想要的价钱。如果他们拒绝，没关系。你没有损失，但是他们也不一定拒绝。反正不要轻而易举地就接受他们给的价钱。"虽然我知道我做不到，但是我还是点了点头。哎！慢慢学吧，我想。

有一天放学后，好朋友单悦和我一起去小天宇市场买东西。小天宇市场里有许多小摊。有卖文具的、卖玩具的、卖小玩意儿的、卖头饰和首饰的……什么都有。我们逛了一会儿,找到了一个文具摊。

"阿姨,这里的大双线本怎么卖?"我有礼貌地问道。

阿姨说道:"一块钱一本。"

一块钱,我想:这很便宜。

"买一本。"

阿姨给我拿了一个大双线本。我付了钱,道了谢之后就走了。

我和单悦接着逛。我们到了一个卖头饰的摊。这里的发卡好漂亮呀!我轻轻地抚摸着一个白色发卡。发卡上面有一条花纹,还有许多小宝石。你看,它们在灯光下像闪烁的小星星。多可爱呀!家里的发卡也不多。就买一个吧!

"阿姨,这个发卡怎么卖?"

"二十五元。"

二十五?我数了数我的钱。十,十一,十二……我只剩十五元了。这可怎么办?要不,管单悦借点钱?话刚出口,我又停了。不,我不借单悦的钱。

"十五块卖给我吧。"我说道。

"十五?二十三元是最低价了。"店主说道,"这个发卡布料很好的。"

我就不信她不能再给一个低一点的价钱。

"我只带了十五块钱。"我坚定地说出。

"不行。"店主反驳。我想起了妈妈教我的一个窍门。

"那太贵了,我可买不起。"我一转身就走了,也不往回看。还没有走几步,店主就叫:"拿一个走吧!"

成功了!这招还真挺灵的。我甜甜地笑了,心想,克服困难,学会新的本领是成长的一部分。有时,学会一样东西是不容易的。但是,只要你下定决心,多去试一试。肯定会成功的!砍价是这样,其他事情也是如此。

一个周末的早晨,"丁零零",我拿起电话。

"喂?"这才早上 8 点,能是谁给我打电话呢?

"若珈，我是雨桐。"雨桐是我在班上的朋友。"下午两点，我和梓漪想到你家那边来照大头贴。你跟我们一起来吧！"

"大头贴"是什么呀？我还真没有听说过！班上的同学都觉得我是从美国回来的同学，应该见多识广。我也不想让别人认为我什么都不懂。所以，我只好装作我明白大头贴是什么。

"好吧……嗯，我们在哪儿照啊？"

"你家旁边，还能在哪儿照啊？小天宇呗！"

"哦，小天宇啊！那行，咱们两点见！"

中午吃完饭，我管爸爸要钱。"是去照大头贴用的！"我解释道。

"大头贴是什么呀？"爸爸问道。

"我哪知道呀！我还刚想问你呢。反正，有同学邀请我去跟她们照大头贴，我就同意了。就在小天宇！"

"哪个小天宇？"

"就是楼下的天宇市场。"

爸爸递给我十块钱。"应该够你们照了吧。去吧！"

"谢啦！"我一边走出家门一边说道。

我一路小跑到天宇市场。雨桐和梓漪已经在那儿等我了。我们一起迈进小天宇，来到了一个柜台。

"嘿，孩子们好！"一位中年女人笑眯眯地说道，"照大头贴来了吗？我们这儿价钱可好了。一版五元，两版十元，三版也是十元！"

"照两版够了吧！"梓漪说道。

"但是用照两版的钱就能照三版！照两版不就亏了吗？"雨桐有理地说。

梓漪点了点头。"那倒也是！但是三版有点多。我们没有那么多时间。"

雨桐反抗道："三版不多呀！我们三个人，一人一版。不是正好吗？多花点时间又算什么呢？"

最后我们决定照三版大头贴，一板 12 张照片。

　　阿姨给我们搬来了一摞"杂志"。雨桐、梓漪各拿了一本。我也学着他们，拿了一本"杂志"。一翻开，我发现"杂志"里印满了图案。仔细一看，每一个图案都是一样大小的方形图案。图案底下还有一个编码。

　　雨桐和梓漪正在细心地"读"那本"杂志"，时不时抄下几个编码。原来这些图案是我们照大头贴的背景。

　　我选择了 12 个我认为是最漂亮的背景。

　　"好了吗?"阿姨问我们。

　　我们点点头，决定先照我这一版。

　　阿姨把我们带到一个小亭里。她把我记下来的编码输进了一个可以照相的机器中。

　　我们都安定下来后，把亭子的"窗帘"拉上，开始照相了。机器的屏幕上显示出了我选的第一个背景。我们摆好了姿势，按了一个键。"咔嚓!"照片在屏幕上出现了，如果满意，可以按一个键去照下一张大头贴;如果不满意，可以按"返回"键重新照……慢慢的，我们的大头贴照完了。这时，那位阿姨过来把我们的大头贴洗了出来。一版大概有语文课本封面的大小。

　　下面就该选择模板。模板就是一小层透明胶，贴在大头贴的上方，起保护作用。模板还有很多花样，有带星星图案的，有带小桃心图案的，有带亮粉的……最后，我选择了"宝石"模板，上面有很多闪亮的颗粒。

　　阿姨用一个机器，把模板仔细地贴在了我那一版大头贴上，后面也贴了一面纸。接着，她用一个裁纸的机器，把大头贴一一剪下来。总算做好了。我把大头贴拿过来。它看上去就是带着背景图案的小型照片，但是仔细研究后，我发现如果把贴在后面的纸揭掉，表面上就是一层胶，可以像胶条一样贴在任何地方。难怪给它起了这么一个名字:大头贴。

八、中队委和课代表

从华盛顿回到北京上学后的第二周,老师说我们班要进行中队委的改选。班上 41 名学生以无记名投票方式民主选举 6 名中队委。

老师给每个同学发了一张纸,让同学们在纸上写 6 个他们认为可以当中队委的人。如果写的多于 6 个人,或者有人名重复,这张票就作废了。当时我刚来到班上不久,不熟悉班上同学们的情况,连很多同学的名字还叫不上来,就没有投票。

同学们的票写完了。老师把票都收上来,并找了 4 名同学,一名同学唱票,另外一名监督唱票,还有两名在黑板上记录唱的票。

"馨蕾、明庆、欣楠、于雷、张晴、若珈。"唱票的同学读出第一张票。啊! 怎么会有我的名字? 我才刚来这里不久,很多同学还没有接触过呢。就连中队委是干什么的,我都不太懂。

"于雷、欣楠、若珈……"在唱票过程中,我的名字频频出现。每一次有人读到我的名字,我就害羞地趴在桌子上,但是心里是很愉快的。

最后我竟然得到了 19 票,名列第五名,当选为中队委。当老师宣布我当选为中队委时,班上同学自发地热烈鼓掌,为我鼓劲加油。我羞涩地坐在那里,心里高兴极了。从此,我的胳膊上带上了"二道杠"袖标。

当上中队委,我就要有一个中队委的样子,至少每一件事都不能落在同学们的后面。不过,有一件事,当时确实挺让我感到费劲的,这就是上操。

上操对于班上的其他同学来说,是一件平平常常的事儿。但是,我在美国上小学时,根本就没有上操这一说。

刚到北京上学前几个星期,上操时,我都不知道我的位置。我只是记住了站在我前面的同学,她每天都带着一个同样的发饰,所以,我就知道该站在哪儿了。后来,我发现地上标着好多小点,这些小点其实就是同学们该站的位置。剩下的,就只能靠记忆了。

一开始上操时,我对"立正"、"稍息"、"向右看齐"、"向前看"等基本的动作都没有概念。我只能模仿其他同学做。我看着我斜前方的同学,他做什么,我就照着做。不过,有时他做错了,我又不知道正确的做法,就也跟着做错了。

后来,上操的一些基本动作和相应的口令我记住了,但是同学们做的广播体操我从来没有学过。有些动作很复杂,连续做时,我就跟不上了。我多多练习后,大部分记住了。虽然我做的不是很准确,但至少也算是队伍中的一员了,没有给班级拉后腿。

当选中队委后没几天,老师让中队委们选择希望担任的职位。其中有中队长、学习委员、卫生委员、文艺委员、体育委员和宣传委员。

我不太明白这些委员都是干什么的,所以我也没有在意,反正大家选剩下那个职位,我当就得了。

那天我回家告诉妈妈,她说:"你应该选择当学习委员呀!学习委员多好呀。你可以管同学们学习的事,而且也说明你的学习好。"听上去是不错,但是我没有想竞选学习委员,因为我的成绩不是班上最好的。特别是我刚回国,有些语文知识我还没有完全掌握。

第二天,被选为中队委的同学都带着发言稿来到学校……

很多中队委都想当中队长或者是学习委员。后来,老师把中队委们的职位都分好了。我当的是文艺委员。

虽说我是一个中队委,但是文艺委员几乎什么都不需要干。我只是参加了一些中队会,没有为班上做出多少贡献。

四年级下学期评三好生时,我在班上得了 5 票。但是我已经很高兴了,因为毕竟我刚到班上不久。

上五年级时,我又被选上了中队委。这一次,班上只选出了 5 名中队委:中队长、学习委员、宣传委员、体育委员和卫生委员。这次,同学们没有机会表达自己想当什么委员。我们的职位是老师给我们分配的。我竟然得了学习委员这个职位!

当上学习委员后,我每天早上都很早赶到学校。一进校,我就跑到五年级老师办公室向高老师问我们的早自习题。老师给我题目后,我就走

进我们的教室,把它放在投影机下(我刚刚学会怎么操作投影机)。如果那一门课的课代表没有来,我会替他们做他们的工作。

我们五年级换英语老师后,她需要更多的同学帮她整理上课的材料,所以又指定了几个英语课代表。我就是其中的一个,因为我在美国上过很多年学,英语相当于我的第二个母语。所以,我也当上了班上的英语课代表。

当英语课代表很苦。每天早上,英语课代表们(我、振晓和芊芊)站在全班同学前带读英语课文。这样,时间很不好掌握。因为,同学们既要做练习题,也要读课文。通常,同学们都不喜欢读英语课文。我还要让他们安静下来,让他们跟着读。有些同学最终还是不想跟着读。早操、晚操和中午饭的时间,我经常要去英语办公室帮老师整理同学的英语作业。下午管理班时,英语课代表们还需要轮流给同学们听写单词和短语。这件事挺令我费心的,因为我的英语是美国口音,而中国小学教的实际上是英国英语,发音不完全一样。虽然英语老师让我就用地道的美语给同学们听写,但是同学们经常抱怨听不懂我的英语。当然,这又不是我的错,因为我的英语是完全准确的。但是,我也不想让同学因为我的英语发音问题而听错了单词,所以我还是把我说的美语"英国化"了一些。听写完了,还是由我们英语课代表来帮助整理同学们的听写结果……一天到晚,英语课代表都有活,真是累死我了。但是,我也高兴,因为我为班级做出了贡献。

我是一个从美国回来的同学,所以对我来说当上英语课代表也不是很大的惊喜。但出乎我意料的是,班主任老师又让我当了语文课代表。一个以前从来没有在中国上过学的同学成为了语文课代表,真是很大的意外。

在我上任之前,我们班上一直就没有语文课代表。其实我也不知道老师为什么指定我为语文课代表。我推测是因为我的语文成绩是班上第二名,大队委振晓是第一名,虽然有时我也考过第一。但是振晓在大队里担任职务,而且已经是很多其他科目的课代表。第二名也算不错了吧!

老师就让我当了语文课代表。

这时,我发现老师经常批评我们班的卫生习惯不好。老师曾说过:"一个班的卫生就代表了它的面貌。"我们班上的卫生实在是不好,每天地面脏脏的,垃圾桶里和旁边的垃圾堆成了山也没人去倒。有一天,老师受不了了。她说:"我们班上应该有一位新的卫生委员了。现在的卫生委员做得有点差了。瞧瞧班上的卫生!"

后来,老师问我愿不愿意和当时的卫生委员换一下职位。开始,我很不愿意。我当学习委员不是挺好的吗?凭什么让我去当卫生委员。谁都可以打扫卫生,但是班上学习好的同学有几个?

老师也很理解我的想法,她对我说:"虽然学习委员是负责班上学习的事,但是不一定他就是班上学习最好的同学。不管你的职位需不需要学习好,你是一个中队委就一定要有好成绩。你是卫生委员也不意味着你只能做卫生,学习就不好了。"

老师的话对我有了很大的启发。为了班级的荣誉,我打算试一试当卫生委员。(顺便说一句,在美国上学时,教室的卫生是由学校雇的清洁工做的,学生和老师是不管卫生这件事的。)

从那天起,每天早上我一大早到了学校,就嘱咐那些负责扫地、墩地的同学去做他们的活。有个别同学不听我的话,总是埋怨,说自己还有早自习题要做。我费了九牛二虎之力,才说服那些同学去做卫生。其实,早上我就算轻松的啦!中午就更麻烦了。

首先,我要说明,打饭的事也是卫生委员干的(我也不知道这是为什么,这个规定不是我定的)。学校饭堂的人可能是怕我们浪费,一次就给我们班很少的饭菜(我们发现的规律是,要多少人的饭菜,他们就正好给我们它的一半的数量)。所以,每一次打饭的人都需要跑下楼好几趟。有些负责打饭的人比较懒,正吃饭的时候让他们去楼下打饭,他们都不愿意。但是作为一个好的卫生委员,我也不能让班上的人饿着。我只好拿着大饭桶,亲自下楼打饭。我从我们四楼的教室,一直跑到一楼,然后走出教学楼,冲进厨房(我们学校的厨房和教学楼是分开的)。打完饭,我

又用最快的速度,三步并两步地迅速爬到四层。班上的同学都挤上来盛他们的第二份饭。这时,我才发现自己的饭还没动呢……

我狼吞虎咽地吃起饭来,因为我知道我吃饭的时间并不多。果然,我刚吃一半时,吃饭时间就结束了,得赶快叮嘱擦饭桌、扫地和墩地的同学去打扫卫生。墩地的人一般都特别懒。我嘱咐 N 多遍让他们墩地,他们才慢吞吞地开始做。有一位负责墩地的人最让我烦恼了,每一次轮到他墩地时,他都不听从我的话。因为,班上的男生都不太听话,我也真的管不了他了。最后没辙了,我就只好自己去涮墩布,自己来墩地。

经常中午饭时,我又要吃饭,又要去帮老师整理英语作业,又要去给某某某老师办事。我也毕竟不是超女,所以有时就没有多管理班上的卫生。我告诉谁谁谁去做卫生,然后就走了,也没有仔细地盯着他们做。我回来后,打扫卫生的人在一边玩呢(特别是那些墩地的人)。班上卫生做得很差。结果,老师回来之后不说那些打扫卫生的人,就光批评我。我也只好乖乖地承受教训。

有一天中午,事情太多了,我没时间顾班上的卫生。结果,那天卫生做得很差(这些同学怎么都不自觉呀! 让我的工作搞得那么难做)。地上都是小木渣儿和胶粒(因为我们学校的操场上满是胶粒),而且有黏黏的黑印子。老师一看到班上的卫生就开始批评我。虽然,班上同学确实很不自觉,但是我感觉我有当卫生委员的责任。他们不肯去做,不意味着班上的卫生就被抛弃掉了。打扫卫生的人再无理、再没有责任心,班上的卫生也是要做的。而我,就是要保证同学们每天都一丝不苟地把班上的卫生做了。

那天,我很难过,我感觉我让老师失望了。所以,那天下午,同学们都走了,我在班上留下来,把整个班的卫生都重做了一遍。我一个人把整个教室的地都扫了;把整个教室的地也都墩了;又把整个黑板用湿布擦了。这些卫生打扫完时,我筋疲力尽,气喘吁吁。那时,太阳已经开始下山了。

第二天,同学们一走进班里,就发现整个教室干干净净。我也没有告诉同学们是我做了整个班的卫生。因为我感觉卫生委员们就像一根草,默默地为社会做贡献。你去哪个班,老师都不会首先夸他们班的卫生委员是班上最出色的、最认真的、为班上做出最多贡献的同学。卫生委员们干的事,很少有人关注,但是,他们确实是最爱集体、最用功的同学。所以,下一次你小瞧卫生委员,认为他们就是提醒别人去做卫生,自己又什么都不用做,你就再好好想想吧!

　　五年级上学期,我们又评选了三好生。我得了 21 票。班上一半的同学都评了我为三好生。可惜,我还没有被评上。再给我两票,我就会当上三好生。其实现在回想起来,因为我没有给自己投票,假如说我为自己增加了一票的话,我也许就当选了。但是,我现在也不后悔我当时的选择,因为说实话,我也没有想到会有那么多同学投我的票,所以我已经很满意了。

后　记

　　2009 年元月,北京小学放寒假期间,我和妈妈去纽约看望在那里工作的爸爸。整个寒假一个多月,每天不用上学,在爸爸纽约那温暖明亮的家里,我开始动笔写我这本书。

　　2009 年 4 月,我离开北京,再次来到美国上小学。在这一年的暑假里,每天早晨吃完早饭,我就坐在书桌前,打开电脑,开始在电脑上敲字写作。因为是假期,所以不分周日还是周末,我天天写。有时写得顺,有时写得不顺。写得顺时,一天能写 3000 多字。写得不顺时,就像遭遇了"写作墙"(writer's block),思路被挡在"墙"的这头,怎么也翻不过去,我就给正在上班的爸爸打电话诉说。爸爸总是鼓励我、启发我,于是,我就坚持。这个题目写不下去了,我就换一个题目写。有时换了一个题目还是写不下去,我就停笔,去做点别的事,回过头来再试着写。两个多月的暑假结束时,我大概写完了七八万字。

　　2009 年 9 月,6 年级开学了。除了繁忙地上学、写作业外,每个周末我给自己定下写 2000 字的目标。一眨眼,2009 年年底到了,美国的寒假只有圣诞节到元旦前后十来天。在这段时间里,我每天写 2000 字甚至更多。2010 年 4 月份,美国学校放春假(也是十天左右,这是国内学校没有的假)。这期间,我也是每天写 2000 字左右。

　　今年 6 月 28 日,6 年级结束,放暑假了。爸爸给我定了一个目标,那就是,要在 7 月 12 日回北京休假以前完成全部的书稿。写完的部分要整理修改,没写完的部分要补写。7 月 10 日,我终于彻底完成了全部书稿。爸爸把我写的书稿分四章打印出来,厚厚的四大沓书稿摆放在我面前时,我感到自己辛苦了那么长的时间,总算见到结果了,心里别提有多高兴!写书有苦有乐,但一定是先苦后甜。我懂得了遇到困难时,一定要坚持。

坚持下去，就一定会有结果。

从逐字逐句地写作到这本书最终顺利地出版，我心里对太多爱护我、教导我和帮助过我的人充满了感激之情！首先，我感谢爸爸妈妈，他们的鼓励、启发和深沉甜蜜的爱自始至终伴随着我成长和写作的每一天。我衷心地感谢我在中国驻美国大使馆中文学校学习时的校长乐爱妹阿姨，她在繁忙的外事工作中抽出宝贵的时间亲自为我这本书写序，鼓励我、肯定我，这将鞭策我不断努力，以取得更多的成绩来回报。作为一名七年中有六年（包括学前班）在美国上学的小学生，我能用中文写出这本书，并受到广大小朋友和家长们的喜爱，我由衷地感谢中国驻美国大使馆阳光中文学校的乐爱妹校长、谢淑敏校长和所有教过我的老师给予我的中文和祖国文化的教育。

最后，我还同样真诚地感谢黑龙江教育出版社，感谢他们为出版这本书付出的大量工作，使我最终光荣地成为真正意义上的"小作家"。

孙若珈

2010 年 10 月 10 日于纽约